ACCESO GRATIS ***a la Lectura en la Nube***

Para visualizar el libro electrónico en la nube de lectura envíe junto a su nombre y apellidos una fotografía del código de barras situado en la contraportada del libro y otra del ticket de compra a la dirección:

ebooktirant@tirant.com

En un máximo de 72 horas laborales le enviaremos el código de acceso con sus instrucciones.

EL DISCURSO DE ODIO COMO LÍMITE A LA LIBERTAD DE EXPRESIÓN

Exégesis constitucional a la luz de la circulación de experiencias jurídicas

EL DISCURSO DE ODIO COMO LÍMITE A LA LIBERTAD DE EXPRESIÓN

Exégesis constitucional a la luz de la circulación de experiencias jurídicas

IRENE SPIGNO

tirant lo blanch
Ciudad de México, 2024

En caso de erratas y actualizaciones, la Editorial Tirant lo Blanch publicará la pertinente corrección en la página web www.tirant.com/mex/

Este volumen ha sido publicado gracias al apoyo económico
de la Academia Interamericana de Derechos Humanos
de la Universidad Autónoma de Coahuila.

© TIRANT LO BLANCH
DISTRIBUYE: TIRANT LO BLANCH MÉXICO
Av. Tamaulipas 150, Oficina 502
Hipódromo, Cuauhtémoc,
C.P. 06100, Ciudad de México
Telf: +52 1 55 65502317
infomex@tirant.com
www.tirant.com/mex/
www.tirant.es
ISBN: 978-84-1056-998-0
MAQUETA: Innovatext

Si tiene alguna queja o sugerencia, envíenos un mail a: *atencioncliente@tirant.com*. En caso de no ser atendida su sugerencia, por favor, lea en *www.tirant.net/index.php/empresa/politicas-de-empresa* nuestro procedimiento de quejas.

Responsabilidad Social Corporativa: http://www.tirant.net/Docs/RSCTirant.pdf

A mi familia, de sangre, adquirida y morada, que me acompaña en esta maravillosa aventura que se llama Vida.

A Tecate e Ichnusa, por su amor incondicional y presencia constante.

Y al Amor, el único verdadero antídoto contra cualquier sombra de odio.

Índice

PARTE I
EXPLORAR LOS LÍMITES A LA LIBERTAD DE EXPRESIÓN A TRAVÉS DE LA CIRCULACIÓN DE EXPERIENCIAS CONSTITUCIONALES

Capítulo 1

El fenómeno de la circulación de experiencias constitucionales

Capítulo 2

Experiencias de circulación: reconocimiento constitucional de la libertad de expresión y fundamentación teórica de sus límites en el panorama constitucional comparado

PARTE II

¿DISCURSOS DEL ODIO *VS.* LIBERTAD DE EXPRESIÓN?

Capítulo 3

Los discursos del odio

Capítulo 4

Cortes, derechos humanos e (in)tolerancia constitucional del discurso de odio en la *polis* contemporánea

Agradecimientos

Escribir un libro no es meramente una actividad ordinaria para las personas académicas. Para mí, por ejemplo, escribir constituye siempre una gran aventura. No obstante, no todas las aventuras son iguales: algunas nos conducen hacia lugares desconocidos; otras, aunque puedan resultar incómodas, nos dejan valiosos aprendizajes; y hay aquellas que nos hacen sentir como en casa. Escribir este libro, titulado: "El discurso de odio como límite a la libertad de expresión. Exégesis constitucional a la luz de la circulación de experiencias jurídicas" ha representado una aventura que, llevándome de la mano por territorios ya en parte explorados, me ha ofrecido una nueva perspectiva. Esta mirada renovada me ha permitido comprender de manera más profunda y analítica las problemáticas actuales de la sociedad globalizada del siglo XXI, en la que el "odio líquido" continúa siendo un desafío cuya solución se revela esquiva.

Para que una actividad aparentemente ordinaria, como podría ser escribir un libro, se transforme en una aventura, es necesario incorporar algunos ingredientes esenciales. Aquí deseo mencionar solamente uno: los compañeros de viaje, quienes no son únicamente aquellos que físicamente nos acompañan, sino todas aquellas personas que comparten con nosotros una gran pasión por contribuir al avance del conocimiento.

Tengo la fortuna de contar con muchas personas que me han acompañado en esta nueva aventura, a quienes quisiera agradecer en estas líneas. En primer lugar, quiero agradecer a mi familia y, en particular, a mi madre, Anna; a mi padre, Mario; y a mi hermana, Manuela, por apoyarme siempre en todas mis aventuras (no solo las literarias) y por nunca dudar de mí, incluso cuando yo misma lo hacía.

Asimismo, deseo agradecer a todas mis amistades por ser mi punto de apoyo y respaldo tanto en los buenos momentos como en los difíciles, por impulsarme a creer en mí misma y en mi valía, y por ayudarme a brillar con mayor intensidad cada día. Un especial agradecimiento también para el magistrado Luis Efrén Ríos Vega quien, a pesar de las numerosas ocasiones en las que hemos discrepado, ha confiado en mí desde hace más de 10 años y ha compartido conmigo su "gran sueño morado".

Last but not least. Quiero expresar mi agradecimiento a la editorial Tirant lo Blanch, por haber aceptado incluir esta obra en su colección, y a Fernando Gustavo Ruz Dueñas, por su apoyo en la revisión editorial del texto.

Escribir un libro académico quizás no sea una de las aventuras más entretenidas, pero considero que todo cambia cuando existe pasión por el tema estudiado. Por lo tanto, deseo concluir estas líneas de agradecimiento parafraseando la letra de una de mis canciones favoritas:

Una aventura es más divertida si huele a pasión[*].

---

* Se trata de "Propuesta indecente", de Romeo Santos. La letra original dice *"Una aventura es más divertida si huele a peligro"*.

Prólogo

A lo largo de mi vida académica, he dedicado un esfuerzo considerable al estudio de la libertad de expresión desde las perspectivas constitucional y filosófica principalmente. En mi trabajo, he sistematizado tres tesis que pueden explicar el derecho a expresar libremente las ideas en el debate político: el liberalismo, el republicanismo y el trivialismo. Según cada concepción, las personas pueden asumir que su discurso es legítimo para expresar sus ideas, sin límites.

Los liberales, por ejemplo, sostienen que cuanto mayor sea la libertad de circulación de ideas, mayor será la garantía de la libertad informativa. No se deben censurar las palabras, salvo en casos de responsabilidad ulterior por daños a terceros en su honor, imagen o reputación. Es la comunidad la que acepta o rechaza las ideas en un juego libre de circulación de expresiones. Por tanto, la idea liberal aboga para que todas las personas se expresen con la mayor libertad, independientemente de sus fines o propósitos. Si lo que dicen no es de nuestro agrado, tenemos el derecho de confrontarlo, pero no de censurarlo. En las ideas, no hay lugar para la imparcialidad ni la neutralidad. Cada persona es libre de defender lo que piensa, sin que nadie pueda imponer sus opiniones a los demás.

En segundo lugar, los republicanos introducen un matiz al liberalismo. Argumentan que el debate de ideas en un contexto político tiene como finalidad construir una deliberación racional que dote a la comunidad de la mejor información posible para determinar su voluntad general. La libertad de expresión debe garantizar que la ciudadanía acceda a información cierta, objetiva y veraz, pues es esencial para formar una ciudadanía dotada de virtud cívica: individuos racionales y libres, comprometidos con la verdad.

Finalmente, la teoría del trivialismo o del escándalo político sostiene que la libertad de expresión debe asegurar no solo la mayor libertad posible, sino también el derecho de las personas a mentir, trivializar y escandalizar en el debate político. Esto no debe asustarnos. La libertad de expresión se caracteriza por un tono fuerte, beligerante y vigoroso. Se trata de generar ruido mediático para que las personas puedan expresarse de la mejor manera posible, con sus emociones y no necesariamente basándose en razones.

Las tres tesis, por lo tanto, presentan argumentos tanto a favor como en contra. Cada una justifica la libre circulación de las ideas de acuerdo con su propia concepción de la libertad en una comunidad, ya sea liberal, republicana o escandalosa. En cierta medida, sirven de guía para orientar nuestro criterio a la hora de decidir cuándo una expresión es válida o no.

Sin embargo, existen límites. El discurso de odio es uno de ellos.

Hace más de una década, escribí acerca de las diferentes concepciones teóricas sobre el derecho a expresar libremente el propio pensamiento, especialmente en el contexto de las campañas políticas[1]. En particular, me interesaba describir como el Tribunal Electoral del Poder Judicial de la Federación de México (TEPJF) fue construyendo su doctrina judicial para determinar la licitud de la propaganda.

Era la época de la transición democrática, en la que la llamada "propaganda negativa" en la prensa era mal vista. La elección presidencial de 2006 generó una prohibición constitucional de la calumnia electoral. Se acusaba de fraude electoral a través de "campañas negras". Se argumentaba que las campañas deberían basarse en propuestas, no en descalificaciones. Afirmaban que la propaganda de ideas debería ser el objeto de las campañas políticas para que el electorado decidiera su voto a partir de información objetiva, plural y veraz.

Lo cierto, sin embargo, es que ninguna campaña política es neutral. Los partidos y sus candidatos realizan propaganda según

---

1 Ríos Vega, L.E. (2010) *Tópicos contemporáneos de derechos políticos fundamentales*, Madrid, Dykinson.

sus intereses políticos. Una campaña electoral no es un debate científico. Es un debate de interés mediático, donde la parcialidad, el oportunismo, el escándalo y, en gran medida, las calumnias o difamaciones juegan un papel importante para convencer a la voluntad popular.

El debate público se convierte en un escenario donde las palabras actúan como golpes que pueden afectar a las personas. Es posible que se den golpes bajos, golpes que duelan, noqueen o incluso apaguen la luz, pero siempre existe la posibilidad de levantarse y continuar en la contienda. La libertad de expresión se erige como el instrumento más eficaz en democracia para afrontar estas disputas que nos atañen a todos. Son golpes, ciertamente, pero representan la manera más civilizada de decidir sobre la representación política: permitiendo que cada quien exponga sus ideas, las defienda y, en un proceso de deliberación pública, decida a quién creer o no.

En esta lucha, por lo tanto, lo importante es centrarse en discutir las ideas. No se trata solo de distraer mediante descalificaciones personales. Es válido generar escándalo para discutir ideas y opiniones pero, al final, las personas no deben dañar los derechos de terceros con sus palabras, pues son responsables de las consecuencias de sus mentiras y ofensas.

Hace tiempo, en una edición del Observatorio que dirigía en el TEPJF, debatíamos con personas expertas acerca de la calumnia electoral como límite a las campañas. En esa ocasión, escuché a la doctora Irene Spigno argumentar que en un debate electoral no era posible censurar la mentira, pues de lo contrario, ¡nos quedaríamos sin campañas políticas! Tenía razón. Sin embargo, la Dra. Spigno, quien desde hace años aborda con singular pasión el tema de los discursos de odio, destacaba la necesidad de establecer límites, incluso en los contextos de las contiendas electorales.

Esta necesidad constituye el hilo conductor del nuevo volumen de Irene Spigno que, con un profundo análisis crítico, examina los elementos teóricos y prácticos de la libertad de expresión a través de un estudio diacrónico y sincrónico de las principales experiencias constitucionales. La autora nos guía en un viaje a través del tiempo, para conocer los aspectos fundamentales de las construcciones teóricas y constitucionales de los *rationales* detrás del derecho a la libre circulación de ideas, mostrando como, incluso en los siglos XVII, XVIII y XIX, existió una significativa circulación de ideas constitucionales. Gracias al paradigma de la comparación jurídica, el análisis desarrollado en el presente volumen se distingue por la riqueza de las fuentes bibliográficas y normativas utilizadas, así como por la jurisprudencia (nacional, regional e internacional) aportada, destacando en particular como la Segunda Guerra Mundial ha representado un importante punto de inflexión tanto en la concepción de los derechos y libertades, así como en los límites que deben imponerse.

Además, se trata de un trabajo muy novedoso, ya que, a pesar de que la tensión entre la libertad de expresión y los discursos de odio ha sido ampliamente debatida por la doctrina en diversas latitudes, el texto aborda "nuevas" formas de discurso de odio. Entre estas, se incluye el discurso de odio sexista contra las mujeres por razones de género —macabro preludio de una violencia contra ellas que parece imparable—, y el discurso de odio por orientación y/o preferencia sexual o identidad de género contra los integrantes de la comunidad LGBTIQ+. La inclusión de estas formas discursivas en la categoría de discursos de odio que deberían ser constitucionalmente inadmisibles aún no alcanza un consenso generalizado en la doctrina, ni a nivel normativo y tampoco jurisprudencial, debido a una fuerte resistencia cultural que persiste en nuestras sociedades.

El trabajo de la Dra. Spigno gana así aún más relevancia por su gran vocación para generar un cambio en las profundidades del tejido social contemporáneo que, como ella misma señala en las páginas de cierre de su obra, debe tener en cuenta los nuevos lenguajes y espacios del constitucionalismo.

LUIS EFRÉN RÍOS VEGA

Premisa

La "eterna" tensión entre discursos del odio y libertad de expresión

Al final de la Segunda Guerra Mundial, la comunidad internacional se esforzó por reconstruirse sobre unos pilares fundamentales compartidos: la democracia, el Estado de derecho y los derechos y libertades de la persona. Entre estos, sin duda, la libertad de expresión juega un papel líder, siendo concebida como un elemento esencial de cada sociedad democrática y representando una de las condiciones básicas para su progreso y el desarrollo individual.

Derecho esencial pero no absoluto, su ejercicio implica deberes y responsabilidades. Como destacó el Tribunal Europeo de Derechos Humanos (en adelante también Tribunal EDH o Tribunal Europeo) en el *leading case Handyside v. Reino Unido*[2], el derecho fundamental a la libertad de expresión incluye también el derecho a expresar —y la correspondiente obligación de tolerar— discursos extremos, tales como aquellos que «chocan, inquietan u ofenden al Estado o a cualquier fracción de la población»[3]. Sin embargo, entre los discursos considerados "extremos"[4], existen algunos que la gran mayoría de los sistemas constitucionales democráticos contemporáneos han decidido no tolerar, excluyéndolos del espacio público. De hecho, la necesidad de mantener la coexistencia pacífica y la cohesión social exige resistencia ante cualquier forma de intolerancia y discriminación, ya sea por razones étnicas, raciales, religiosas o de cualquier otra índole. En

---

2 Tribunal EDH, *Handyside v. Reino Unido*, 7 de diciembre de 1976.

3 *Ivi*, párr. 49.

4 Para una distinción entre discursos de odio y discursos extremos, véanse Nockleby 2000 y Hare y Weinstein 2009.

este contexto, se presta especial atención a una de las formas más graves de intolerancia y discriminación: el discurso de odio, una categoría expresiva peligrosa pues tiene el potencial de socavar los cimientos de la democracia pluralista y el Estado de derecho.

En este sentido, y considerando las graves consecuencias que, como se detallará en las páginas de este libro, los discursos de odio pueden tener sobre las personas y grupos a quienes se dirigen —en términos de violación de derechos de la personalidad, como el honor y la dignidad, entre otros—, las expresiones de odio generan tensión social, representando un peligro significativo tanto para la convivencia pacífica entre los diferentes grupos sociales como para la armonía del sistema constitucional en su conjunto. De hecho, estos discursos amenazan los valores fundamentales sobre los que se asienta el Estado social y democrático de derecho: la tolerancia, el pluralismo, la participación y los derechos fundamentales.

Desde hace años, los discursos de odio se han situado en el centro de un intenso debate constitucional, focalizado en determinar la oportunidad y/o constitucionalidad de medidas que, en tensión con la libertad de expresión, buscan proteger otros valores fundamentales constitucionalmente relevantes amenazados por los discursos de odio. Una de las principales tensiones se manifiesta en el nivel de convivencia entre derechos fundamentales, dado que los discursos de odio representan un tipo de expresión *borderline*, situada en la frontera entre lo que un sistema constitucional puede o debe permitir y lo que, en cambio, no puede ser incluido dentro de lo convencional y constitucionalmente permisible.

La definición de lo permitido y lo prohibido depende del nivel de tolerancia de una sociedad. Su determinación se basa en la respuesta a la pregunta: ¿Qué debe tolerar una sociedad tolerante? Esta interrogante, llevada al extremo, nos enfrenta a la denominada "paradoja de la tolerancia": ¿debe una sociedad tolerante aceptar a todos, incluso a los intolerantes? (Walzer 1997: 80-81). Ninguna sociedad, ni siquiera las consideradas más democráticas, entiende la tolerancia como un principio absoluto. De hecho, una tolerancia sin límites llevaría a la desaparición de la tolerancia misma. La extensión de la tolerancia, incluso hacia los intolerantes, sin contemplar un mecanismo de autodefensa contra posibles —y siempre factibles— degeneraciones de la sociedad tolerante, conduciría a la destrucción tanto de la sociedad como de la tolerancia misma (Popper 1945).

Al mismo tiempo, es cierto que una sociedad que se proclama justa debe tolerar a los intolerantes, bajo riesgo de convertirse en intolerante ella misma. Sin embargo, incluso en este caso, el grado de tolerancia no es absoluto, ya que las sociedades deben equiparse con herramientas de autodefensa que prevalezcan sobre el principio de tolerancia. La consecuencia de esto sería que se pueden restringir los derechos y libertades de los intolerantes cuando la seguridad y la libertad de las instituciones democráticas estén en peligro (Rawls 1971: 220).

Dentro de este marco teórico, esbozado aquí solo en términos generales, se mueven los Estados y las organizaciones de poder para definir el límite de la tolerancia y el espacio de admisibilidad de ciertas expresiones y/o actividades potencialmente capaces de poner en peligro el buen funcionamiento democrático y la supervivencia del sistema.

Por lo tanto, el debate constitucional resumido en la expresión *hate speech vs. freedom of speech* se centra en la interrogante: ¿los límites a la libertad de expresión incluyen también a los discursos de odio? Quienes responden afirmativamente sostienen, en primer lugar, que el discurso de odio no sería idóneo para provocar daños reales y efectivos, ya que la afectación más grave que podrían generar sería que la persona a la que se dirigen estos discursos se sienta profundamente ofendida e insultada. Sin embargo, las doctrinas contemporáneas de la libertad de expresión no aceptan los *hurt feelings* como argumento para justificar constitucionalmente la imposición de límites a la libertad de expresión cada vez que se provocan daños a los sentimientos, rechazando así la legitimidad de las normativas "anti-discurso de odio"[5].

---

5 En este sentido se ha pronunciado Michael Sandel, según el cual la libertad de expresión no debería estar limitada solo como consecuencia

Otro argumento en contra de la limitación a la libertad de expresión se basa en que las normativas que prohíben los discursos de odio serían excesivamente paternalistas, ya que buscan limitar el impacto emotivo o físico o la tendencia a provocar miedo o alarma[6]. Además, serían ineficaces, pues al sancionar estas formas discursivas no se estaría resolviendo el problema del racismo en su totalidad, del cual estos discursos no son más que un síntoma, sino que más bien, se daría mayor visibilidad a los *haters*[7]. Un cuarto argumento a favor de la libertad de expresión considera a las normativas anti-discurso de odio como limitaciones *viewpoint based*, es decir, que se basan en el contenido de la expresión y en un determinado punto de vista, violando así el principio de igualdad: de hecho, quienes pretenden promover la igualdad racial y la diversidad étnica pueden hacerlo libremente; en cambio, quienes quieren impulsar un punto de vista opuesto —aunque sea racista— se encontrarían con obstáculos para hacerlo. Finalmente, la mayor parte del *hate speech* sería de carácter político, lo que, al tratarse de argumentos de interés público, ocupa el lugar más alto en la jerarquía de valores protegidos en la gran mayoría de los sistemas constitucionales democráticos contemporáneos[8].

Por el contrario, quienes defienden la posición opuesta, promovida predominantemente por los *Critical Legal Studies*[9], se centran

---

del daño provocado por los discursos de odio: véase Sandel 2005, 258.

6 En este sentido véanse Strossen 1990 y Fried 1992.

7 En este sentido véanse Karst 1990; Calleros 1995; y Sullivan 1999, 89 ss.

8 En este sentido véase la sentencia de la Suprema Corte de Estados Unidos de América *Dun & Brad Street, Inc. v. Greenmoss Builders, Inc.* [472 U.S. 749 (1985)].

9 Movimiento intelectual y político también conocido con el diminutivo de "*crits*", que se difundió en los Estados Unidos de América y Canadá a partir de los años Sesenta y dentro del cual se han desarrollado las corrientes de la "Teoría crítica de la raza" y de la jurisprudencia feminista. Entre los principales exponentes de esta corriente se encuentran Catharine MacKinnon, Charles Lawrence, Mari Matsuda y Richard Delgado. Véase Matsuda, Lawrence III, Delgado y Crenshaw 1993. Véanse además Pino 2007 y 2008.

precisamente en el carácter ofensivo de esos discursos. El argumento central de su pensamiento es que los discursos de odio son capaces de provocar un daño real y concreto contra un grupo bien identificado (y no simplemente una afectación a sus sentimientos y emociones). Su crítica a la posición contraria reside en la falta de consideración adecuada hacia las experiencias de quienes han sufrido las ofensas provenientes de discursos racistas[10]. Los actos racistas, manifestados tanto a través de palabras como de comportamientos materiales, implican siempre un mensaje de superioridad[11], y esto se agrava en situaciones de desigualdad donde las expresiones de odio dirigidas a una persona de un grupo históricamente discriminado se perciben como profundamente ofensivas. El sufrimiento psicológico y la estigmatización causados por los insultos de odio dirigidos a estas personas son frecuentemente mucho más graves que aquellos provocados por otro tipo de ofensas, ya que la víctima está consciente de que nunca podrá eliminar los motivos de discriminación en su contra, pues estos caracterizan su identidad[12].

---

10 Sobre este punto véanse Heuman y Church 1997, 6-7 y Walker 1999, X: este último en particular subraya como aquellos que están a favor de estas regulaciones sostienen que la particular situación en la que se encuentran los grupos históricamente víctimas de discriminación es comparable a la que deriva de una agresión física.

11 Véase al respecto Lawrence III 1990, 444, quien afirma que: «*By limiting the life opportunities of others, this act of constructing meaning also makes racist speech into conduct*». En particular, Lawrence III analiza la decisión de la Suprema Corte en *Brown v. Board of Education of Topeka* [347 U.S. 483 (1954)] y la utiliza como ejemplo para demostrar que existen casos en los cuales la Constitución de los Estados Unidos de América requiere que los discursos racistas sean regulados en cuanto su contenido sería contrario a la Constitución misma.

12 Véase Mason 1970, 2, obra en la que se señala que la estigmatización basada en la "raza" es «[...] una de las causas más fructíferas de miseria humana, la pobreza puede eliminarse — pero el color de la piel no» [traducción propia]. Para un enfoque de carácter psicológico véase Sternberg 2005.

Esto negaría a las personas afectadas la posibilidad de adoptar un comportamiento natural en sus relaciones sociales, políticas y culturales[13]. La expresión de ideas de odio tendría la capacidad de influir en como los demás perciben a los grupos minoritarios, aumentando la probabilidad de que quienes están expuestos a la propaganda racista sufran actos de discriminación y violencia. Por tanto, los discursos de odio no solo provocarían ofensas a la sensibilidad de un individuo, sino que causarían verdaderos daños psicológicos[14]. En este sentido, los discursos de odio deberían ser considerados como un ataque a la dignidad de los miembros en situación de vulnerabilidad de la sociedad y al bien público de la inclusión (Waldron 2014).

Los discursos racistas, por tanto, se consideran "palabras que hieren" (*words that wound*), ya que generan un verdadero sufrimiento psíquico, la pérdida de autoestima y una disminución de la capacidad para superar la situación de inferioridad social enfrentada, actuando como formas de difamación colectiva[15] o *fighting words*[16].

---

13 Véase Delgado y Stefancic 1997, 3 y ss., quienes sostienen que el racismo no solo produce efectos dañinos en la víctima directa de los insultos, sino también en la sociedad en su conjunto, al representar la ruptura de la idea igualitaria que estaba en la base del "contrato social".

14 Sobre este punto, por ejemplo, Mari Matsuda sostiene que las víctimas de la propaganda de odio reportan síntomas psicológicos y de estrés emotivo derivado del miedo, que se manifiesta en el aumento del ritmo cardíaco y en dificultades para respirar, en tener pesadillas recurrentes y trastornos de estrés postraumático, hipertensión, psicosis y, en los casos más extremos, pueden llegar también al suicidio: véase Matsuda 1989, 2336.

15 Esta afirmación fue sostenida también por la jurisprudencia: en la sentencia *Beauharnais v. Illinois* [343 U.S. 250 (1952)], la Corte no encontró ningún obstáculo para declarar la inconstitucionalidad de una ley que prohibía la «*exposure of the citizens of any race, color, creed or religión to contempt, derision, or obloquy*», considerando que la difamación, tanto individual como de grupo, se situaba en un ámbito externo a la I Enmienda. La sentencia *Beauharnais* no ha sido objeto de revocación, pero decisiones posteriores han superado los principios allí establecidos, como la decisión *New York Times v. Sullivan* [376 U.S. 254 (1964)]. Para más detalle véase *infra*, Cap. 2, par. 1.2.

16 Esta es la formulación dada por primera vez en el caso *Chaplinsky v. State of New Hampshire* [315 U.S. 568 (1942)], que consideraba como

Finalmente, según una posición intermedia, aunque por un lado parece evidente la relación entre los discursos de odio y la discriminación, el daño y, eventualmente, la violencia, no es igualmente evidente que una normativa que limite los discursos de odio pueda ser la solución más adecuada[17]. Es precisamente debido a la tensión provocada por los discursos de odio que podemos comenzar a analizar el desafiante alcance de la *constitutional accommodation* realizada por los jueces constitucionales, quienes deben resolver, en diversos sistemas jurídicos, el conflicto entre los límites clásicos a la libertad de expresión y las nuevas demandas de protección, no solo estrictamente individuales, como la protección del honor, la reputación o la intimidad, sino también las colectivas.

De esta tensión surge la siguiente pregunta: ¿deben los espacios democráticos tolerar la difusión de mensajes de odio? La respuesta de la mayoría de los sistemas constitucionales democráticos contemporáneos a esta pregunta parece ser muy clara: no se deben tolerar los discursos de odio. Claro está, esta respuesta, aunque tajante, no es completamente satisfactoria. De hecho, mientras que, en Europa, debido a su legado histórico y cultural, existe una tendencia al consenso sobre la exclusión de ciertos tipos de discurso de odio del espacio público europeo (como el ne-

---

tales aquellas palabras que «*by their very utterance inflict injury*», junto a las expresiones que tienden a la incitación inmediata a la ruptura de la paz. En esta categoría, por tanto, deberían incluirse también los "*group epithets*", es decir, las formas de insulto colectivo. Un análisis detallado de las *fighting words* puede encontrarse en Greenawalt 1995, 51, que subraya la manera en que, respecto a aquellas expresiones que pueden provocar una pelea, no se puede hablar de propiamente de "expresiones", ya que deben ser consideradas más como un principio de acción. Según otros, se trata de una categoría distinta: véanse en este sentido Delgado 1982, y también Matsuda 1989, según la cual el discurso racista estaría mejor regulado si se considerara como una categoría *sui generis,* dado que afirma una idea históricamente insostenible, peligrosa y ligada a la perpetuación de la violencia.

17 Véase Gunther y Sullivan 1997, 1111-1112.

gacionismo o la incitación al odio racial y religioso), aún no se ha alcanzado una posición común respecto a otros tipos de discursos igualmente odiosos, como en el caso de los discursos homófobos, transfóbicos, sexistas y misóginos.

En las páginas que siguen, trataré de encontrar una respuesta a las preguntas aquí planteadas. Para alcanzar este objetivo, el presente volumen se organiza en dos partes. La primera explora los límites a la libertad de expresión a través de la circulación de ideas constitucionales. De manera más detallada, el Capítulo 1 describe la dinámica del contexto constitucional contemporáneo y la influencia mutua entre argumentos y paradigmas constitucionales, mediante el paradigma del fenómeno de la "circulación de experiencias constitucionales". Esta característica se justifica en parte por la función unificadora que ejerce el derecho internacional en el dominio de los derechos humanos, pero también es una de las consecuencias de la globalización jurídica. En este apartado, se exponen los rasgos esenciales del fenómeno de la "circulación constitucional", demostrando como, desde la segunda mitad del siglo XX, se ha producido una proliferación de cartas constitucionales y declaraciones de derechos, lo que ha contribuido a fortalecer el reconocimiento y la protección de los derechos humanos. El avance de las tecnologías de la comunicación y el surgimiento de sentimientos cada vez más compartidos han facilitado la influencia mutua y el diálogo continuo entre distintas experiencias jurídicas a nivel global. Esto se manifiesta tanto en la influencia de fuentes extranjeras en la elaboración constitucional como en la interpretación jurisprudencial, a través de la citación de precedentes extranjeros por parte de jueces constitucionales.

La circulación de experiencias, por tanto, constituirá el hilo conductor en la reconstrucción del marco normativo-constitucional de la libertad de expresión y los fundamentos teóricos de sus límites (que serán analizados en el Capítulo 2), así como en el estudio posterior de la doctrina teórica y jurisprudencial más relevante en materia de libertad de expresión y discurso de odio. En este contexto, al menos hasta la década de los años Ochenta del siglo pasado, las ideas del constitucionalismo estadounidense jugaron el papel de modelo predominante que, a finales del siglo XX, entró en crisis y posteriormente fue reemplazado por nuevos enfoques que, gradualmente, se convirtieron en líderes en la protección de derechos fundamentales, como los sistemas europeo y canadiense.

La segunda parte del volumen se adentra en el núcleo del debate: ¿discursos de odio vs. libertad de expresión? En particular, el Capítulo 3 abordará la definición de lo que se entiende por discurso de odio (construida haciendo referencia al paradigma de la circulación de las ideas y experiencias constitucionales desarrollada en la Parte I) y examinará si esta categoría incluye también aquellas formas de expresión del pensamiento, como el negacionismo, el discurso sexista, misógino, homofóbico y transfóbico, entre otros, que constituyen una forma de incitación al odio. Dado que la tarea de definir el discurso de odio adquiere una importancia fundamental con las aportaciones del derecho internacional y supranacional, el Capítulo 4 se dedicará al análisis de la jurisprudencia más relevante del Tribunal Europeo de Derechos Humanos, distinguiendo entre discursos que contravienen el espíritu y el texto de la Convención, los que necesitan ser limitados y aquellos que convencionalmente no se pueden limitar en una sociedad democrática.

Finalmente, la obra concluye con un apartado de reflexiones finales en el que se razona acerca de los retos y desafíos que enfrenta el constitucionalismo contemporáneo ante los discursos de odio en un mundo globalizado, donde la circulación de ideas, experiencias y modelos constitucionales sigue de manera incesante.

PARTE I

EXPLORAR LOS LÍMITES A LA LIBERTAD DE EXPRESIÓN A TRAVÉS DE LA CIRCULACIÓN DE EXPERIENCIAS CONSTITUCIONALES

Capítulo 1
El fenómeno de la circulación de experiencias constitucionales

SUMARIO: 1.1. LA DIFICULTAD DE UN INTENTO DEFINITORIO DEL FENÓMENO DE LA CIRCULACIÓN DE EXPERIENCIAS CONSTITUCIONALES. 1.2. LA INFLUENCIA DE LAS EXPERIENCIAS EXTRANJERAS EN LOS PROCESOS CONSTITUYENTES: LA EXPORTACIÓN DEL CONSTITUCIONALISMO ESTADOUNIDENSE Y EL SURGIMIENTO DE NUEVOS MODELOS. 1.3. LA CIRCULACIÓN DE EXPERIENCIAS CONSTITUCIONALES CON REFERENCIA A LOS DERECHOS FUNDAMENTALES. INFLUENCIAS MUTUAS ENTRE LA *DÉCLARATION DES DROITS DE L'HOMME ET DU CITOYEN* FRANCESA Y EL *BILL OF RIGHTS* ESTADOUNIDENSE. 1.4. LA CODIFICACIÓN DE DERECHOS EN EL CONSTITUCIONALISMO CONTEMPORÁNEO COMO EJEMPLO DE CIRCULACIÓN DE EXPERIENCIAS CONSTITUCIONALES. EL PAPEL DEL DERECHO INTERNACIONAL. 1.5. LA CIRCULACIÓN DE LAS IDEAS CONSTITUCIONALES EN LA JURISPRUDENCIA CONSTITUCIONAL Y EL USO DE PRECEDENTES EXTRANJEROS.

1.1. LA DIFICULTAD DE UN INTENTO DEFINITORIO DEL FENÓMENO DE LA CIRCULACIÓN DE EXPERIENCIAS CONSTITUCIONALES

Bruce Ackerman, en su artículo *The Rise of World Constitutionalism*, anunciaba el surgimiento de un "constitucionalismo mundial" (Ackerman 1997, 771 ss.); Anne Marie Slaughter, en su libro *A New World Order*, subrayaba como nos enfrentamos a una "jurisprudencia constitucional global" (Slaughter 2004, 66 ss.)[18]; Maria Rosaria Ferrarese, en la obra *Diritto sconfinato. Inventiva giuridica e spazi nel mondo globale*, describía los cambios que, además de los mercados, también han afectado al ámbito institucional y jurídico, ubicándolos en un contexto temporal que presencia la «invención de nuevos espacios, de nuevos territorios, de nuevas formas

[18] Habla de globalización también Bin 2004, 106 ss.

del ser de las fronteras y nuevas habilidades para cruzarlas y mezclarlas» (Ferrares 2006, 19 ss.)[19]. Son testimonios que demuestran como, en las últimas dos décadas, hemos asistido a la consolidación de ese proceso señalado por el término "globalización". El alcance de esta expresión, inicialmente indicativa únicamente de un sistema de transferencia de poder de los Estados a los mercados, se fue extendiendo progresivamente a otras esferas de la sociedad, produciendo inevitablemente repercusiones también en la vida institucional y jurídica (Ferrarese 2000) y contribuyendo a acentuar, entre otras cosas, la circulación de experiencias jurídicas y, en particular, de ideas constitucionales.

De hecho, aunque este fenómeno ha alcanzado recientemente un nivel muy alto, gracias a una mayor facilidad en las comunicaciones y los viajes transfronterizos, en realidad se remonta a mucho tiempo atrás. Aunque fue un movimiento más lento debido a las dificultades técnicas que encontraron los medios de comunicación para difundir la información, algunas experiencias de la antigüedad fueron conocidos y ejercieron una *vis atractiva* hacia las experiencias de ese momento histórico específico. A modo de ejemplo[20], pensemos en la difusión de algunas instituciones del derecho romano en los territorios del Imperio[21]. En realidad, las primeras experiencias jurídicas que protagonizaron la circulación pertenecían a las categorías del derecho privado. Este hecho se

---

[19] [Traducción propia]. Además, Ferrarese (2006, 19 ss.) recuerda también las palabras de Carl Schmitt: «Cuando nuevas tierras y mares entran en el horizonte de la conciencia humana colectiva, los espacios de la existencia histórica también cambian. Entonces nacen nuevos parámetros y nuevas dimensiones de la actividad histórico-política, nuevas ciencias, nuevos sistemas, una nueva vida de pueblos nuevos o renacidos.» [traducción propia]. Véase también Schmitt 2002, 58 ss.

[20] La naturaleza y el propósito de este trabajo no permiten un análisis en profundidad de este aspecto; por lo tanto, nos referimos a Watson 1993.

[21] Una de las principales formas de circulación de instituciones jurídicas es la ocupación militar. De hecho, históricamente, cuando una potencia victoriosa ocupaba un territorio, tendía también a imponer sus propias leyes.

justifica también por la consideración de que no podemos hablar de un verdadero derecho constitucional hasta el siglo XVIII, momento histórico en el que nacieron las primeras constituciones entendidas en el sentido moderno[22]. A partir de este momento, las ideas constitucionales pasaron también a ser objeto de intercambio y circulación entre diferentes sistemas jurídicos.

El fenómeno que describimos, resumido en la expresión "circulación de ideas constitucionales", si bien con todos los matices que distinguen los posibles casos en función de la relevancia del proceso de utilización de la experiencia extranjera como modelo, es indicativo de situaciones que presentan un elemento común: la presencia de un texto constitucional, o más generalmente una experiencia constitucional extranjera, que se considera como punto de referencia durante un proceso constituyente. Es posible clasificar las diferentes situaciones en tres grupos: el primero incluye los casos en los que un Estado que ha alcanzado la independencia, o en todo caso procede a adoptar una nueva Constitución o a modificar la existente, opta, voluntariamente, por preferir una determinada experiencia, ya que este último destaca por su autoridad o por ser el único existente en un momento histórico determinado o accesible por razones culturales y/o lingüísticas[23].

---

22 Las primeras doctrinas constitucionales se remontan al mundo helénico del siglo IV a.C., donde se difundió el concepto de *politèia*, a menudo traducido como "constitución", entendido como un orden político ideal al que aspirar prescriptivamente. En el período medieval, la constitución era vista como un orden jurídico establecido para ser preservado y defendido contra aquellos que intentaran alterar el equilibrio logrado. Sin embargo, el nacimiento del concepto de constitución en el sentido moderno está vinculado a las elaboraciones doctrinales de finales del siglo XVIII. Estas convergieron en la adopción de la Declaración francesa de los Derechos del Hombre y del Ciudadano de 1789 y en la Constitución estadounidense de 1789. Véase McIlwain 1990.

23 El constitucionalismo estadounidense ha sido históricamente el más influyente, principalmente porque en ese período histórico no existían otras cartas con la misma estabilidad y autoridad. Además, un elemento fundamental que favoreció su circulación como modelo es el hecho de

El segundo caso se refiere a la imposición por la fuerza de un modelo constitucional extranjero en el proceso de redacción de un texto perteneciente a una realidad nacional distinta. Concretamente, se trata de países que han salido derrotados de un conflicto bélico en el que potencias extranjeras o fuerzas internacionales intervienen de manera importante, guiando el momento constituyente y dando lugar a lo que se define como constituciones "impuestas" o "dirigidas" desde el exterior[24]. A pesar de la tradición

---

ser fruto de la "soberanía popular" («*We the People*») y, como tal, logró dar voz a las aspiraciones populares que recurrieron a este modelo para materializar sus demandas de independencia. Para un análisis en profundidad de las razones de su éxito, véase Blaustein 1987, 435. Además, se desprende de la discusión que los modelos más seguidos han sido el estadounidense, el alemán y, en las últimas décadas, el canadiense. Según Henkin 1990, la Constitución de los Estados Unidos ha sido una fuente de inspiración e ideas, estudiada y valorada por la doctrina, citada por los publicistas, y adoptada y adaptada por revolucionarios, constructores de naciones y estadistas. Por ejemplo, la primera parte de la Constitución de las Islas Marshall y su catálogo de derechos se inspiran en Estados Unidos, al igual que las disposiciones sobre federalismo en la Constitución de Australia. Lo mismo ocurre con las constituciones de varios países de América Latina, que también muestran haber recibido fuertes influencias de la Ley Fundamental alemana, mientras que las Cartas de los países de Europa del Este han implementado parcialmente los contenidos de las constituciones impuestas bajo el control soviético, pero también han sido influenciadas en parte por la Carta Canadiense de Derechos y Libertades de 1982. Para más detalles, véase Schauer 2004-2005, 910.

24 Entre las constituciones resultado de un proceso constituyente heterodirigido por fuerzas internacionales, destaca el caso de Namibia, donde la redacción del texto constitucional estuvo guiada por la intervención de la Organización de Naciones Unidas. Para más información, consulte Wiechers 1991, y sea permitido reenviar a Spigno 2013. También los casos de Irak y Afganistán podrían considerarse como ejemplos de constituciones impuestas, pero dado el escaso número de modelos para comparar, resulta difícil determinar si efectivamente pueden entrar en esta categoría. Para más detalles sobre el proceso constituyente en Irak, Sudán y Timor Oriental con referencia a la intervención de fuerzas externas, véase Dann y Al-Alí 2006.

constitucional liberal que concibe al poder constituyente como ilimitado en sus fines y procedimientos, siendo el libre creador de la carta constitucional de un país, con la nueva fase del constitucionalismo desarrollada en los últimos treinta años también ha surgido una nueva forma de "poder constituyente guiado". En virtud de este, los Estados extranjeros crean o asisten en la preparación de textos constitucionales que luego se implementan en otros sistemas, aunque estos sean independientes.

En realidad, tampoco se trata de un fenómeno completamente nuevo, ya que en el pasado los Estados extranjeros desempeñaron a menudo un papel más o menos decisivo en la promulgación de cartas constitucionales, especialmente tras la conclusión de conflictos bélicos que resultaron en una división entre potencias victoriosas y derrotadas. Las primeras, de hecho, se sentían legitimadas para intervenir en los procesos constituyentes, influenciándolos, facilitadas por el hecho de que muy a menudo también eran potencias ocupantes[25]. El fenómeno de las constituciones "heterodirigidas" difiere cualitativamente de la circulación de experiencias jurídicas y se caracteriza por la presión de fuerzas internacionales o extranjeras sobre Estados que, aunque teóricamente soberanos, no están legitimados para ejercer plenamente el poder constituyente. En estos contextos, no se trata meramente de influencia cultural externa o transferencias de soberanía, sino de una intervención completamente externa, que genera incertidumbre sobre la auténtica titularidad del poder constituyente. Dicha intervención exógena puede deberse a la implosión de la estructura estatal y su incapacidad para reinventarse como un interlocutor creíble, o a la coexistencia de una realidad social y política tan diversa que complica

---

[25] En este sentido, también podríamos recordar los acontecimientos histórico-institucionales vividos por Italia en vísperas y después de la invasión aliada de su territorio (véase Di Nolfo 1997, 211 ss.), la experiencia constitutiva del derecho fundamental alemán (véase Gozzi 1999, 119 ss.) y los hechos que llevaron a la aprobación de la Constitución japonesa.

tanto la formulación de un pacto como la mera posibilidad de iniciar un proceso de negociación[26].

Finalmente, el tercer grupo está compuesto por aquellos países que emergen de la experiencia del colonialismo, sobre los cuales la "metrópoli" ejerce cierta influencia, ya sea *de facto* o *de iure*[27].

El fenómeno de la circulación de ideas constitucionales ha sido denominado con diversas expresiones, todas ellas evocativas, en mayor o menor medida, de una circulación, un préstamo o la existencia de un modelo de referencia: de hecho, hemos hablado de "préstamo constitucional"[28], "trasplante constitucio-

---

26 En particular, en la afirmación de esta nueva forma de poder constituyente juega un papel fundamental la crisis del concepto de Estado-nación, en el que los sistemas jurídicos están sujetos a la presión, más o menos manifiesta, de la comunidad internacional y las fronteras territoriales ya no pueden aislar las influencias externas. Entre los ejemplos más significativos de constituciones dirigidas se encuentran Namibia (1990), Camboya (1989-1993) y Bosnia Herzegovina (1991-1995).

27 Todos los casos en los que realmente podemos hablar de constituciones impuestas están relacionados con el colonialismo o, de cualquier manera, con una forma de control militar sobre ciertos territorios. No obstante, es un fenómeno que debe ser puesto en perspectiva. Se ha subrayado que son casos bastante raros, dado que Gran Bretaña no contaba con una Constitución escrita y Francia, en ese período, no prestó mucha atención a los problemas del constitucionalismo, al considerar a sus colonias no como entidades separadas, sino como departamentos de ultramar que, por lo tanto, no requerían constituciones autónomas. Al respecto, véase Schauer 2004-2005, 909. Además, un papel fundamental en la influencia extranjera en los procesos constituyentes lo tienen también las figuras de los consultores constitucionales: véase Perry 1991-1992, 767 ss.

28 Con la expresión "*constitutional borrowing*" se quiere hacer referencia al proceso mediante el que «(...) *in the course of trying to persuade someone to adopt a reading of the Constitution, that person draws on one domain of constitutional knowledge in order to interpret, bolster, or otherwise illuminate another domain. It is, in other words, an interpretive practice characterized by a deliberate effort to bridge disparate constitutional fields for persuasive ends*»: (Tebbe y Tsai 2010, 463). Evidentemente, la expresión "préstamo constitucional" evoca un significado distinto al común de préstamo, sugiriendo que el

nal"[29], "imposición constitucional"[30] o "migración de ideas constitucionales"[31]. Esta última es una expresión que abarca no solo la imitación de constituciones extranjeras durante la redacción de un nuevo texto constitucional, sino también la adopción, por parte de los jueces, de criterios interpretativos desarrollados en otros contextos jurídicos. Así, se señala un fenómeno que trasciende las fronteras nacionales e interactúa tanto con el nivel nacional como con el supranacional[32].

La dificultad de encontrar una definición única sobre la que la doctrina constitucionalista concuerde es indicativa de que estamos

---

modelo objeto de este pertenece a alguien y que, una vez concluida la causa por la que fue concedido, debería devolverse a su legítimo propietario. Sin embargo, esto no ocurre en la realidad constitucional, donde "tomar prestado" un modelo específico desarrollado en otro lugar inevitablemente adquiere connotaciones diferentes al situarse en un contexto social, político y legal distinto. Para más información, especialmente sobre el conflicto doctrinal respecto al uso correcto de esta expresión para explicar el fenómeno de circulación, véase Epstein y Knight 2003, 196 ss.

29 Véanse también Watson 1993; Barak Erez 2008-2009, 477; Saunders 2006 y 2007; Schauer 2000, 256; Tebbe y Tsai 2010; Choudhry 1998-1999; Vespaziani 2008; Brown Hanmano 1999; y Spector 2008.

30 Véanse, *ex plurimis*, Feldman 2005 y Janis 2004-2005.

31 Choudhry 2006, 13 especifica que la migración de ideas constitucionales a través de sistemas legales es una de las principales características de la práctica constitucional contemporánea, desarrollándose tanto mediante el uso de leyes extranjeras en interpretación constitucional como por el uso de constituciones extranjeras como modelos. Schauer 2004-2005, 907 también habla de migraciones de ideas constitucionales, indicando que, aunque en los últimos años cada vez menos constituciones pueden considerarse "prestadas" y aún menos impuestas, sería un error considerarlas producto exclusivamente interno.

32 El "modelo" no solo está representado por el documento escrito y sus enmiendas, sino también por las ideas e instituciones del constitucionalismo americano: la soberanía popular, el federalismo, la separación de poderes, el presidencialismo, el control de constitucionalidad, así como más de dos siglos de jurisprudencia constitucional (véase Klug 2000, 599).

ante un fenómeno que presenta una amplia variedad de características y peculiaridades. De hecho, aunque se pueden identificar similitudes en la descripción del "préstamo constitucional" y del "trasplante constitucional"[33], ambas expresiones buscan señalar el hecho de que una experiencia constitucional extranjera específica ha sido utilizada como fuente de inspiración en la redacción de otros textos. Sin embargo, ciertamente el fenómeno de la imposición de modelos extranjeros adquiere características profundamente distintas[34].

La experiencia comparada ofrece varios ejemplos, tanto de la imposición de modelos constitucionales extranjeros como del desarrollo de textos constitucionales inspirados en experiencias de otros lugares. Entre los casos de imposición de sistemas constitucionales extranjeros se encuentra la "reimposición" de la Constitución de los Estados Unidos a la Confederación de Estados después de la Guerra Civil, un proceso que posteriormente se repitió al imponerles la ratificación de las Enmiendas XIII, XIV y XV (Schauer 2004-2005, 908).

De hecho, la premisa fundamental era que las potencias victoriosas de la Guerra Civil estadounidense tenían la capacidad de imponer disposiciones constitucionales a los Estados derrotados y, en este contexto, se aprobaron las llamadas "*Reconstruction Amendments*" (Harrison 2001). Asimismo, la Constitución japonesa de 1947 se considera tradicionalmente una carta impuesta, ya que

---

33 Se debe prestar especial atención al uso del modelo, independientemente de la expresión preferida, ya que el "transplante" de un modelo específico a un contexto jurídico diferente puede llevar al riesgo de rechazo, como en el caso de Filipinas, donde, a pesar de haber sido "clonado" el modelo americano, no se logró impedir el advenimiento de la dictadura. Para más información, véase Klug 2000, 599-600.

34 A este respecto, podemos distinguir entre constituciones "impuestas", es decir, aquellas impuestas por fuerzas externas bajo una relación de dependencia militar, y las "dirigidas por otros" ("heterodirigidas"), generalmente guiadas por fuerzas internacionales, aunque en realidad esta distinción suele ser difícil de distinguir en la práctica.

es más el resultado de las contribuciones del general Douglas MacArthur que de una decisión interna de Japón[35].

Sin embargo, la clasificación de la Ley Fundamental alemana, aprobada el 8 de mayo de 1949 y formalmente en vigor desde el 23 de ese mismo mes, como una Constitución impuesta sigue siendo objeto de debate. Si bien el proceso constituyente fue iniciado por las fuerzas aliadas que ocupaban el país y el producto final recibió su aprobación, la elaboración de sus contenidos se basó en el modelo desarrollado por la historia alemana y sus tradiciones constitucionales y jurídicas[36].

---

35 Más detalladamente, la Constitución japonesa resultó de un proceso creado y seguido por las potencias ocupantes, que alcanzaron este estatus tras la rendición incondicional de Japón y un período de ocupación desde septiembre de 1945 hasta abril de 1952. Referencias a la política y la tradición jurídica japonesas fueron incorporadas tanto explícita como implícitamente en el texto de la Constitución, pero representaron una parte menor considerando el conjunto de la obra. Para un análisis en profundidad del proceso de redacción de la Constitución japonesa, véanse, entre otros: Hellegers 2002; Inoue 1991; Moore y Robinson 2002; Shōici 1997; y Henderson 1968.

36 Parte de la doctrina sostiene que durante el período posnapoleónico, el constitucionalismo estadounidense fue el principal modelo para el movimiento nacionalista y democrático en Alemania, influenciando también la redacción de la Constitución de la Iglesia de San Pablo de 1848-1849. En particular, durante la Revolución Alemana de 1848-1849, el constitucionalismo estadounidense influyó en la doctrina constitucional alemana, como lo demuestran los debates que precedieron a la aprobación de la Constitución de la Iglesia de San Pablo, con frecuentes referencias a la Constitución estadounidense, especialmente en lo relativo a las relaciones entre los Estados miembros del Imperio Alemán y el establecimiento del *Reichsgericht* como corte imperial suprema. Tras el fracaso de la Revolución de 1848-1849 y la pérdida de eficacia de la Constitución de Frankfurt en 1852, Alemania siguió otro camino hacia la unificación que excluía cualquier influencia estadounidense directa, pero no indirecta. También es difícil identificar influencias estadounidenses en la Constitución de Weimar de 1919, aunque algunos argumentan que hubo una influencia indirecta, ya que la Constitución de Weimar contenía disposiciones presentes en la Constitución de

A pesar de la aprobación de las fuerzas aliadas, que indudablemente ejercieron cierta influencia sobre los constituyentes alemanes, esta fue significativamente menor que la influencia ejercida por los propios aliados con respecto a la Constitución japonesa[37]. Otros ejemplos de constituciones impuestas incluyen las de los países de Europa del Este antes del final de la Guerra Fría, determinadas esencialmente por la ex Unión Soviética, así como las cartas constitucionales de muchas repúblicas de la propia Unión que fueron impuestas directamente por Moscú (Schauer 2004-2005, 911).

1.2. LA INFLUENCIA DE LAS EXPERIENCIAS EXTRANJERAS EN LOS PROCESOS CONSTITUYENTES: LA EXPORTACIÓN DEL CONSTITUCIONALISMO ESTADOUNIDENSE Y EL SURGIMIENTO DE NUEVOS MODELOS

La práctica de que los constituyentes observen las experiencias constitucionales extranjeras como fuentes de inspiración para la redacción de sus propios textos no es algo nuevo. Al menos hasta la década de 1980, el sistema constitucional estadounidense fue el que atrajo la mayor atención de los redactores[38], tanto en lo que respec-

---

1849. Véanse Pieroth 1990, 312-313 y Steinberger 1990. Véanse también Elster 1994, 57 y Safran 1990 quien, además de discutir el debate sobre la autoría alemana de la Ley Fundamental de Bonn, señala que algunas características de la Constitución francesa de 1958, que recuerdan al constitucionalismo estadounidense, se deben principalmente al hecho de que el constituyente francés se inspiró en los primeros modelos constitucionales franceses, como las Constituciones de 1791 y 1848, que a su vez fueron influenciadas por las mismas teorías que impactaron en las ideas de los padres fundadores estadounidenses.

37 Véase Pieroth 1990, 313 ss. Además, para un análisis en profundidad de la cuestión alemana, véase Steinberger 1990.

38 Según Blaustein 1987, 435: «*the United States Constitution has inevitably been an influence for constitutionalism. Every nation that has a one-document constitution (or is committed in principle to having one) is inevitably following the United*

ta a la Constitución estadounidense de 1787 como al *Bill of Rights* de 1791[39]. En realidad, ni siquiera el texto estadounidense puede considerarse un producto enteramente original: su elaboración estuvo, de hecho, influenciada por las doctrinas y el pensamiento filosófico que se desarrollaron en Europa continental y Gran Bretaña desde el siglo XIII[40]. Los constituyentes estadounidenses se inspiraron, por un lado, en la tradición constitucional británica consolidada a lo largo del tiempo a través de diversos documentos considerados fundamentales, como la *Magna Charta* de 1215, en referencia a la garantía de proceder conforme a la "*law of the land*"; el *Bill of Rights* de 1689, como símbolo de la lucha entre el Parlamento y la dinastía Estuardo; y, por otro lado, también estuvieron influenciados por los grandes teóricos políticos franceses[41].

States precedent-model». El autor también subraya cuáles fueron las razones que permitieron que la Constitución estadounidense fuera el modelo más seguido. En este sentido, véase también Brennan Jr. 1991, 1 ss.

39 En realidad, se ha resaltado que la influencia del constitucionalismo estadounidense no debe entenderse únicamente en referencia a la Constitución de Estados Unidos de América y la Declaración de Derechos, sino también a otros documentos constitucionales como la Declaración de Independencia, las primeras constituciones estatales, los Artículos de la Confederación y los *Federalist Papers*. Sobre esto, véase Billias 1990, 2 ss.

40 De hecho, la Constitución de los Estados Unidos no se creó en el vacío: su desarrollo estuvo ciertamente influenciado por el derecho consuetudinario británico, el calvinismo y el puritanismo que se desarrollaron en Europa occidental e influyeron en la concepción de la libertad de religión y las doctrinas filosóficas sobre los derechos naturales en los siglos XVII y XVIII, constituyendo los fundamentos teóricos de los derechos fundamentales del constitucionalismo americano. Véanse Morrison y Commager 1963 y Billias 1990, 14 ss.

41 El pensamiento de Montesquieu influyó en Madison quien, en el Federalista número 47, escribió que permitir que el poder legislativo, ejecutivo y judicial se reúnan en el mismo cuerpo «puede justamente ser proclamado la verdadera definición de tiranía» [traducción propia]. De John Locke, los fundadores estadounidenses tomaron la noción de contrato social y la retención por parte de los ciudadanos en la sociedad civil de los derechos inherentes a la vida, la libertad y la propiedad.

La fuerza de atracción ejercida por la Constitución estadounidense puede explicarse, en parte, por ser cronológicamente una de las primeras constituciones; inevitablemente se convirtió en un punto de referencia para las cartas aprobadas posteriormente, como la Constitución polaca del 3 de mayo de 1791 y la francesa del 3 de septiembre del mismo año. La única experiencia constitucional en la que los constituyentes franceses y polacos podían inspirarse era la Constitución de Estados Unidos de América[42].

Aunque es difícil negar que la Constitución federal estadounidense ha sido durante mucho tiempo el modelo principal, quizás debería matizarse su influencia directa en los textos constitucionales extranjeros. De hecho, se ha subrayado que la influencia ejercida por la Constitución de los Estados Unidos sobre las Cartas francesas de 1791 y 1793 fue mínima, ya que estas últimas parecen haberse inspirado principalmente en la Constitución de Pensilvania de 1776, especialmente en lo que respecta a la forma de gobierno. Por tanto, la Constitución estadounidense habría ejercido una mayor influencia indirecta, sirviendo como vehículo la Constitución francesa de 1791 que, a su vez, fue tomada como modelo por la Constituyente de Cádiz de 1812[43].

De manera similar, incluso en el caso de la Constitución de Australia de 1901, la influencia estadounidense ha sido mínima,

---

Respecto a la influencia de Francia en la Constitución de Estados Unidos de América, véase Duniway 1904.

42 En realidad, en el mismo período histórico estaban en vigor otras trece constituciones, una en cada una de las colonias británicas del actual Canadá, que probablemente también ejercieron cierta influencia. Véase Blaustein 1987, 442.

43 Hawgood (1939, 50-51) subraya como tanto la Constitución portuguesa como la brasileña se inspiraron en la Constitución de Cádiz, así como en las de otros países latinoamericanos, como la de Venezuela de 1811, la de México de 1824 y la de Argentina de 1826. Sobre el desarrollo del constitucionalismo latinoamericano véase Rolla y Spigno 2024, 29 y ss. Para un análisis en profundidad de las razones detrás del éxito de la Constitución estadounidense como modelo, véase Blaustein 1987, 435 ss.

limitándose al federalismo como opción para la distribución territorial del poder. Por el contrario, en lo que respecta a la forma de gobierno, Australia ha preferido optar por un parlamentarismo al estilo británico, del mismo modo que también se ha seguido el sistema inglés en lo que respecta a la protección de los derechos humanos, confiados al *common law*[44]. De manera similar, los países del continente sudamericano adoptaron el sistema presidencial como forma de gobierno, sin lograr, sin embargo, consolidar aquellos mecanismos que históricamente en Estados Unidos habían servido para controlar los excesos de poder del ejecutivo. Además, en lo que respecta a estas constituciones, la influencia estadounidense debía coexistir con la proveniente de Europa[45].

Incluso durante el siglo XX, el constitucionalismo estadounidense continuó desempeñando un papel hegemónico que progresivamente se debilitó hasta el punto de provocar la pérdida de la posición de modelo dominante que ostentaba la Constitución estadounidense. Este cambio coincide con el desarrollo de nuevos "modelos más competitivos" que han inspirado la redacción cons-

---

44 De hecho, Australia es uno de los pocos Estados que sigue excluido de la "fiebre de constitucionalización de los derechos fundamentales": su Constitución no incluye un catálogo de derechos. Sin embargo, esta ausencia no ha sido un obstáculo para que los tribunales reconocieran, a través de sus sentencias, los derechos fundamentales, basándose en otras disposiciones constitucionales o en la pertenencia a un sistema internacional que garantiza la protección de estos derechos. Véanse Klug 2000, 601 y Brennan 1999.

45 Por ejemplo, en México y Chile, la influencia de los principios del constitucionalismo estadounidense fue complementaria a la ejercida por la Constitución de Cádiz de 1812. De hecho, el modelo estadounidense resultó más atractivo debido a un fuerte sentimiento antiespañol y antieuropeo entre los pueblos latinos, cuyos movimientos independentistas fueron impulsados por una sensación de solidaridad con las antiguas colonias de América del Norte. Para un análisis más detallada de la influencia ejercida no solo por el constitucionalismo estadounidense sino también por las ideas constitucionales francesas, británicas y españolas, véase Kolesar 1990, 41 y ss.

titucional de los países de Europa del Este y de algunos Estados del continente africano, reduciendo así el papel de la Constitución de Estados Unidos de América en el mundo globalizado. Se trata principalmente de la experiencia alemana (Venter 2000, 33), canadiense[46], india y europea, esta última estructurada en torno al Convenio Europeo para la Protección de los Derechos Humanos y de las Libertades Fundamentales del Consejo de Europa (más conocido como el Convenio Europeo o Convención Europea de Derechos Humanos, en adelante también Convenio EDH o Europeo o Convención EDH o Europea) y a la Unión Europea. La Constitución estadounidense comenzó así a ser vista como el "antimodelo"[47].

Además, este cambio se inscribe en un período de mayor productividad constitucional[48] y en el que hubo acontecimientos de

---

46 Esto se refiere, por ejemplo, a la influencia canadiense sobre Israel: véanse Segal 1997, 53 ss. y 1995, 44 ss.

47 Así, en el caso de la Asamblea Constituyente de la India o de Sudáfrica. Véase Klug 2000, 598. En el mismo sentido, véase Scheppele 2003.

48 Sólo a nivel europeo, más de veinte Estados aprobaron o modificaron sus Constituciones después de 1990, entre ellos: Albania (aprobada en 1998, modificada en 2016); Alemania (modificada en 2014); Andorra (aprobada en 1993); Austria (modificada en 2013); Bélgica (modificada en 1994 y en 2014); Bielorrusia (aprobada en 1994, modificada en 2004); Bosnia (aprobada en 1995, modificada en 2009); Bulgaria (aprobada en 1991, modificada en 2015); Croacia (aprobada en 1991, modificada en 2013); Eslovaquia (aprobada en 1992, modificada en 2017); Eslovenia (aprobada en 1991, modificada en 2016); España (modificada en 2011); Estonia (aprobada en 1992, modificada en 2015); Finlandia (modificada en 2011); Francia (modificada en 2008 y recientemente en 2024 para incluir el derecho al aborto); Grecia (modificada en 2008); Hungría (aprobada en 2011 y modificada en 2016); Islandia (modificada en 2013); Irlanda (modificada en 2019); Italia (modificada en 2020); Kosovo (aprobada en 2008, modificada en 2016); Letonia (aprobada en 2005); Lituania (aprobada en 1991, modificada en 2019); Luxemburgo (modificada en 2009); Macedonia (aprobada en 1991, modificada en 2011); Malta (modificada en 2016); Moldavia (aprobada en 1994, modificada en 2016); Mónaco (modificada en 2002); Montenegro (aprobada en 2007, modificada en 2013); Noruega (modificada en 2016); Países Bajos (modificada en 2002

importancia global, entre ellos, en lo que respecta a Europa, la decadencia del régimen comunista, la caída del Muro de Berlín y el fin de la Guerra Fría y la división entre Oriente y Occidente, así como la conclusión de la experiencia colonial en los continentes asiático y africano[49]. La segunda mitad del siglo XX representa, por tanto, un período bastante relevante para el constitucionalismo, caracterizado por la aprobación de numerosas nuevas constituciones, así como por la modificación de las existentes. Los protagonistas de estas dinámicas son aquellos países que han experimentado cambios geopolíticos significativos, permitiendo a muchas naciones recuperar su autodeterminación.

En particular, la zona de Europa Centro-oriental ha sido escenario, desde 1989, de la desintegración del dominio ideológico comunista y de su papel como principio organizador del Estado, lo que llevó a la adopción de nuevas cartas constitucionales según los principios del constitucionalismo occidental[50]. Sin embargo, en lo que res-

---

y 2008); Polonia (aprobada en 1997, modificada en 2009); Portugal (modificada en 2005); República Checa (aprobada en 1993, modificada en 2013); Rumania (aprobada en 1991, modificada en 2003); Rusia (aprobada en 1993, modificada en 2014); Serbia (2006); Suecia (modificada en 2012); Suiza (aprobada en 1999, modificada en 2014); y Ucrania (aprobada en 1996, modificada en 2019). La información está disponible en https://www.constituteproject.org/constitutions?lang=en®ion=Europe&status=in_force [último acceso el 30 de noviembre de 2023]. Véanse Contiades 2012 y Rolla y Spigno 2024, 63 y ss.

49 En particular, en el continente africano, el fin de la experiencia colonial condujo a la creación de un gran número de Estados que adoptaron documentos constitucionales inicialmente influidos por los principios liberales de las "madres patrias", pero que luego experimentaron un proceso de independencia que llevó a la reducción de estas influencias, favoreciendo formas de concentración del poder en manos de un solo partido o individuo: véase Klug 2020.

50 La crisis de los regímenes comunistas también brindó a los países "más allá del telón" la oportunidad de buscar su propia dimensión territorial, provocando secesiones del Estado al cual pertenecían. Esto ocurrió, por ejemplo, con Checoslovaquia, que en 1992 se dividió pacíficamente en la República Checa y Eslovaquia, mientras que, en el caso

pecta al continente africano, la heterogeneidad de la situación social, cultural y jurídica no permite una discusión unitaria[51]. No obstante, en lo que respecta al continente latinoamericano, se puede observar que hasta los años Ochenta del siglo pasado el contexto constitucional era débil porque, a pesar de que la tradición democrático-liberal estaba presente desde el siglo XIX, aunque caracterizada por una fuerte inestabilidad[52], las constituciones eran tales sólo desde un punto de vista puramente semántico. Por otra parte, a partir de ese momento, los Estados del continente sudamericano también comenzaron a ser protagonistas de una fuerte ola de democratización, que los vio dotarse de nuevas constituciones [53] que, en algunos casos, representan un elemento de discontinuidad respecto del pasado.

---

de las repúblicas surgidas tras la desintegración de la ex URSS, esta descomposición fue más o menos conflictiva. Para más información, véase Ceccherini 2002.

51 Aproximadamente, se pueden distinguir tres grupos diferentes de Estados con tradiciones jurídicas profundamente distintas entre sí: primero, los del norte de África, con una cultura e historia precoloniales específicas que los diferencian de aquellos del área subsahariana, donde la religión islámica ha tenido una fuerte influencia. El segundo grupo incluye Estados como la República de Angola, la República de Benín, el Congo y Madagascar, que adoptaron regímenes marxistas y no se centraron primordialmente en la protección de los derechos fundamentales. Finalmente, el último grupo lo integran aquellos Estados que han sido protagonistas de procesos de democratización más recientes, como Sudáfrica y Namibia, influenciados por la constitución estadounidense, el derecho internacional y el Convenio Europeo de Derechos Humanos, lo que llevó a una mayor protección de los derechos fundamentales (véase Moderne 1990).

52 El continente sudamericano, según la división de su historia institucional en franjas temporales, vivió un período inicial de 1820 a 1860 caracterizado por el proceso de independencia de la patria, y de 1860 a 1920 con la aprobación de constituciones liberales. Pero la llegada del sufragio universal y de los partidos políticos de masas ha provocado una situación de grave inestabilidad y las instituciones no han podido hacer frente a las continuas crisis sociales, políticas y económicas, lo que a menudo ha determinado el colapso de las instituciones democráticas y ha conducido al establecimiento de regímenes dictatoriales: véase Rolla y Spigno 2024, 29 y ss.

53 Para más información véase Ceccherini 2002, 4 ss.

Esta "nueva" ola de constitucionalismo[54], que también ha involucrado a Estados con tradiciones democráticas consolidadas como Canadá[55], Suiza[56] y Bélgica[57], se ha caracterizado por acompañarse, tanto en Europa Central Oriental como en los continentes sudamericano y africano, por la transición de regímenes autoritarios a gobiernos democráticos. De hecho, numerosas áreas experimentaron procesos de transición[58], que cada vez más parecían ser unidireccionales, es decir, dirigidos hacia el establecimiento de un régimen democrático en lugar de uno autoritario[59]. Más allá de las caracte-

---

54 La "nueva" fase del constitucionalismo que afectó principalmente a aquellos territorios que estaban sometidos a un régimen colonial anterior ha sido definida como la "tercera ola de democratización". En este sentido, véase Huntington 1991.

55 De hecho, este es el caso de la *patriation* de la Constitución canadiense que se produjo en 1982 con la que el antiguo dominio disolvió formalmente sus vínculos con el Reino Unido y optó por tener una Constitución rígida y un control constitucional, introduciendo por primera vez una carta de derechos. Véanse, *ex plurimis*: Olivetti Rason y Pegoraro 1997; Hogg 1992; Lanchester 1983; Ceccherini 2000; y Groppi 2006.

56 De hecho, la actual Constitución suiza fue aprobada mediante referéndum el 18 de abril de 1999 y entró en vigor el 1 de enero de 2000: sustituyó también a la anterior Constitución del 29 de mayo de 1874, representando una actualización completa de la estructura constitucional anterior: véanse Reposo 2000 y Gerotto, Mahon y Sànchez Ferriz 2020.

57 La Constitución del Reino de Bélgica estaba fechada el 7 de febrero de 1831; el texto, modificado varias veces hasta el 10 de mayo de 1993, fue completamente revisado y coordinado en 1994. Posteriormente fue modificado nuevamente en 2005 y 2014: véanse Rolla y Spigno 2024: 148 y ss. y Popelier y Lemmens 2015.

58 Este término se refiere al intervalo entre un régimen político y otro. Las transiciones están delimitadas, por un lado, por el inicio del proceso de disolución de un régimen autoritario, y por el otro, por el establecimiento de formas democráticas, por el retorno a formas autoritarias de gobierno o por la afirmación de alternativas revolucionarias. La ambigüedad y la incertidumbre de las reglas del juego son características peculiares de la definición del período de transición dada por O'Donnel y Schmitter 1986, 6.

59 Las hipótesis en las que la transición resulta en el restablecimiento de la condición anterior o apunta al establecimiento de gobiernos autori-

rísticas de cada experiencia individual, las transiciones de los años Setenta en las que España, Portugal y Grecia fueron protagonistas, se han caracterizado por el cambio negociado entre un sistema y otro, a través de la actividad desarrollada por sus exponentes y los propios órganos del régimen autoritario[60]. Aunque no siempre fueron procesos pacíficos, generalmente se ubicaron dentro de un marco de legalidad (al menos) aparente, impulsados por el deseo de avanzar en la dirección de la reconciliación nacional.

Si bien las constituciones aprobadas en el constitucionalismo de finales del siglo pasado e inicio del actual fueron resultado de procesos constituyentes casi en su totalidad internos[61], no se pueden ignorar las influencias provenientes del exterior (Davison 1992-1993, 793 ss.). Esta característica probablemente sea atribuible a la necesidad de fortalecer la identidad nacional a través de procesos constituyentes locales, de los que se derivan constituciones que pueden considerarse verdaderamente "autóctonas" (Schauer 2004-2005, 907). Además, la historia ha demostrado como en muchos de los casos en los que ha habido un "trasplante

---

tarios serían, por tanto, recesivas. Para más información, véanse Welzel y Inglehart 2001 y De Vergottini 1998.

60 Ceccherini 2002, 26 ss., subraya como este fenómeno es más evidente en ciertos contextos mientras que en otros tiene más matices y, por otro lado, como no en todos los casos se trató de transiciones pacíficas.

61 En este sentido sería también la Constitución de la República de Sudáfrica, cuya elaboración, aunque el Comité Constitucional del Congreso Nacional Africano había viajado a varios países para recoger diversas ideas incluso antes de que el Congreso Nacional Africano tomara el poder, el documento final fue en gran medida un "producto sudafricano" (véase Rautenbach 2013, 191-192). Lo mismo ocurrió en Estonia, Brasil, España, Polonia, Hungría y la República Checa. La motivación probablemente reside en el hecho de que existe una estrecha relación entre constituciones e identidad nacional y, en cualquier caso, el trasplante constitucional podría dar lugar a rechazo. Pero es necesario introducir un elemento adicional representado por las organizaciones internacionales. La influencia de Estados Unidos de América sobre el constitucionalismo sudafricano es bastante controvertida y se describe en Dugard 1990.

constitucional" meramente pasivo, sin adaptarse a las necesidades específicas del Estado que "recibía el modelo", se ha producido un rechazo de la experiencia trasplantada, como en el caso de Filipinas (Gatmaytan-Mango 2007).

La transición a la democracia de los países de Europa Central y Oriental tras la desintegración del bloque comunista estuvo marcada por la influencia ejercida por el sistema constitucional occidental y, en particular, el europeo; por el contrario, el modelo estadounidense no ha demostrado su atractivo en estas circunstancias, destacando su nuevo papel de "antimodelo"[62]. La preferencia por el uso del sistema europeo también se confirma en los países africanos y asiáticos que, tras liberarse de la dominación colonial extranjera, han adoptado las experiencias constitucionales de las antiguas potencias dominantes[63]. En numerosos países africanos, los Estados europeos han influido significativamente en las constituciones de los nuevos países independientes, ya sea mediante la promulgación directa del texto por los órganos de la "madre patria" o proporcionando a las asambleas constituyentes un proyecto de Constitución. Esto resultó en una fuerte huella externa, y el proceso constituyente no adoptó la forma de un *pactum societatis*, entendido como el producto de un debate profundo entre los componentes de la realidad social y política. Este proceso representó, más bien, un legado adicional de la "madre patria", que a menudo condicionó la concesión de la independencia a la aceptación de constituciones liberales.

La negativa a utilizar el modelo americano y la preferencia por los de origen europeo deben vincularse principalmente a dos razones: la primera es de carácter esencialmente económico, ya que la

---

[62] Con referencia a las constituciones que se redactaron en Europa Central y Oriental tras la caída del Muro de Berlín y el fin de la Guerra Fría, véase Ludwikowski 1996, 219 y ss. Con referencia específica al papel desempeñado por el constitucionalismo estadounidense, véase Davison 1992-1993.

[63] Por otra parte, lo mismo ocurrió en algunos países de Europa Central y Oriental en el período inmediatamente posterior a la independencia que habían aceptado el modelo socialista. En este sentido, véanse De Vergottini 1998, 129, y Sacco 1995, 143. Para más información véase también Oliviero 2003.

disolución del imperio soviético provocó la desaparición de cualquier vínculo económico y comercial entre los países del antiguo bloque soviético, que prefirieron a los Estados europeos y, en particular, a los de la Unión Europea como socios comerciales. Además, este proceso de acercamiento económico se vio facilitado por la adopción de sistemas jurídicos similares, al menos en lo que respecta a la forma de gobierno y al sistema de justicia constitucional. En este sentido, la Constitución estadounidense era difícil de exportar, ya que es fruto de una cultura liberal, arraigada en las tradiciones del constitucionalismo británico y configurada como una experiencia histórica estadounidense particular (Howard 1995, 263).

La posibilidad de identificar y distinguir entre diversas fases del constitucionalismo contemporáneo permite reconocer las diferentes influencias que pueden existir entre un texto constitucional y otro. Aunque las constituciones más recientes tienen sus raíces en el constitucionalismo clásico, el producto de estos procesos constituyentes no puede considerarse simplemente como una revisión de un modelo consolidado. Por lo tanto, aunque las constituciones aprobadas en los últimos años se presenten como un *continuum* de instituciones e interpretaciones ya definidas, son textos que todavía aportan un valor añadido respecto de los modelos tradicionales y se caracterizan por la presencia de elementos específicos, independientemente de las diferencias históricas y realidades culturales.

1.3. LA CIRCULACIÓN DE EXPERIENCIAS CONSTITUCIONALES CON REFERENCIA A LOS DERECHOS FUNDAMENTALES. INFLUENCIAS MUTUAS ENTRE LA *DÉCLARATION DES DROITS DE L'HOMME ET DU CITOYEN* FRANCESA Y EL *BILL OF RIGHTS* ESTADOUNIDENSE

Las ideas constitucionales tradicionalmente protagonistas del fenómeno de la circulación fueron las relativas a la forma de organización territorial del poder (y, por tanto, al federalismo), la forma de gobierno y la justicia constitucional. La circulación de experiencias constitucionales con referencia a los derechos fundamentales es más reciente[64]. De hecho, a pesar de que el reconocimiento formal de los derechos y libertades del individuo, aunque en la versión liberal-negativa según la que el individuo tenía capacidad jurídica para hacer todo lo que no estuviera prohibido por la ley y no perjudicara las libertades de los demás[65], está vinculado cronológicamente a los movimientos revolucionarios de Francia a finales del siglo XVIII[66] y a los acontecimientos contem-

---

64 Se trata de un fenómeno reciente, ya que incluso durante el período liberal no todas las constituciones contenían un catálogo de derechos. Este reconocimiento puede situarse cronológicamente a partir de la segunda mitad del siglo XX.

65 En este sentido es también el artículo 4 de la Declaración francesa de los Derechos del Hombre y del Ciudadano de 1789, según la cual «La libertad consiste en poder hacer todo lo que no dañe a los demás: así, el ejercicio de los derechos naturales de cada hombre sólo tiene como límites aquellos que garantizan a otros miembros de la sociedad el disfrute de esos mismos derechos. Estos límites sólo pueden ser determinados por la ley»: texto en español disponible en https://www.conseil-constitutionnel.fr/sites/default/files/as/root/bank_mm/espagnol/es_ddhc.pdf [último acceso el 30 de noviembre de 2023].

66 El reconocimiento de la igualdad como principio jurídico esencial de la democracia se remonta a la época de la antigua Grecia y, aunque ha encontrado aplicación en diferentes formas, ha sido una constante de la experiencia jurídica positiva; véase Carcaterra 1996, 169. En realidad, la experiencia griega representa una excepción: la sociedad ateniense adoptó la igualdad de forma plena, ya que apuntaba tanto a la abolición de los privilegios como a la uniformidad de las reglas para todos los asociados y para el poder público. Sin embargo, ya desde el derecho romano, la igualdad era un concepto limitado sólo a un círculo estrecho de ciudadanos ricos y, en la Edad Media, el derecho distinguía entre clases y corporaciones; véase De Vergottini 1999, 278. El Estado liberal fue espectador de un desarrollo de las libertades basado en un principio constitucional fundamental: el de la igualdad jurídica de todos los sujetos, consolidado posteriormente en el artículo 1 de la Declaración francesa de 1789, según el cual: «Los hombres son nacer y permanecer libre e igual en derechos. Las distinciones sociales sólo pueden fundarse en la utilidad común». Además, el artículo 6 dispone que: «La Ley es la expresión de la voluntad general. Todos los ciudadanos tienen dere-

poráneos en el continente norteamericano, habrá que esperar hasta la segunda mitad del siglo XX para que surja una conciencia colectiva sensible a su protección efectiva. A raíz de los conflictos mundiales, se empezó a exigir la consolidación de valores fundamentales como la dignidad de todo ser humano y la igualdad entre las personas: la respuesta a estas peticiones fue la inclusión, en declaraciones escritas en las constituciones y en los convenios internacionales de carácter global o alcance regional, de disposiciones que garantizan y protegen los derechos y las libertades, que así se han establecido también a nivel político y legislativo.

Se trata de un reconocimiento gradual que se ha desarrollado según un proceso que consta de dos fases: la primera consiste en la afirmación de excepciones y privilegios limitados a grupos específicos de personas; la segunda se materializa en la progresiva expansión de la propiedad en el disfrute de los derechos a un número cada vez mayor de individuos. La primera fase está marcada por la aprobación de la *Magna Charta* en 1215: de esta manera, el rey Enrique III garantizaba a los barones y condes el privilegio de ser juzgados por sus pares, a los comerciantes la libertad de comercio y a los agricultores la libertad de cualquier tipo de prestación onerosa, salvo que así no estuviera previsto por la costumbre. Se trataba de situaciones jurídicas particulares, reservadas únicamente a determinados individuos en virtud de su pertenencia a una clase social específica. A pesar de esta limitación, la *Magna Charta*, como acto mediante el que el soberano limitaba su poder autoritativo, constituyó un paso fundamental en el desarrollo de los principios constitucionales. Progresivamente se afirmó, a

---

cho a participar, personalmente o por medio de sus representantes, en su formación. Por tanto, debe ser igual para todos, ya sea que proteja o castigue. Todos los ciudadanos, siendo iguales a sus ojos, son igualmente elegibles para todas las dignidades, cargos y empleos públicos según sus capacidades, y sin otra distinción que la de sus virtudes y talentos»; texto en español disponible en https://www.conseil-constitutionnel.fr/sites/default/files/as/root/bank_mm/espagnol/es_ddhc.pdf [último acceso el 30 de noviembre de 2023]. Véase De Vergottini 1999, 278 ss.

través de procesos a veces discontinuos, la tendencia a ampliar el contenido y la protección de los derechos fundamentales que, al menos inicialmente, afectó principalmente a Inglaterra y que llevó a la aprobación de una serie de documentos, entre los cuales la *Carta Confirmationis Regis* y el *Statutum de Tallagio non Concedendo* de 1297, la *Petition of Rights* de 1628, el *Bill of Rights* de 1689 y, por último, el *Act of Settlement* de 1701.

Sin embargo, no fue hasta 1776 y la aprobación de la Declaración de Independencia de los Estados Unidos de América que el movimiento por la afirmación de los derechos fundamentales encontró un nuevo impulso y adoptó una perspectiva moderna. La declaración de las colonias americanas es un documento de indudable relevancia pues reconoció los derechos humanos como fundamentales, considerándolos aptos para influir y limitar la organización de los poderes gubernamentales. Además, entre 1776 y 1783, algunas de las colonias que se habían declarado independientes adoptaron las primeras constituciones que contenían un catálogo de derechos, iniciando así una nueva era de constitucionalismo[67]. Y es precisamente en estas constituciones y en los dere-

---

67 Sólo en 1776 se redactaron y adoptaron ocho nuevas constituciones y dos fueron enmendadas. La primera fue la Declaración de Derechos de Virginia adoptada en Williamsburg entre el 6 de mayo y el 29 de junio de 1776, que también sirvió de modelo para declaraciones posteriores; luego siguieron las declaraciones de Pensilvania el 18 de septiembre de 1776, Maryland el 11 de noviembre de 1776, Carolina del Norte el 18 de diciembre de 1776, Vermont el 8 de julio de 1777, Massachusetts el 2 de marzo de 1780 y Nuevo Hampshire el 31 de octubre de 1783. La Constitución de Connecticut de 1776 contenía una declaración general de derechos, mientras que las Cartas de Nueva Jersey, Carolina del Sur y Georgia carecían totalmente de una, aunque sí contenían referencias a los derechos de libertad. Los textos están disponibles en Battaglia 1944, 43 ss. A partir de este momento comenzó una nueva era de constituciones escritas, a la que siguieron también las diversas Cartas adoptadas en Francia y las que fueron influenciadas por ellas. Véase Billias 1990, 19 y ss.

chos contenidos en ellas donde se inspiró la Declaración francesa de los Derechos del Hombre y del Ciudadano de 1789[68].

La adopción del *Bill of Rights* de Estados Unidos en 1791 representó la culminación de la idea de derecho entendido como control de la acción gubernamental para proteger las prerrogativas de los individuos. Durante las discusiones constituyentes, el "Padre de la Constitución" James Madison hizo referencia a una serie de documentos que incluían la Declaración de Independencia de 1776, constituciones estatales y sus catálogos de derechos, convenciones ratificadas y algunos documentos constitucionales de tradición británica, entre ellos la *Magna Charta* de 1215, la *Petition of Rights* de 1628 y el *Bill of Rights* de 1689. La referencia a los documentos fundamentales del constitucionalismo británico fue el punto de partida para admitir que el concepto de catálogo de derechos formaba parte de la lógica de limitar el poder de la corona británica. Al insertar estas ideas en el contexto americano, Madison afirmó que sería necesario desarrollar un catálogo más avanzado, ya que la "Constitución británica" no garantizaba derechos que serían considerados fundamentales en Estados Unidos, como la libertad de prensa y de conciencia[69].

La influencia mutua entre las ideas constitucionales desarrolladas en los continentes europeo y americano dio lugar a la "doctrina angloamericana-francesa". La difusión de los principios

---

68 Al igual que las constituciones estatales estadounidenses, la Declaración francesa también proporcionó una lista de derechos, ordenados numéricamente e incluidos en un documento separado de la Constitución. De hecho, la Declaración francesa se incorporó luego a la Constitución francesa de 1791 y declaraciones similares se adjuntaron a las Constituciones de 1793 y 1795. De hecho, se ha afirmado que el hecho de que la Declaración francesa fuera anterior indujo a error a los estudiosos, que durante mucho tiempo sostuvieron que la idea de un catálogo de derechos externos a la Constitución era estadounidense. A este respecto, véase Ludwikowski 1989 y 1996, 219 y ss. Véase también Floridia 1991.

69 Véase los debates del Congreso de Estados Unidos de América (US Congress 1934, 431-442). En esta ocasión Madison no hizo ninguna referencia a Francia.

teóricos de las revoluciones francesa y americana por todo el continente europeo[70], junto con el Código Civil, se debió a los ejércitos napoleónicos[71].

Estas ideas, a su vez, se extendieron, según las reglas del poder imperial, a otros continentes. La mayoría de los Estados democráticos contemporáneos de la época liberal reconocían las garantías constitucionales de los derechos fundamentales derivadas de las ideas constitucionales británicas desarrolladas entre los siglos XII y XVII, de las de la Ilustración francesa y de las teorías revolucionarias.

Entre las primeras constituciones que siguieron el modelo estadounidense para la protección de los derechos fundamentales se encuentra la Constitución de Suecia adoptada en 1809, cuyo artículo 86 garantizaba, dentro de los límites determinados por la ley, la libertad de prensa y prohibía la aplicación de censura preventiva (Dodd 1909, 223-224). Por el contrario, la Constitución polaca aprobada el 3 de mayo de 1791 no contenía ni una declaración de derechos humanos ni un capítulo aparte dedicado específica-

---

70 Quizás no sea del todo correcto hablar de un modelo único ya que la diferente concepción de la doctrina de los derechos fundamentales de los dos continentes se demuestra también por el hecho de que hasta la segunda mitad del siglo XX el control de la legitimidad era una idea abstracta en Europa. Permaneció abstracta incluso la idea del derecho constitucional como inalienable. Así, mientras en Estados Unidos prevalecía la opinión de que los derechos no eran una concesión de la sociedad sino consustanciales a la esencia misma de la persona, en Europa los derechos eran algo que “concedía” la Constitución. Para un análisis en profundidad de esta distinción, véase Ludwikowski 1996, 219 ss., que también destaca las diferencias con el concepto socialista de derechos constitucionales.

71 Se aprobaron diez constituciones entre 1796 y 1799, y todas comenzaban con declaraciones de derechos. La Constitución belga de 1831 también incluía una declaración de derechos muy similar en varios detalles a la Declaración francesa de 1789 y al *Bill of Rights* estadounidense, pero la Carta belga regulaba la protección de los derechos según un enfoque práctico que recordaba la perspectiva presente en Estados Unidos, ya que prohibía actos que interfirieran con el ejercicio de los propios derechos. Véase Billias 1990, 33.

mente a estas temáticas[72]. Libertades civiles similares figuraban en la Constitución española de 1812[73] y en un capítulo aparte de la Constitución noruega de 1814. En cuanto a la Constitución belga de 1831, el catálogo de derechos se encontraba al principio del texto y contenía una lista bastante detallada. La misma ubicación sistemática estaba prevista para los derechos reconocidos en la Constitución de Liberia de 1847, de Dinamarca de 1849, de Prusia de 1850 y de Suiza de 1874.

Desde el punto de vista histórico-constitucional, 1848 representa una fecha fundamental. En efecto, ese año Alemania insertó una declaración de derechos fundamentales en la Constitución de Frankfurt[74], y el Estatuto Albertino (firmado en ese mismo año) contenía un catálogo de derechos que recordaba los previstos por la Constitución belga.

---

72 Para más información sobre la Constitución polaca, véanse Palka 2005 y Kanski 1991.

73 Por ejemplo, la libertad de expresión. De hecho, el artículo 371 de la Constitución de Cádiz establecía que «Todos los españoles tienen la libertad de escribir, imprimir y publicar sus ideas políticas, sin necesidad de licencia, revisión o aprobación alguna anterior a la publicación, bajo las restricciones y responsabilidad que establezcan las leyes».

74 Como se ha visto anteriormente, el constitucionalismo estadounidense ha ejercido una fuerte influencia en la elaboración de la Ley Fundamental alemana, también en lo que se refiere, además de a la distribución territorial del poder, a la elaboración del catálogo de derechos, compatible con los previstos por las constituciones de la "Europa continental". En realidad, durante las discusiones en la fase constituyente, sólo se hicieron pocas referencias a ideas o principios del constitucionalismo estadounidense y sólo una referencia ocasional a detalles relacionados con el alcance de algunos derechos y libertades fundamentales. En la convención preparatoria que tuvo lugar en Herrenchiemsee, el representante Carlo Schmid apoyó la inclusión de un catálogo de derechos acorde con la tradición y el pensamiento anglosajón, según el cual la Constitución, aunque sea provisional, si no incluye también un catálogo de derechos, no puede considerarse una Carta constitucional. Véase Steinberger 1990.

A partir de ese momento, la influencia del modelo "angloamericano-francés" produjo sus mayores efectos, con repercusiones no solo en Europa (en particular, en la Constitución de Weimar de 1919, en la de Baviera del mismo año, en las Constituciones de Austria y Checoslovaquia en 1920, Grecia en 1927 y Lituania en 1928), sino también en los países de América del Sur[75], Asia[76] y África[77].

Aunque la actitud británica hacia las ideas revolucionarias francesas y americanas siempre ha sido de rechazo[78], es innegable que las colonias del Imperio Británico, especialmente en los años de su decadencia, sufrieron una fuerte influencia, a diferencia de lo que ocurrió en la madre patria. En la India, los nacionalistas locales hicieron repetidas peticiones para la aprobación de un catálogo de derechos, que rápidamente fueron rechazadas por el Raj británico[79]. Sólo con la Constitución de 1950, el sistema indio adoptó un catálogo de derechos justiciables[80]: esta carac-

---

75 Sobre este punto véase Rolla y Spigno 2024, 29 y ss.

76 En realidad, la situación asiática es particular, ya que todo el continente quedó excluido de la influencia del constitucionalismo estadounidense al menos hasta finales del siglo XIX. De hecho, la "adquisición" de Filipinas determinó el inicio de la influencia estadounidense, que, sin embargo, se limitó a las colonias hasta el final de la Segunda Guerra Mundial. En esas áreas, las tradiciones constitucionales del Reino Unido, Francia, los Países Bajos y Alemania, así como las prácticas constitucionales autóctonas, desempeñaron un papel decididamente superior, pero a partir de 1945 la influencia estadounidense se hizo significativamente mayor, incluso si presentaba características diferentes a las de los otros modelos. Para más información véanse Beer 1990 y Ludwikowski 1996, 219 ss.

77 Véanse Billias 1990, 34 y Venter 2000, 25.

78 Jeremy Bentham lo definió como «*nonsense upon stilts*»: en Hart 1982, 79.

79 Véase Sorabjee 1979. En particular, se trataba de una solicitud de inclusión de un catálogo de derechos en el *Government of India Act* de 1935, pero esta solicitud fue rechazada por el *Joint Select Committee* del Parlamento Británico.

80 En realidad, es innegable que hubo una fuerte influencia de las ideas constitucionales estadounidenses en la redacción de la Constitución india. Para más información véase Sorabjee 1990, que subraya como el constitucionalismo estadounidense influyó en la India incluso antes de

terística es típica del constitucionalismo estadounidense (Lester 1988, 538), lo que demuestra el hecho de que la codificación de un catálogo de derechos se ha convertido en un elemento esencial de las nuevas constituciones, incluso en aquellos contextos influenciados por el *common law* británico.

En general, aunque el texto de las constituciones es a menudo incapaz de pronunciarse sobre la naturaleza filosófico-jurídica de los derechos fundamentales, revela cuál fue la concepción básica que guio a los padres fundadores. Así, del breve análisis realizado anteriormente se desprende como la evolución experimentada por los fundamentos teóricos que sustentan los derechos fundamentales ha llevado progresivamente a compartir un elemento común vinculado a la idea de los derechos humanos colocados por encima de cualquier orden jurídico positivo[81]. Esta idea es probablemente fruto de una teoría de los derechos fundamentales, resultado del diálogo y de las influencias mutuas entre las doctrinas estadounidense, francesa y británica, junto con otras que han surgido en el continente europeo.

1.4. LA CODIFICACIÓN DE DERECHOS EN EL CONSTITUCIONALISMO CONTEMPORÁNEO COMO EJEMPLO DE CIRCULACIÓN DE EXPERIENCIAS CONSTITUCIONALES. EL PAPEL DEL DERECHO INTERNACIONAL

Como se subrayó en el párrafo anterior, en la segunda mitad del siglo XX hubo una proliferación de nuevos documentos cons-

---

la independencia y durante la fase constituyente, especialmente en lo que respecta a la interpretación del principio de igualdad.

81 Esta orientación está presente tanto en la redacción del artículo 1 de la Constitución alemana, pero también se encuentran referencias en los artículos 19 y 79. A través de estas disposiciones, los constituyentes querían anclar el concepto de inalienabilidad de los derechos humanos de la manera más fuerte posible. Véase Steinberger 1990, 213.

titucionales, que marcaron la transición de formas autoritarias de poder a estructuras de gobierno democráticas. En algunos casos, estos cambios se justificaron por el fin de las experiencias coloniales y el logro de la independencia; en otros, por el declive de los regímenes dictatoriales. Durante este proceso, el modelo de constitución basado en los principios del constitucionalismo liberal occidental se alejó del arquetipo original para reestructurarse en clave moderna[82].

De hecho, la nueva fase de producción constitucional de la que fue protagonista la última década del siglo pasado se caracterizó por rasgos profundamente diferentes a la posterior a la Segunda Guerra Mundial, en la que la transformación social, económica y cultural había determinado resultados absolutamente incomparables con los anteriores al conflicto. Los problemas que los constituyentes tuvieron que enfrentar después de la Segunda Guerra Mundial eran completamente nuevos y no existía ningún modelo útil al que pudieran referirse[83].

Los textos constitucionales elaborados desde la caída del Muro de Berlín han tenido la oportunidad de incorporar debates y experiencias desarrollados en los años posteriores a la adopción de las constituciones de la segunda mitad del siglo XX, implementando respuestas innovadoras a los problemas surgidos en las últimas décadas, que no habían sido abordados en los debates constituyentes más antiguos. Estas soluciones se han traducido principalmente en la ampliación cuantitativa y cualitativa de los catálogos constitucionales de derechos, que han incluido progresivamente situaciones jurídicas subjetivas no expresamente señaladas en los textos consti-

---

82 Un ejemplo en este sentido es representado por la extensión de las normas que reconocen y protegen los derechos fundamentales: de hecho, si por un lado las disposiciones de la Declaración francesa de los Derechos del Hombre y del Ciudadano tenían una formulación concisa, las de las constituciones más recientes son a menudo catálogos extensos y compuestos, que fundamentan sistemas de garantía policéfalos.

83 Para un enfoque general véase Moran 2006.

tucionales promulgados en el último siglo. En particular, el tipo de codificación estuvo influenciado por la "transformación" del principio de igualdad y no discriminación: de hecho, si inicialmente la lista de casos discriminatorios se limitaba a elementos diferenciales como la etnia, la lengua, el sexo y la religión, las constituciones más recientes amplían estas hipótesis para incluir también la edad, la orientación sexual, el origen étnico y la discapacidad, entre otras[84].

En particular, los Estados de Europa centro-oriental, después de haber vivido durante muchos años bajo un régimen opresivo de partido único y conscientes de la utilidad que se deriva de la observación de experiencias extranjeras, han traducido en normas jurídicas aquellos valores en los que se fundamentan las demandas por todo lo que les había sido negado: libertad, dignidad e igualdad[85].

Las influencias en las constituciones aprobadas a finales del siglo XX derivadas del uso de modelos ya consolidados para abordar nuevos problemas son en algunos casos evidentes: así, la Constitución de Polonia adoptada en 1997 se inspiró en la Ley Fundamental alemana, en particular en lo que respecta a la dignidad humana[86].

---

84 Sobre la amplitud de los catálogos de derechos de las constituciones más recientes, véase Ceccherini 2002, 122 ss. En referencia también a la fisonomía de las codificaciones de derechos de finales del siglo pasado, véase Rolla 1997.

85 Para un análisis en profundidad de los procesos constituyentes en los Estados de Europa centro-oriental y la influencia que las constituciones extranjeras han tenido en ellos, véase Dick Howard 1993.

86 De hecho, el artículo 1 de la Ley Fundamental de Bonn establece lo siguiente: «Artículo 1 [Protección de la dignidad humana, vinculación de los poderes públicos a los derechos fundamentales] (1) La dignidad humana es intangible. Respetarla y protegerla es obligación de todo poder público. (2) El pueblo alemán, por ello, reconoce los derechos humanos inviolables e inalienables como fundamento de toda comunidad humana, de la paz y de la justicia en el mundo. (3) Los siguientes derechos fundamentales vinculan a los poderes legislativo, ejecutivo y judicial como derecho directamente aplicable»: texto en español disponible en https://www.btg-bestellservice.de/pdf/80206000.pdf [último acceso el 30 de noviembre de 2023]. Asimismo, el artículo 30 de la

La influencia alemana en la Constitución de la República de Corea de 1988[87], además de surgir en referencia a la dignidad humana, también es evidente en lo que respecta a las normas sobre partidos políticos y la protección de los derechos de propiedad[88].

La Constitución española de 1978 también ha jugado un papel importante como modelo en el desarrollo de las constituciones aprobadas en los últimos veinte años, especialmente en lo que se refiere a las de las repúblicas de Europa del Este formadas tras la disolución de la ex URSS. La *vis atractiva* ejercida por la Constitución española, a su vez influenciada por la francesa y la italiana[89], está determinada por el hecho de que contiene disposiciones muy reproducibles, siendo un texto "joven" que ha implementado temas nuevos respecto de las constituciones clásicas del período posterior a la Segunda Guerra Mundial. Además, otro elemento común es que España, al igual que los países del antiguo bloque comunista, también vivió la transición de un régimen autoritario a uno democrático de forma pacífica[90].

Constitución polaca establece que: «La dignidad inherente e inalienable de la persona constituirá fuente de libertades y derechos de las personas y de los ciudadanos. Será inviolable. El respeto y protección de estos será obligación de los poderes públicos». [Traducción propia del texto en inglés disponible en https://www.constituteproject.org/constitution/Poland_2009 (último acceso el 30 de noviembre de 2023)].

87 La República de Corea fue fundada el 15 de agosto de 1948. El texto constitucional fue promulgado el 17 de julio de 1948 y revisado el 25 de febrero de 1988.

88 Artículo 10 de la Constitución de la República de Corea de 1948: «Todos los ciudadanos tendrán asegurado el valor y la dignidad humanos y tendrán derecho a buscar la felicidad. Será deber del Estado confirmar y garantizar los derechos humanos fundamentales e inviolables de las personas» [Traducción propia del texto en inglés disponible en https://www.constituteproject.org/constitution/Republic_of_Korea_1987 (último acceso el 30 de noviembre de 2023)].

89 Sobre este punto sea permitido reenviar a Spigno 2018a.

90 En particular, cabe subrayar como los constituyentes rumanos reconocieron explícitamente la influencia de la Constitución española: véanse López Guerra 1998, 1947 ss. y Rosenfeld 1997-1998.

Además del modelo "angloamericano-francés" [91], que, como hemos visto, influyó directa o indirectamente en numerosas constituciones y procesos constituyentes, especialmente en lo que se refiere a los derechos fundamentales, el período posterior a la Segunda Guerra Mundial vio nacer nuevos modelos, entre los que se encuentra el canadiense[92].

De hecho, la Carta de Derechos y Libertades de 1982, si por un lado representa el paradigma de protección de los derechos constitucionales de la posguerra (Weinrib 2006, 89 ss.), por otro encarna el desarrollo de una cultura de derechos diferente[93], en la que hemos sido testigos de la reconciliación de los derechos individuales y de los grupos dentro de un Estado multinacional y bilingüe (Ignatieff 2000, 7).

---

91 Este modelo también ejerció su influencia en la Constitución italiana. Para más información véase Einaudi 1948, 661-676.

92 Habla de un "modelo canadiense de constitucionalismo" Dodek 2007, 312, distinguiendo entre una "concepción densa" (*thick conception*) que incluye la estructura política, analizada con gran interés también en el contexto de los procesos constituyentes en Sri Lanka y Sudáfrica, y una "concepción más ligera" (*a thinner conception*) que, en cambio, se centra en la Carta de Derechos y Libertades Fundamentales de 1982. La Carta ha sido definida como «*the creature of 18th century ideas of natural law revolution but of Canada's adoption of the international post-war and post-Holocaust idea of Human Rights*»: véase Weinrib 1995, 1 ss.

93 Un ejemplo lo puede dar el sistema de limitación de derechos, diferente al americano, cuyo texto del *Bill of Rights* no prevé ninguna cláusula limitativa y las restricciones al ejercicio de los derechos han quedado a la elaboración de la jurisprudencia constitucional. El modelo "europeo" por otro lado prevé limitaciones específicas para cada derecho individual (en este sentido son el Convenio Europeo de Derechos Humanos, la Ley Fundamental alemana, las Constituciones belga, danesa, italiana, holandesa y española, así como otros instrumentos y acuerdos internacionales, incluido el Pacto Internacional de Derechos Civiles y Políticos de 1966). La opción canadiense se basa más bien en una cláusula de limitación general que se refiere a todos los derechos, allanando así el camino para una tercera opción que fue seguida más tarde por Sudáfrica, Nueva Zelanda e Israel.

En particular, el modelo canadiense fue seguido por el constituyente sudafricano en la redacción del Capítulo 3 de la Constitución de 1996, relativo a los derechos fundamentales, y en la adopción de la Declaración de Derechos de Nueva Zelanda de 1990, además de ser fuente de inspiración para otras jurisdicciones como Hong Kong (Chan 1998 y Byrnes 1999) y Australia (Brennan 1999).

En particular, en el caso australiano, si bien falta un catálogo de derechos a nivel federal, la jurisprudencia observa atentamente, como se explorará más adelante, la actividad interpretativa llevada a cabo por los tribunales canadienses. Las razones se encuentran principalmente en el hecho de que, siendo una Carta adoptada a finales del siglo XX, un momento en el que el modelo dominante era todavía el americano de dos siglos antes, la Carta representaba la solución a los problemas que las antiguas, aunque prestigiosas, declaraciones de derechos no podían conocer. Además, no se limita a abordar los derechos en el contexto nacional canadiense, sino que los sitúa en una perspectiva más global, partiendo de una concepción universalista de los derechos humanos, luego enriquecida por la interpretación de la jurisprudencia[94].

La reciente adopción de numerosas constituciones coincide, al menos desde el punto de vista temporal, con el paso de situaciones de atenuación de las libertades de los ciudadanos a la afirmación de reglas democráticas, también en lo que respecta a aquellas realidades alejadas de los principios constitucionales y democráticos[95].

---

94 Véase Dodek 2007, para el análisis de las razones según las cuales la Carta Canadiense de Derechos representa un modelo de experiencia comparada.

95 Esto coincidiría con la adopción de una definición de democracia según la cual una forma de gobierno es democrática en la medida en que existen reglas y procedimientos que resultan de un acuerdo-compromiso para la resolución pacífica de conflictos entre los actores sociales políticamente relevantes y los demás actores institucionales presentes en el área política (definición dada por Morlino 1986, 88).

En realidad, en aquellos casos en los que, a pesar de la presencia de textos constitucionales avanzados desde el punto de vista de la técnica de redacción, faltaba una tradición cultural a la que referirse, las reglas democráticas todavía encontraron dificultades para afirmarse. La inclusión de un catálogo de derechos dentro de las nuevas constituciones representa una presencia calificada y absolutamente indefectible, que sigue el modelo del constitucionalismo occidental. En este sentido, nos encontramos ante la tendencia a la universalización de los derechos fundamentales, con la consiguiente aceptación de catálogos más o menos detallados de derechos y de los instrumentos diseñados para su protección[96].

Este fenómeno, que se ha establecido pacíficamente en áreas de la cultura occidental, también se ha extendido a aquellos contextos más "inmunes" a las teorías del constitucionalismo y la democracia pluralista. En particular, al enfrentar un proceso de liberación de la dominación colonial, en muchos casos ha sido necesario elegir entre las tradiciones constitucionales occidentales heredadas a través de la dominación y la restauración o salvaguardia de las tradiciones de los antepasados, muchas veces en conflicto con los principios del constitucionalismo clásico. El contraste persiste entre dos enfoques distintos que matizan la diferente actitud que adoptan los Estados ajenos al constitucionalismo occidental: por un lado, están aquellos países que, fuertes en sus tradiciones culturales y jurídicas, rechazan la ideología constitucionalista occidental.

Por otro lado, están aquellos en los que la penetración de los dogmas del constitucionalismo fue evidente de manera incisiva, a

96 Existen numerosos países que rechazan los principios dogmáticos del constitucionalismo occidental: en particular, los de religión islámica y los asiáticos (entre los cuales China). Las razones detrás de este rechazo se encontrarían en el supuesto según el que el concepto de derechos humanos es producto de un desarrollo histórico y está estrechamente asociado con las condiciones políticas, económicas y sociales de un país en particular y, en cuanto tal, no universal.

pesar de que éstos no pertenecían a sus tradiciones culturales y jurídicas. Especialmente en este último caso, existe el riesgo de que la importación de valores, técnicas de codificación y protección de los derechos humanos típicamente atribuibles a una matriz cultural homogénea quede en un nivel superficial, sin permear profundamente el tejido social, político, jurídico y cultural. Por tanto, las constituciones que se adopten en este contexto seguirían siendo ineficaces y no representarían valores compartidos que fundamenten la unidad del pueblo. En este sentido, el texto constitucional adquiriría la forma de un manifiesto político y el valor de meras declaraciones de principios, más que un documento capaz de regir la dinámica del poder[97].

La necesidad del reconocimiento de los derechos fundamentales también se ha expresado en el espacio iberoamericano, en el que el proceso de codificación ha adquirido dimensiones significativas de igual modo en relación con aquellos países cuya tradición jurídica pertenece al sistema del *common law* y que durante mucho tiempo se han mostrado, si no en contra, al menos reacios a la positivización (incluso constitucional) de los derechos (Rolla y Spigno 2024). Esta necesidad también afectó al Estado de Israel, que durante mucho tiempo fue uno de esos países que, como el Reino Unido, carecían tanto de una Constitución escrita como de un catálogo de derechos. La Declaración de Independencia

---

97 Se trataría, por tanto, de un debilitamiento del concepto de Constitución como *Grundnorm* debido tanto a la heterodireccionalidad de la adopción de algunas cartas constitucionales, como también a la provisión de determinadas cláusulas que suspenden o derogan derechos. Se trata de aquellas cláusulas identificadas por la doctrina anglosajona con la expresión *override clauses*, que tienden a atenuar un principio clave del constitucionalismo moderno, como es el de la supremacía de la Constitución sobre las fuentes subordinadas y el consiguiente control de la constitucionalidad de las leyes y actos con fuerza de ley. Pueden ser introducidos por fuentes de rango legislativo que, por tanto, pueden ser *contra constitutionem*. Para más información, véase Ceccherini 2002, 75 ss.

de 1948 preveía la elección de una Asamblea Constituyente que, tras ser elegida, se convirtió en la Knesset, el Parlamento israelí. En realidad, la adopción de una Carta Constitucional se retrasó, pero con una resolución de 1950 la Knesset decidió que la Constitución israelí consistiría en una serie de leyes fundamentales, que posteriormente se promulgaron, cubriendo los diversos aspectos de la forma de gobierno de Israel. En 1992 se adoptaron dos leyes fundamentales: la de *Freedom of Occupation* (Libertad de Ocupación) y la de *Human Dignity and Liberty* (Dignidad Humana y Libertad) con las que Israel se dotó de un catálogo de derechos.

Las dos leyes tienen respectivamente por objeto la libertad de empleo y la protección de la dignidad humana y la libertad. La primera reconoce el derecho de todo ciudadano a dedicarse a cualquier profesión, ocupación u oficio (art. 3), mientras que la segunda protege la vida, la integridad física, la dignidad (art. 2)[98], la propiedad (art. 3), la intimidad (art. 7) y la libertad de la per-

---

98 Con respecto a la *Basic Law: Human Dignity and Liberty*, uno de los problemas fundamentales es comprender qué derechos están protegidos dentro del concepto de dignidad humana. Según Aharon Barak, la interpretación de este concepto debe realizarse a la luz del significado que se deduce de los documentos internacionales sobre derechos humanos y otras constituciones democráticas. Así, se deberían incluir todos aquellos derechos que están estrechamente relacionados con la dignidad humana y la libertad personal. Si se sigue este enfoque, la dignidad humana incluye sin duda también la igualdad y la libertad de religión. La sección 1 de la *Basic Law* también confirma el significado amplio del concepto de dignidad humana, al establecer: «Los derechos humanos fundamentales en Israel se basan en el reconocimiento del valor del ser humano, del carácter sagrado de su vida y del principio que todas las personas son libres: estos derechos serán respetados a la luz del espíritu de los principios enunciados en la Declaración de independencia del Estado de Israel.» [traducción propia]. Estos principios incluyen: la igualdad desde el punto de vista de los derechos sociales y políticos, sin distinción de "raza", religión y sexo. Sin embargo, el hecho de que la Ley Fundamental mencione expresamente sólo algunos de estos derechos, refleja la clara intención política de no proporcionar el mismo nivel de protección para todos. Véase Barak 2002.

sona (art. 5), así como el derecho de todo ciudadano israelí a entrar y salir del país (art. 6). Las Leyes Fundamentales de Israel siguen la experiencia canadiense, ya que, de manera similar a la técnica de redacción contenida en la Carta de Derechos y Libertades de 1982, aunque los derechos individuales se describen en términos absolutos, el equilibrio que debe aplicarse también está constitucionalizado en todos los casos en que exista conflicto entre derechos[99].

La Constitución de la República de Sudáfrica también puede incluirse entre los textos adoptados en la fase del constitucionalismo de finales del siglo XX: además, se inscribe en el arquetipo de aquellas cartas que marcan la transición de formas de gobierno autoritarias a formas democráticas de poder, como consecuencia del desmantelamiento del régimen de segregación racial que había caracterizado al gobierno sudafricano hasta principios de los años Noventa. El texto constitucional contiene un catálogo de derechos, que deriva de un procedimiento constituyente casi enteramente interno, dentro del que se expresó el deseo de mantener la tradición jurídica de la *Roman-Dutch law*[100], combinada, sin embargo, con elementos del constitucionalismo tradicional occidental.

---

99 En particular, de hecho, el artículo 8 de la *Basic Law: Human Dignity and Liberty* prevé que: «No habrá violación de los derechos establecidos en esta Ley Básica excepto por una ley que se ajuste a los valores del Estado de Israel, diseñada para un propósito adecuado, y en una medida no mayor de lo requerido o por una ley promulgada con autorización explícita en ella.» [traducción propia]. Para más información véase Kretzmer 1999.

100 En la experiencia jurídica de Sudáfrica, la *Roman-Dutch law* representa el *common law*, que se compone de un sistema que originalmente era de *civil law* y luego fue influenciado por los principios del *common law* británico. En la actualidad, el *common law* vigente tanto en Sudáfrica como en Namibia es, por tanto, un sistema mixto en el que siguen coexistiendo principios de *civil law* de origen holandés y principios de *common law* de origen británico, fusionándose ambos en el derecho consuetudinario sudafricano. Los primeros suelen prevalecer en algunos sectores del derecho sustantivo, como el derecho penal y el derecho privado (especialmente

De hecho, el proceso constituyente y la redacción de la declaración de derechos de la Constitución de Sudáfrica muestran como existieron claras influencias extranjeras provenientes principalmente de la experiencia constitucional de Estados Unidos de América, Canadá[101], Alemania[102] y del Convenio EDH[103], que también se reflejan en la actividad interpretativa de los tribunales sudafricanos, a través de la cita de numerosos precedentes tanto canadienses como del Tribunal Europeo (Chanock 1999).

La tendencia a incluir las declaraciones de derechos en documentos con valor jurídico, generalmente contenidos en textos constitucionales, o en todo caso en documentos normativos a los que se les reconoce un valor paraconstitucional (como en el caso de Israel y Nueva Zelanda[104]), probablemente también se vio facilitada por la intervención del derecho internacional.

---

en lo que se refiere al derecho de familia y a la protección de las personas en general), mientras que en otros sectores de carácter económico y procesal predominan los principios del *common law* británico: sobre este punto, véase Spigno 2013.

101 En particular, las similitudes textuales con la Carta Canadiense de Derechos y Libertades de 1982 se encuentran no solo en la formulación del texto de derechos, sino también en la disposición de la sección 33 del Capítulo 3 de la Constitución de Sudáfrica que contiene la así llamada *limitation clause*, que encuentra su alter ego en la sección 1 de la Carta Canadiense de Derechos. El Convenio Europeo de Derechos Humanos de 1950 también ejerció otras influencias externas en la redacción del *Bill of Rights* de Sudáfrica.

102 Para más información, véase Venter 2000.

103 Para un análisis en profundidad de las influencias extranjeras en el desarrollo de la declaración de derechos de Sudáfrica, véase Davis 2003, 181 ss., quien subraya como la Constitución de Malasia también influyó en el proceso constitucional sudafricano. Con referencia a la influencia de la Carta Canadiense de Derechos y Libertades Fundamentales en la Constitución de Sudáfrica, véase Dodek 2007, 324. Para un enfoque más general sobre la redacción de la Constitución de Sudáfrica, véase Davis, Cheadle y Hayson 1997.

104 Para profundizar acerca del *Bill of Rights* de Nueva Zelanda, véase Joseph 1999.

De hecho, es cierto que los Estados recientemente democratizados dependen en gran medida de modelos constitucionales occidentales consolidados, gracias al fenómeno —bastante notorio en el panorama constitucional— de la "circulación de experiencias o modelos constitucionales"[105]. Es igualmente claro que este fenómeno también está vinculado a la fuerte expansión de los mercados internacionales y a la creciente influencia de aquellas experiencias de integración supranacional y regional, activamente insertas en el proceso de "contaminación entre experiencias constitucionales", que da lugar a sistemas variables y difíciles de reconducir a un modelo único o unitario (aunque es posible destacar algunas tendencias generales). En consecuencia, el derecho internacional también juega un papel fundamental a la hora de determinar la influencia que producen elementos extrasistémicos en la redacción de los textos constitucionales, representando un perfil fundamental para estas nuevas experiencias, que pueden así inspirarse en órganos o institutos, cuya funcionalidad queda demostrada por su eficacia en otras jurisdicciones.

Originariamente, la protección internacional de los derechos humanos encontró su justificación en la necesidad, sentida especialmente después de los conflictos mundiales del siglo XX, de que los Estados delegaran en organismos internacionales la competencia para proteger esos valores fundamentales e inalienables, compartidos por la mayoría de los países. Esta necesidad ha dado lugar a la creación de organismos como, entre otros, la Organización de las Naciones Unidas (ONU) y, a nivel europeo, el Consejo de Europa, lo que también ha ido acompañado del desarrollo de normas jurídicas y documentos para la protección de los derechos fundamentales. Algunas de estas declaraciones, al menos inicialmente, estuvieron influenciadas por el concepto americano de

---

105 En el pasado, las guerras de conquista fueron el principal vehículo para la afirmación de modelos institucionales en países distintos del de origen, mientras que actualmente este fenómeno puede vincularse a la fuerte expansión de los mercados internacionales y a las crecientes experiencias de integración supranacional y regional.

derechos fundamentales: en particular, la Carta de las Naciones Unidas aprobada en San Francisco el 26 de junio de 1945[106], la Declaración Universal de Derechos Humanos adoptada por la Asamblea General de la ONU en 1948 y los dos Pactos de las Naciones Unidas sobre derechos humanos.

La paradoja, sin embargo, está representada por el hecho de que, aunque Estados Unidos inspiró su redacción, no procedió a la ratificación, quedando así aislado del desarrollo del derecho internacional de los derechos humanos[107].

Además, el sistema internacional de protección de los derechos humanos presenta debilidades intrínsecas relacionadas con el hecho de que no todos los Estados han ratificado los Convenios y solo algunos han aceptado también la competencia del Comité de Derechos Humanos para decidir sobre quejas individuales relativas a la violación de derechos humanos. Si por un lado existe un sistema con vocación universal que se caracteriza por una fuerte debilidad, por otro lado, existen también sistemas regionales de protección de derechos humanos, como el europeo, el interamericano, el africano y el arabe. Europa ha creado un sistema de protección regional de los derechos fundamentales[108]. De hecho, al redactar la Convención EDH[109], el Consejo de Europa

---

106 Durante la redacción de la Carta, una importante representación estadounidense había presionado a sus redactores para que incluyeran referencias repetidas a los derechos humanos y crearan una Comisión para garantizar su implementación. Un papel fundamental lo desempeñó Eleanor Roosevelt, designada para presidir la Comisión de Derechos Humanos y presentar propuestas para una Declaración de Derechos internacional.

107 El sistema internacional de protección de los derechos ha jugado un papel fundamental en la circulación de modelos de protección de los derechos fundamentales: véase en este sentido Bryde 1999.

108 Además, en referencia a la existencia de un verdadero sistema europeo de protección de los derechos humanos, véase Grementieri 1990.

109 El Convenio Europeo de Derechos Humanos se firmó en Roma el 4 de noviembre de 1950.

consideró la inclusión de un catálogo de derechos menos extenso que el de la Declaración Universal, pero con mayores garantías. Por otro lado, el sistema interamericano se formó a partir de un contexto de asentamiento de las transiciones democráticas (Alles y Egger 2016: 48) y de prevención contra las rupturas del orden constitucional, mientras que el sistema africano de protección de derechos humanos se creó en un contexto caracterizado por una fuerte dependencia económica y política de los Estados de la región, debido a la presencia de importantes problemas estructurales de subdesarrollo, dato que se refleja también en el tipo de derechos garantizados y en los mecanismos previstos para su protección en la Carta Africana de Derechos Humanos y de los Pueblos de 1981[110].

Durante los últimos cuarenta años, la Convención EDH se ha convertido en el modelo seguido también por Estados con tradición de *common law* o pertenecientes a la Commonwealth[111]. En realidad, como se verá más ampliamente a continuación, una fuerte contribución a la exportación del modelo europeo de protección de derechos humanos la realizó el Reino Unido, que difundió los derechos y libertades de la Convención EDH[112]: existe, por lo tanto, una inspiración directa que se encuentra precisamente en la Convención EDH y solo indirecta en la de la Declaración de Derechos de Estados Unidos.

---

110 Para un análisis de los sistemas regionales de protección de derechos humanos, sea permitido reenviar a Spigno 2020.

111 En realidad, cabe subrayar que la protección de los derechos fundamentales no se confía exclusivamente a los catálogos de derechos contenidos en las constituciones, sino que también se remite en parte a los actos del derecho primario y a la actividad interpretativa de la jurisprudencia, especialmente en lo que se refiere a los países de *common law*, como Australia y el Reino Unido antes de la adopción del *Human Rights Act* en 1998. Véanse Clapham 1999 y Kinley 1999.

112 Para la relación entre el derecho consuetudinario británico y el Convenio Europeo de Derechos Humanos, véanse Barendt 2009 y of Barnes 1993.

1.5. LA CIRCULACIÓN DE LAS IDEAS CONSTITUCIONALES EN LA JURISPRUDENCIA CONSTITUCIONAL Y EL USO DE PRECEDENTES EXTRANJEROS

El fenómeno de circulación de ideas y experiencias constitucionales descrito anteriormente implica el surgimiento de un consenso "transnacional" en torno a ciertos valores reconocidos como comunes, que se ha traducido en la adopción de cartas constitucionales y declaraciones de derechos, consideradas jerárquicamente superiores a la legislación ordinaria. Al mismo tiempo, hemos sido testigos de la expansión del control de la legitimidad para garantizar el cumplimiento de las normas constitucionales. Se confió así un papel fundamental a la actividad interpretativa de los jueces, que debe entenderse como una variable en la atribución de significado a las declaraciones normativas y en el juego de equilibrio propio de la interpretación de los textos constitucionales[113].

Al mismo tiempo que se intensificaba el fenómeno de la circulación, la interpretación constitucional también comenzó a verse teñida por el aporte derivado de la aplicación del argumento comparativo. El uso de esta técnica en la jurisprudencia constitucional[114] ha encontrado, y aún encuentra, numerosos obstáculos,

---

113 Respecto al uso de la comparación como método interpretativo, véase Kozyris 1994, 167, según el cual «el derecho comparado no sólo puede proporcionar soluciones alternativas para ser utilizadas en la adopción de normas, sino que también contribuye a darnos una mejor comprensión de nuestro derecho.» [traducción propia].

114 En particular, el método de comparación constitucional entra en tensión con la tradición del positivismo jurídico estatista, destacando como si bien el primero se ha convertido en un canon al que el legislador se refiere más fácilmente, su uso por parte de la jurisprudencia ha encontrado mayores resistencias. De hecho, se ha observado que el juez debe juzgar según la ley de su propio país, admitiendo la "entrada" del derecho extranjero en las decisiones judiciales sólo cuando lo contempla la *lex fori*; véase Dölle 1960 y también Ridola 2006, 15 ss.

en particular por razones de imparcialidad y legitimidad democrática[115]: es, de hecho, un enfoque que consiste en la importación de parámetros desarrollados en contextos "diferentes" en comparación con el sistema jurídico de referencia.

El uso de argumentos comparativos en la interpretación jurisprudencial es una práctica que se ha desarrollado prevalentemente en países de *common law*[116], facilitada por el hecho de que en esos contextos la jurisprudencia constituye una fuente del derecho y el precedente judicial representa el derecho mismo al que referirse. En realidad, incluso en estas jurisdicciones, el precedente extranjero representa una fuente externa y como tal no se considera vinculante, sino que se hace referencia a él únicamente porque tiene un valor meramente persuasivo[117].

---

115 La doctrina, no sólo constitucionalista, se divide principalmente en dos posiciones contrastantes: por un lado, hay quienes acogen con entusiasmo esta técnica interpretativa y, por otro, quienes demuestran actitudes de escepticismo radical. Para una reconstrucción de las diferentes posiciones doctrinales, véanse *ex plurimis*: Osiatynski 2003; Ewald 1995, 489 ss.; Klug 2003; Childress III 2003; y Epstein y Knight 2003.

116 En particular, el "préstamo de precedentes" entre jueces constitucionales, más correctamente indicado por la expresión "*transjudicial borrowing*" o "*precedent borrowing*", constituye una práctica típica del *common law*: de hecho, los jueces de los países de la antigua Commonwealth a partir del siglo XIX utilizaron ampliamente precedentes provenientes de jueces extranjeros, generalmente británicos y en particular los del London Privy Council, que era el órgano de última instancia, con competencia respecto de las apelaciones provenientes de países del área colonial. Su jurisprudencia ha influido fuertemente en el desarrollo jurídico de países como, entre otros, Australia y Nueva Zelanda, India, Sudáfrica y Canadá. Véanse Tripathi 1957 y Groppi y Ponthoreau 2013.

117 Se ha destacado que existen al menos tres factores que determinan el peso y la aceptabilidad de los precedentes extranjeros: las afinidades históricas, la similitud de las tradiciones jurídicas y la analogía entre instituciones específicas. Para más información, véase Tripathi 1957, que destaca las afinidades textuales entre las Constituciones india y estadounidense, justificando como la interpretación de la primera ocurre a menudo a la luz de la jurisprudencia desarrollada en Estados Unidos.

Este método interpretativo se fue extendiendo luego progresivamente, más allá de las fronteras geográficas y culturales en las que se había desarrollado y superando la lógica de influencia jurídico-cultural del colonialismo, para poder involucrar también a aquellas jurisdicciones de tradición jurídica romano-germánica[118]. Se trata de una nueva tendencia de un viejo fenómeno que puede describirse, recordando la exitosa expresión utilizada por la jueza de la Corte Suprema canadiense Claire L'Heureux-Dubé, como el paso de la "recepción" al "diálogo"[119] entre jurisdicciones constitucionales.

De esta manera, se subraya el cambio en la finalidad de utilizar el método comparado en la interpretación constitucional. Mientras que en el pasado la referencia a decisiones extranjeras tenía como objetivo garantizar la uniformidad de la jurisprudencia dentro del *common law* o respaldar las conclusiones del juez,

---

Además, la influencia de larga data del sistema británico también justifica las numerosas citas con referencia a la jurisprudencia del Reino Unido, Canadá y Australia, a veces citadas de manera más convincente que las decisiones estadounidenses. Además, véase Lollini 2007, que destaca tanto las características del fenómeno como las perplejidades que surgen de él.

118 Una primera apertura al uso de elementos jurídicos externos en la interpretación jurisprudencial se produjo con referencia al contexto europeo: el artículo 6.2 del Tratado de la Unión Europea, de hecho, incluso antes de la entrada en vigor del Tratado de Lisboa, establecía que, en referencia a la interpretación de las disposiciones de los Tratados, el Tribunal de Justicia debía considerar también los derechos fundamentales «fruto de las tradiciones constitucionales comunes a los Estados miembros». Se ha destacado como de esta manera las especificidades constitucionales de los países de la Unión Europea emanan no solo una fuerza interna, sino también externa, logrando así influir en la interpretación por parte de órganos que no están vinculados a ellas, como en el caso del Tribunal de Luxemburgo. En este sentido, véase Pizzorusso 2005, 32.

119 En este sentido, véase L'Heureux-Dubé 1998, 16, según quien esta nueva práctica de diálogo surge en particular en referencia a la jurisprudencia sobre derechos humanos.

especialmente en lo que respecta a cuestiones especialmente controvertidas o que indican un cambio jurisprudencial significativo, hoy nos encontramos ante un panorama en el que los jueces constitucionales interactúan más estrecha y recíprocamente entre sí. Se pasó así de lo que durante mucho tiempo se describió como una oportunidad para el juez constitucional, que podía recurrir a un "contenedor" más amplio para encontrar el material necesario para sustentar sus decisiones, a una necesidad, justificada precisamente por compartir esos valores comunes que, como también hemos intentado demostrar en los párrafos anteriores, están en la base del fenómeno de la circulación de ideas constitucionales en la segunda mitad del siglo pasado[120].

De hecho, la circulación de argumentos y principios se ha intensificado especialmente en lo que respecta a la protección de los derechos fundamentales, y ya no se mueve en una dirección predominantemente unidireccional desde los Estados Unidos de América hacia otros países, como ocurría hasta los años Ochenta del siglo pasado. Se trata, por tanto, de un fenómeno que tiene dimensiones globales y que afecta también a aquellos tribunales que tradicionalmente se han mostrado más bien reacios a abrirse a elementos extrasistémicos[121].

---

120 En este sentido es la declaración del ex Presidente del Tribunal Supremo de Noruega, que expresa la conciencia de la importancia de todas aquellas formas de coordinación y reunión, definidas como un deber de los tribunales nacionales para contribuir a la introducción de nuevas normas jurídicas y principios del mundo exterior. Esta afirmación se recoge en Slaughter 2003, 195.

121 La referencia es a los Estados Unidos de América que, durante mucho tiempo, mantuvieron la posición de "exportador constitucional", mostrándose reticentes a acoger elementos de jurisdicciones extranjeras. En este sentido, la jueza Claire L'Heureux-Dubé destacó como la relevancia de la jurisprudencia estadounidense ha crecido y se ha extendido por todo el mundo, en particular en lo que se refiere al derecho constitucional y a los derechos humanos. Véase L'Heureux-Dubé 1998, 18. Para un análisis en profundidad del uso del método comparado por parte de la Corte Suprema de los Estados Unidos, la Corte Suprema de

El ejemplo tradicional es el de la Corte Suprema de los Estados Unidos que, con exclusión de las referencias a los precedentes británicos[122], siempre ha demostrado cierta "impermeabilidad" ante el derecho extranjero[123]. Solo recientemente, y aunque no de manera compartida[124], su posición como gran "exportador

---

Canadá y el Tribunal Superior de Australia, véase Lefler 2001. Para un análisis detallada del uso del método comparativo por parte de la Corte Suprema de Estados Unidos, véase Sperti 2006, que subraya como el creciente interés en la circulación del contenido de las sentencias y el surgimiento de un núcleo común de principios y valores constitucionales compartidos por las principales naciones indica un mayor avance en el acercamiento entre el *common law* y el *civil law*, que ha sido durante mucho tiempo objeto de reflexión por parte de los estudiosos.

122 Al respecto, véanse Abrahamson y Fischer 1997, 276-277 y Langbein 1995, 547. Con referencia al papel desempeñado por el derecho internacional en la interpretación constitucional y legislativa en los Estados Unidos, véase Reimann 1998, 637. Véase también Ackerman 1997, según quien, en un contexto en el que la tecnología ha permitido que ha permitido la inmediatez y alta disponibilidad de la información, «la transformación global aún no ha tenido el más mínimo impacto en el pensamiento constitucional estadounidense. Al típico juez estadounidense no se le ocurriría aprender de las decisiones del juez constitucional alemán o francés.» [traducción propia].

123 A este respecto, véase Sperti 2006, quien subraya como en la actitud de la Corte Suprema de los Estados Unidos hacia el derecho extranjero podemos ver un eco del concepto de soberanía popular y la consiguiente desconfianza general hacia la actividad de *judicial lawmaking*, que a veces es más frecuente en los Estados Unidos. En el pasado, la Corte Suprema ha trabajado bajo un fuerte nivel de politización. En particular, el autor afirma que: «la referencia al derecho extranjero a efectos de interpretación y para colmar "los grandes silencios" de la Constitución federal parece, de hecho, generalmente ajena a la lógica de la soberanía parlamentaria y a los mecanismos de un sistema en el que se cree que el proceso de creación del derecho no puede basarse en supuestos ajenos al principio representativo.» [traducción propia].

124 De hecho, en este contexto se inserta el acalorado debate que protagonizan los jueces Scalia y Breyer: mientras este último admitía la posibilidad de que la referencia al derecho extranjero se hiciera también en los Estados Unidos, el primero subrayó que la comparación trans-

constitucional" ha comenzado a ceder, permitiendo al juez supremo hacer un uso "tímido" del argumento extranjero en la interpretación de su propia Constitución[125].

---

nacional desempeñaba un papel fundamental a la hora de redactar un texto constitucional, al tiempo que expresaba un fuerte escepticismo en referencia a su relevancia a la hora de interpretar una constitución ya existente. Al respecto, véase la opinión disidente del juez Scalia en *Thompson v. Oklahoma* [487 U.S. 815 (1988), 868-869], quien afirma que: «Donde no hay primero un consenso establecido entre nuestro propio pueblo, las opiniones de otras naciones, por más ilustradas que puedan pensar los magistrados de esta Corte, no pueden ser impuestas a estadounidenses a través de la Constitución.» [traducción propia].

125 En particular, en *Lawrence v. Texas* [539 U.S. 558 (2003)], la Corte hace un *overruling* de la sentencia *Bowers v. Hardwick* [478 U.S. 186 (1986)], demostrando como ese precedente se basó en una reconstrucción incorrecta de los fundamentos históricos y culturales de las leyes de sodomía en los Estados Unidos y en la cultura occidental. A este respecto, el juez supremo recuerda que estas normas aparecieron en la legislación de los Estados americanos solo a partir de los años Setenta y que estas leyes entraron en conflicto, desde el momento de su aprobación, con los principios expresados en Europa y, en última instancia, también con las sentencias del Tribunal Europeo de Derechos Humanos en *Dudgeon v. Reino Unido*, 22 de octubre de 1981. *Lawrence* representa el primer caso en el que la Corte Suprema hizo referencia a un precedente extranjero en la interpretación de una disposición constitucional. Se ha observado que el uso de la comparación jurídica no ha estado completamente ausente en el pasado en la jurisprudencia constitucional estadounidense, en la que solo se encuentran referencias, en su mayoría genéricas, a legislación extranjera en materia de protección de derechos fundamentales. En este sentido, véase Sperti 2006, quien afirma que en cualquier caso se trata de casos en los que «solo con extrema cautela la Corte Suprema recurre a la comparación con otros sistemas, evitando en la mayoría de los casos referencias en el texto de los razonamientos. Esto le permite, de hecho, no hacer enteramente suyas estas referencias y evitar la opción de recurrir a la comparación como herramienta de interpretación. Además, las referencias generalmente se refieren a leyes o regulaciones extranjeras y opiniones de doctrina, mientras que no existen citas de sentencias extranjeras, una manifestación de esa apertura hacia el diálogo entre tribunales constitucionales que emerge

Por el contrario, ha habido algunas declaraciones significativas de jueces estatales que en el pasado han mostrado mayor apertura y sensibilidad a la comparación con los principios expresados por los tribunales constitucionales de otros países[126]. Se han señalado los recientes cambios constitucionales ocurridos a nivel

---

por primera vez en el caso *Lawrence*. Por último, en la jurisprudencia constitucional norteamericana no faltan frecuentes invocaciones a la democracia, a los principios del Estado de derecho, a la tradición del *common law*, que en nuestra opinión deberían valorarse como meras declaraciones incidentales o, como mucho, encaminadas a reforzar el razonamiento del tribunal. Por lo tanto, consideramos que, en general, la jurisprudencia anterior al caso Lawrence revela más bien, también en el frecuente contraste entre las posiciones expresadas por los jueces liberales y la mayoría conservadora, una desconfianza general hacia la Corte Suprema hacia el uso de la comparación como una herramienta de interpretación de las disposiciones constitucionales» [traducción propia]. Una referencia más explícita al derecho extranjero se puede encontrar en *Roper v. Simmons* [125 S. Ct. 1183 (2005)], donde el juez Kennedy, ex redactor del caso *Lawrence*, a pesar de no referirse directa y explícitamente a ninguna sentencia de tribunales constitucionales extranjeros, subrayaba como la pena de muerte contra menores se practicaba solo en nueve países en el mundo y recordó que en Gran Bretaña había sido abolida por el Parlamento desde 1933. El Tribunal americano añadió que el ejemplo inglés era particularmente significativo por razones históricas y culturales, pero se preocupaba en varios puntos de precisar como las soluciones generalmente aceptadas en otros países no podían considerarse decisivas a los efectos de interpretar la Constitución americana.

126 En este sentido, hay que destacar el voto concurrente del juez Guido Calabresi en el caso *United States v. Then* [56 F.3d 464, 469 (2d Cir. 1995)], según el que: «Hubo un tiempo en que Estados Unidos tenía prácticamente el monopolio de la revisión judicial constitucional, y si una doctrina o enfoque no se ensayaba aquí, no había otro lugar para ello. Esa situación ya no existe. Desde la Segunda Guerra Mundial, muchos países han adoptado formas de revisión judicial que, aunque diferentes de las nuestras en muchos detalles, inequívocamente tienen su origen e inspiración en la teoría y la práctica constitucionales estadounidenses. Estos países son nuestros "hijos constitucionales" y la forma en que han abordado problemas análogos a los nuestros puede resultarnos muy

global, como la adopción de *Bills of Rights* o nuevas constituciones por parte de muchos países y la progresiva difusión de la justicia constitucional que acompaña a la idea de la constitución como norma superior[127], como las principales causas del surgimiento de un diálogo más estrecho entre los jueces constitucionales.

Esta afirmación describe fielmente lo que sucede en las "nuevas democracias", en las que la cuestión de la protección de los derechos y, en particular, su reconocimiento en una carta fundamental adquiere un carácter central que requiere una lectura a la luz de la relación que vincula su reconocimiento con las opciones fundacionales de cada sistema y, por tanto, con su legitimación. La opción de contar con un juez que se encargue de comprobar la legitimidad constitucional de las leyes también apunta a fortalecer la democracia en aquellos sistemas en los que las constituciones y los catálogos de derechos se inspiraron en los textos fundamentales de países más antiguos y de mayor tradición constitucional y, por lo tanto, el nuevo sistema constitucional corre el riesgo de parecer desprovisto de legitimidad al estar separado de las tradiciones culturales y políticas locales[128].

La participación del juez constitucional en la "comunidad global de tribunales" con la que comparte principios y valores constitucionales, y el uso del método comparativo en la argumentación judicial[129], que aumentan su fuerza persuasiva y argumentativa,

---

útil cuando nos enfrentamos a cuestiones constitucionales difíciles. Los padres sabios no dudan en aprender de sus hijos» [traducción propia].

127 Sobre el valor de la Constitución y de la *judicial review* véanse, *ex plurimis*: Dworkin 1990; Häberle 2003; Malfatti, Panizza y Romboli 2004; Ruggeri y Spadaro, 2004, 24 ss.; Shapiro y Stone Sweet 2002, 149 ss.; Spadaro 1998; y Stone Sweet 2000.

128 Véanse: Choudhry 1998-1999, 819, 821; Teitel 2004, 2585 ss.; y Hirschl 2004, 97.

129 Muy crítico de la idea de que pueda existir un diálogo entre Cortes estatales es De Vergottini 2010. Para un estudio detallado sobre el uso del precedente extranjero por los jueces constitucionales, véase *ex plurimis* Groppi y Ponthoreau 2013.

contribuyen al fortalecimiento de la legitimación, autoridad e independencia del propio órgano de justicia constitucional[130].

Por el contrario, en relación con aquellos sistemas con una tradición democrática más larga y consolidada, el uso de la comparación puede, en algunos casos, leerse como un efecto adicional producido por la adopción de una carta de derechos sobre el papel del poder judicial en la forma de gobierno. Esto es lo que ocurrió en Gran Bretaña, tras la aprobación del *Human Rights Act* de 1998: a partir de ese momento, hubo una mayor apertura por parte del poder judicial hacia el uso de precedentes extranjeros, probablemente atribuible al nuevo papel de los jueces en la forma de gobierno y, en particular, a los efectos derivados de la introducción de nuevas herramientas y técnicas de toma de decisiones, que permitieron a los tribunales hacer una aplicación directa de los principios y argumentos desarrollados por el Tribunal Europeo de Derechos Humanos[131].

---

130 En este sentido, Sperti 2006 recuerda el ejemplo de los tribunales constitucionales de los países de Europa del Este, que resulta particularmente significativo por la contribución que hicieron en la transición hacia un sistema democrático. Además, puede resultar útil recordar la experiencia sudafricana, en la que el uso de la comparación está previsto por una disposición constitucional específica (la sección 39) que facilita a los jueces participar en el desarrollo a escala global del constitucionalismo y la protección de los derechos humanos (así en *State v. Mhlugu* [1995 (3) SALR 867]). De manera similar, en Israel la referencia a las constituciones de otros países y a la jurisprudencia constitucional extranjera ha permitido a la Corte Suprema suplir la ausencia de una constitución escrita.

131 Véase, en particular, el artículo 4 del *Human Rights Act* que permite a los jueces referirse a la jurisprudencia del Tribunal Europeo de Derechos Humanos. Véase McCrudden 2000, 499, quien destaca la necesidad de que Gran Bretaña muestre apertura al surgimiento de un derecho común de derechos humanos (*common law of human rights*) en la jurisprudencia extranjera. Se pueden hacer consideraciones similares con referencia a Canadá, donde tras la adopción de la Carta de Derechos y Libertades en 1982 y, por tanto, después de la introducción de un control de legitimidad constitucional, se superó el principio de

La referencia a precedentes extranjeros también permite a los jueces demostrar la exactitud de sus argumentos. Sin embargo, la jurisprudencia más reciente revela como la comparación también se puede justificar por el deseo de enfatizar las características democráticas del sistema o de subrayar la peculiaridad de la estructura constitucional frente a otras experiencias[132]. El diálogo entre los tribunales constitucionales puede considerarse entre las consecuencias, en términos de derecho constitucional, de la globalización económica, que ha favorecido la intensificación de los contactos entre los tribunales nacionales y extranjeros[133].

---

soberanía parlamentaria. Se trata de un elemento novedoso que, si se considera junto con el hecho de que la Carta canadiense se ha inspirado en algunas cartas internacionales y regionales y en principios establecidos en otros sistemas, ha contribuido a la evolución de las herramientas y técnicas de toma de decisiones de la Corte Suprema, privilegiando su apertura hacia la jurisprudencia de tribunales constitucionales extranjeros y la referencia a los principios expresados en los tratados internacionales.

132 Un ejemplo de este tipo se puede encontrar en el *leading case* de la Corte Suprema canadiense en materia de discurso de odio, *R. v. Keegstra* [3 S.C.R. 697 (1990)], en el que, respecto a la relación con la jurisprudencia estadounidense, se puede leer: «No estoy dispuesto a abrazar varias categorizaciones y reglas rectoras generadas por el derecho estadounidense sin una cuidadosa consideración de su adecuación a la teoría constitucional canadiense. Aunque la experiencia estadounidense me ha resultado tremendamente útil para llegar a mis propias conclusiones respecto de esta apelación, y de ninguna manera rechazo toda la doctrina de la I Enmienda, en varios aspectos tengo dudas sobre la aplicabilidad de esta doctrina en el contexto de un desafío a la legislación sobre propaganda del odio» [traducción propia]: *ibidem*, 741.

133 Sobre este punto, la doctrina no coincide unánimemente: para una perspectiva contraria, véase De Vergottini 2010.

Capítulo 2
Experiencias de circulación: reconocimiento constitucional de la libertad de expresión y fundamentación teórica de sus límites en el panorama constitucional comparado

SUMARIO: 2.1. RECONSTRUCCIÓN HISTÓRICO-FILOSÓFICA DEL DERECHO A LA LIBERTAD DE EXPRESIÓN Y SU RECONOCIMIENTO EN LAS PRIMERAS CARTAS CONSTITUCIONALES. 2.2. EL DESARROLLO DE LA I ENMIENDA A LA CONSTITUCIÓN FEDERAL DE LOS ESTADOS UNIDOS DE AMÉRICA Y EL DIÁLOGO CON LA *DÉCLARATION* FRANCESA DE 1789 Y CON LAS IDEAS DEL CONSTITUCIONALISMO BRITÁNICO. 2.3. APUNTES TEÓRICOS Y PRÁCTICOS SOBRE LOS LÍMITES A LA LIBERTAD DE EXPRESIÓN.

2.1. RECONSTRUCCIÓN HISTÓRICO-FILOSÓFICA DEL DERECHO A LA LIBERTAD DE EXPRESIÓN Y SU RECONOCIMIENTO EN LAS PRIMERAS CARTAS CONSTITUCIONALES

El derecho a expresar libremente el propio pensamiento es, según la famosa definición de la Corte Constitucional italiana, la «piedra angular del orden democrático» y la «bisagra»[134] del ré-

[134] En este sentido, véanse, entre otras, las sentencias 9 y 25 de 1965, 11 y 98 de 1968, 84 de 1969, 168 de 1971 y 126 de 1985. Es oportuno observar preliminarmente como el constituyente italiano quiso distinguir entre la libertad de expresar el pensamiento (según el artículo 21 de la Constitución) y el derecho a la libertad de comunicaciones (regulado por el artículo 15 de la Constitución). La doctrina predominante halla el fundamento de esta distinción en la perspectiva de los destinatarios de la expresión o comunicación: el derecho referido en el artículo 15

gimen democrático garantizado por la Constitución[135]. Esta afirmación, compartida también por otras experiencias contemporáneas[136], se basa en la consideración de que un sistema no puede funcionar democráticamente sin una libre circulación de ideas[137].

Se trata, por lo tanto, de un derecho humano fundamental, indiscutiblemente reconocido a nivel nacional, internacional y supranacional[138]: consiste en la posibilidad de expresar y comunicar

---

se dirigiría a un tipo de comunicación privada y, como tal, a destinatarios identificados, mientras que el del artículo 21 estaría dirigido a un círculo de destinatarios que, en su caso, serían solamente "identificables". Al respecto, véanse, entre otros, Barile y Cheli 1962, 744 y Barile 1984, 164.

135 Declaraciones de contenido similar se pueden encontrar en las palabras del juez Robert Jackson, quien afirmó que la libertad de expresión debe interpretarse en el sentido de que «ningún funcionario, importante o insignificante, puede prescribir lo que debe ser ortodoxo en política, nacionalismo, religión u otros asuntos de opinión» [traducción propia] (así en *West Virginia State Board of Education v. Barnette* [319 U.S. 624 (1943)]), así como en las del juez William Brennan, quien consideró que el núcleo de la I Enmienda era que «el debate sobre cuestiones públicas debe ser desinhibido, robusto y abierto» [traducción propia]: así en *New York Times v. Sullivan*, cit.

136 Sobre la idea de que el derecho a la libre expresión del pensamiento es fundamental, existe una literatura muy rica. Específicamente en lo que respecta a la relación entre la libertad de expresión y el discurso de odio (tema central de este volumen), y los límites que se pueden establecer a esta libertad, entre las diversas contribuciones, véase Post 1991, 325-326 y Tsesis 2009, 497 ss.

137 En el constitucionalismo italiano, la democracia es consustancial a la forma republicana y, si faltara la primera, la consecuencia sería la exclusión de la segunda conforme al artículo 139 de la Constitución, pero no su inmutabilidad. En este sentido, véanse Cerri 1969, 1191 y Pace 2003, 45 ss. Sobre la importancia de los derechos comunicativos, véase Habermas 1996, 118 ss.

138 En 1972, una encuesta realizada sobre 142 constituciones reveló que 124 textos (es decir, el 87,3% de las constituciones entonces vigentes) contenían una garantía explícita de la libertad de expresión (mientras que, por ejemplo, sólo 66 documentos, que corresponde al 46,5%, prohibían

a los demás, sin necesidad de autorizaciones y/o de la imposición de limitaciones formales, el propio pensamiento, emociones y creencias más profundas, que de otro modo quedarían relegadas a lo más íntimo del ser, perdiendo así parte de su significado.

Como se subrayó en el capítulo anterior, la comprensión y aplicación de los derechos fundamentales han jugado un papel central en la observación de experiencias extranjeras, lo que ha dado lugar a la circulación de diferentes modelos legislativos y jurisprudenciales y a la creación de un sistema regido por la influencia mutua de ideas y soluciones a problemas comunes. En este contexto, para comprender el contenido y los límites de la libertad de expresión, sería apropiado concentrar el foco del análisis reconstructivo en aquellas experiencias constitucionales que históricamente han sido protagonistas en la difusión de los principios más relevantes sobre la materia[139].

---

la tortura y las prácticas inhumanas y degradantes). Para los resultados de esta investigación, véase Van Maarseveen y Van Der Tang 1978, 105 ss., 110. Según la información proporcionada en la página https://www.constituteproject.org [último acceso el 30 de noviembre de 2023], de las 193 constituciones actualmente vigente, 184 reconocen de manera explícita el derecho a la liberta de expresión (lo que corresponde al 95.34%). En cualquier caso, cabe señalar que inclusive aquellos sistemas constitucionales contemporáneos en los cuales falta una referencia constitucional explícita, como en Austria o Australia, los sistemas jurídicos nacionales reconocen la libertad de expresión. Son casos en los que la intervención pretoriana de la jurisprudencia ha suplido esta carencia. Con especial referencia al caso australiano, véase Brennan 1999.

139 De hecho, el objetivo de este trabajo es identificar aquellos sistemas que, en relación con la libertad de expresión —y en particular los límites de esta libertad representados por la regulación contra el discurso de odio— han jugado un papel importante en la elaboración de doctrinas interpretativas y ejercido una *vis atractiva* hacia otros sistemas. Por tanto, el enfoque será similar al ya utilizado para el estudio de la circulación de ideas constitucionales en general y de los catálogos de derechos en particular desarrollado en el Capítulo 1.

El derecho a la libre expresión de las propias ideas nació y se desarrolló en contextos dominados por el principio de autoridad, como un reclamo contra la actividad de los poderes públicos encaminada a restringir su ejercicio. De hecho, herramientas como la censura o la imposición de sanciones penales contra determinadas expresiones tenían como objetivo mantener el control y el orden público. Desde el punto de vista espacio-temporal, la primera afirmación en el sentido moderno de esta libertad puede situarse en Inglaterra a finales del siglo XVII. En este momento histórico, la sociedad inglesa concluía el proceso de liberación del fuerte sistema de censura que estaba vigente en ese entonces[140].

Este resultado, basado en la consideración de que no se podía esperar el reconocimiento de una libertad ilimitada, sino sólo la provisión de condiciones que permitieran expresar las propias quejas y que estas fueran escuchadas e investigadas exhaustivamente[141], se logró a través de dos etapas fundamentales: la primera está representada por el reconocimiento —aunque limitado únicamente a la función parlamentaria[142]— de la libertad de expresión en el *Bill of Rights* (I, 9) de 1689.

---

140 Véase Arangio Ruiz 1905, 13-16, quien reconstruye detalladamente los pasos históricos que condujeron a la abolición de la censura (impuesta por la Cámara Estrellada y, especialmente bajo la dinastía Estuardo) y al reconocimiento de la libertad de expresión en Inglaterra. Estos pasos permitieron afirmar esta libertad de manera negativa y no mediante la aprobación de leyes *ad hoc.*

141 Milton [1644] 1933, 3. Incluso el pensamiento de J.S. Mill es muy importante: de hecho, el filósofo británico consideraba la libertad de pensamiento como «libertad de conciencia en el sentido más amplio, libertad de pensamiento y de sentimiento, libertad absoluta de opinión en todos los campos, práctico, especulativo, científico, moral o teológico» [traducción propia]: así en Mill 1859.

142 *English Declaration of Rights*, 1 W. & M., sess. 2, ch. 2 (1689), en la que se puede leer *«That the freedom of speech and debates or proceedings in Parliament ought not to be impeached or questioned in any court or place out of Parliament».*

La segunda, en cambio, está marcada por la abolición de la censura en 1694[143]: esta forma de control de las comunicaciones fue abandonada en el Reino Unido un siglo antes de la adopción del *Bill of Rights* de Estados Unidos de América. El jurista británico William Blackstone, en los *Commentaries on the Laws of England*, publicados hacia 1760, afirmaba que la libertad de prensa era esencial para definir la naturaleza de un Estado libre, insistiendo, sin embargo, qué consistía en la ausencia de formas de censura preventiva sobre la publicación, y no en la libertad de no incurrir en sanciones penales una vez publicados los escritos. En su opinión, las normas que castigaban tanto la difamación individual como las publicaciones "sediciosas, blasfemas y ofensivas" debían considerarse plenamente compatibles con la libertad de prensa (Blackstone 1803, 151-153).

Mientras que los Estados Unidos de América reconocieron esta libertad desde los primeros textos constitucionales[144], en Francia el Estado había mantenido el control de todas las publicaciones

---

143 Tras la invención de la imprenta, la principal técnica de censura fue la introducción de una licencia de impresión mediante el envío de publicaciones a funcionarios reales que tenían el poder de otorgar el *imprimatur* de aprobación. Milton escribió en protesta por esta práctica: (1644) 1933. William Blackstone también describió sus aspectos negativos, afirmando que «*[to] subject the press to the restrictive power of a licenser [is] to subject all freedom of sentiment to the prejudices of one man and make him the arbitrary and infallible judge of all controverted points in learning, religion, and government*». Véase Blackstone 1803, 151-152. Como se verá más adelante, el juez Oliver Wendell Holmes también apoyó la opinión de Blackstone según la cual la libertad de expresión debería protegerse solo contra restricciones previas: véase a este respecto la decisión de la Corte Suprema de Estados Unidos *Patterson v. Colorado* [205 U.S. 454 (1907)]. La visión de Holmes se amplió más tarde en los siguientes términos: «*it well may be that the prohibition of laws abridging the freedom of speech is not confined to previous restraints, although to prevent them may have been the main purpose*».

144 La primera referencia fue la contenida en el artículo 14 de la Declaración de Derechos de Virginia de 1776.

hasta la época de la revolución; en consecuencia, las obras francesas más famosas se publicaron en el extranjero (Arangio Ruiz 1905, 17).

Aunque el artículo 11 de la Declaración francesa de los Derechos del Hombre y del Ciudadano de 1789 establecía que «La libre comunicación de pensamientos y opiniones es uno de los derechos más preciosos del hombre»[145], disponiendo también que el abuso de esta libertad tendría como consecuencia la responsabilidad ante la ley en los casos determinados por esta, las dinámicas involutivas de las que los derechos políticos fueron protagonistas involucraron también a la manifestación del pensamiento, determinando una fuerte reducción del correspondiente ámbito de protección o, en algunos casos, incluso su desaparición[146].

Otras experiencias europeas también son significativas en este sentido. Así, la Constitución de Cádiz de 1812 reconocía la libertad de prensa en una disposición final del texto: de hecho, el artículo 371 disponía que «Todos los españoles tienen la libertad de escribir, imprimir y publicar sus ideas políticas, sin necesidad de licencia, revisión o aprobación alguna anterior a la publicación, bajo las restricciones y responsabilidad que establezcan las leyes». En Alemania, la primera consagración de carácter constitucional se produjo en la Constitución de la Iglesia de San Paolo[147], que reconocía la libertad de pensamiento y de prensa, que, para hacerse

---

[145] Texto en español disponible en https://www.conseil-constitutionnel.fr/sites/default/files/as/root/bank_mm/espagnol/es_ddhc.pdf [último acceso el 30 de noviembre de 2023].

[146] Un ejemplo de involución lo describe Arangio Ruiz 1905, 18, quien subraya como la Asamblea Constituyente francesa del 31 de julio de 1790 había decretado que los autores, impresores o vendedores ambulantes de escritos que entusiasmaran al pueblo serían procesados por el delito de traición a la patria, a la insurrección contra la ley, al derramamiento de sangre y al derrocamiento de la Constitución, así como a los autores y distribuidores de escritos que invitaban a príncipes extranjeros a invadir el territorio francés.

[147] Proyecto de Constitución aprobado en Frankfurt en 1848.

efectiva, tuvo que esperar, sin embargo, a la adopción de una legislación específica en 1874. Incluso la Constitución de Weimar, en su artículo 118, reconocía la libertad de pensamiento, indicando que podía ser limitada por disposiciones legislativas[148].

En referencia al ordenamiento jurídico italiano, la libertad de prensa recibió como primer reconocimiento el del artículo 28 del Estatuto Albertino, que establecía que «La prensa será libre, pero una ley reprimirá sus abusos»[149], añadiendo además que «Sin embargo, las Biblias, los catecismos, los libros litúrgicos y de oraciones no pueden imprimirse sin la autorización previa del Obispo»[150].

Esta disposición se completó también con una detallada regulación de rango legislativo[151], que protegía las prerrogativas públicas y privadas. La norma del Estatuto Albertino pronto demostró su ineficacia para proteger la libertad de expresión del pensamiento, que recibió una mayor protección indirectamente a través de la libertad de reunión, aún y cuando era garantizada únicamente para reuniones privadas[152].

---

148 En este sentido, véase Barile 1975, 3-4.

149 Traducción propia. Además de las disposiciones del Estatuto Albertino, existía también un Real Edicto sobre la imprenta de 1848 y diversas leyes ordinarias que limitaban el ejercicio de este derecho, imponiendo, por ejemplo, la concesión de una licencia necesaria para el ejercicio del arte tipográfico, un sistema de censura a los espectáculos y límites a la enseñanza. Los bienes que se pretendía proteger de esta manera eran las verdades relacionadas con el orden religioso y moral y con la constitución civil del Estado. Durante la dictadura fascista, los fundamentos de la libertad de expresión fueron atacados mediante la imposición de fuertes limitaciones a la prensa y a los periodistas.

150 Traducción propia.

151 Se trataba del Real Edicto de Prensa del 26 de marzo de 1848, núm. 695.

152 La libertad de reunión estaba protegida por el artículo 32 del Estatuto Albertino, que establecía que «Se reconoce el derecho de reunión pacífica y sin armas, conforme a las leyes que puedan regular su ejercicio en interés de los asuntos públicos. Esta disposición no se aplica a las reuniones en lugares públicos o en lugares abiertos al público, que quedan enteramente sujetos a las leyes de policía.» [traducción propia].

Durante el período fascista, la libertad de expresión en Italia sufrió restricciones y, en particular, la prensa estuvo sujeta a limitaciones: se confirmó la legislación sobre la censura de espectáculos, a la que se añadió también la relativa a las películas, prevista por el texto sobre las normas de seguridad pública de 1926[153] y luego en el de 1931[154].

La profunda evolución experimentada a lo largo del tiempo —y solo brevemente resumida aquí— ha permitido que esta libertad[155] se configurara inicialmente como limitada a la conciencia

---

153 Real Decreto de 6 de noviembre de 1926, núm. 1848.

154 Real Decreto de 18 de junio de 1931, núm. 773.

155 Además, como se desprende de esta breve reconstrucción histórica, el problema de la libre manifestación del pensamiento casi siempre se ha identificado con el del libre uso de los medios de difusión del pensamiento: en particular, con el de la libertad de prensa. En realidad, esta identificación no está exenta de inconvenientes, tanto desde el punto de vista de la sistemática científica como desde la perspectiva práctica: de hecho, parte de la doctrina ha subrayado como es necesario distinguir los dos aspectos por ser ontológicamente diferentes. En este sentido, véase Fois 1957, 5, quien afirma que existe una relación de jerarquía entre los dos perfiles indicados anteriormente. La Corte Constitucional italiana, en cambio, afirmó que entre la libertad y los medios de difusión del pensamiento existe una relación de instrumentalidad tal que se reserva la garantía constitucional del artículo 21 de la Constitución solo a los medios "estrictamente necesarios" para la difusión del pensamiento. De hecho, la vulneración de la libertad solo se produciría cuando existe una relación de instrumentalidad tan estrecha que cualquier tipo de prohibición o restricción impuesta a los medios ha causado un daño grave a la satisfacción de la propia libertad (en este sentido, véanse las sentencias de la Corte Constitucional 12 de 1972 y 50 de 1975). Esta orientación, sin embargo, fue abandonada por la Corte Constitucional italiana porque reducía en gran medida la protección garantizada a la libertad de expresión de pensamiento, ya que todos los medios deben ser protegidos también porque la Constitución no hace ninguna distinción en este sentido. En efecto, con la sentencia 105 de 1972, la Corte afirmó que la libertad de pensamiento se comprime ilegítimamente cuando la ley reduce la pluralidad de fuentes de información. Al respecto, véase Barile 1984, 257.

religiosa, entendida como la posibilidad del individuo de profesar libremente su creencia de forma privada, sin tener ningún derecho de culto o al proselitismo, para luego ampliar y abarcar el pensamiento "político"[156] y, finalmente, abrazar una idea más extensa de expresión.

La formulación moderna de la libertad de expresar el propio pensamiento es el resultado de las luchas contra el poder político llevadas a cabo desde el período liberal. Esto justifica también sus connotaciones esenciales, que, aunque con los matices de cada experiencia jurídica individual, siguen el modelo liberal clásico que concibe la libertad como una entidad negativa, ajena y excluyente de la lógica del Estado intervencionista. El reconocimiento de la libre manifestación del pensamiento representa la conjunción entre derechos individuales y colectivos, planteando así dos necesidades distintas: por un lado, la exigencia de garantizar la protección absoluta que caracteriza a los primeros; y, por el otro, la oportunidad de implementar soluciones específicas para garantizar la preservación del orden social (Manetti 2006, 768).

El significado asumido por la libertad de expresión, también tras las luchas contra el poder absoluto, le ha permitido representar hoy una piedra angular indispensable de las democracias contemporáneas, tanto de las consolidadas como de las más recientes. Su reconocimiento también plantea nuevos desafíos para los Estados, llamados a dar respuestas adecuadas a los problemas que surgen en el tejido social, incluidos aquellos determinados por el contraste entre la libertad de expresión y otros valores fundamentales, como la dignidad humana, la igualdad, el honor y la no discriminación, entre otros. Las respuestas que ofrece la experiencia comparada son múltiples y en algunos casos profundamente diferenciadas entre sí. En este sentido, es posible anticipar como los Estados Unidos de América, gracias al trabajo pretoria-

[156] Las primeras teorizaciones con referencia al pensamiento político se remontan a Milton, quien impugnó la prohibición de expresar quejas y críticas al trabajo de la actividad gubernamental.

no llevado a cabo por la jurisprudencia, y en particular por la Corte Suprema, aunque con variaciones en contenido y enfoque, han dado respuestas a estos desafíos que se destacan por ser más "profundos" que los logrados tanto en los países europeos como en el "resto del mundo"[157].

2.2. EL DESARROLLO DE LA I ENMIENDA A LA CONSTITUCIÓN FEDERAL DE LOS ESTADOS UNIDOS DE AMÉRICA Y EL DIÁLOGO CON LA *DÉCLARATION* FRANCESA DE 1789 Y CON LAS IDEAS DEL CONSTITUCIONALISMO BRITÁNICO

Como se destacó anteriormente, el último cuarto del siglo XVIII se caracterizó por la influencia mutua entre las ideas constitucionales de la tradición británica, las desarrolladas en la Francia revolucionaria y las del continente americano[158]. La I Enmienda a

157 Con referencia a las distinciones entre libertad de expresión en Estados Unidos y la ley judía, véase Stone 2007-2008. En cuanto al diferente enfoque entre Estados Unidos y Alemania, véase Loewy 2008 y Krotoszynski Jr. 2003-2004. La doctrina que abordaba las distinciones entre el enfoque estadounidense y las soluciones adoptadas por otros sistemas utilizaba expresiones como «*United States v. the Rest of the World*» (en este sentido es el artículo de Boyle 2001, 487) o indicando a Estados Unidos como «*An Ocean Apart?*». Véase al respecto el número monográfico Indiana Law Journal vol. 84. 3 dedicado al Simposio: *Symposium: An Ocean Apart? Freedom of Expression in Europe and the United States.*

158 En el período entre la aprobación de la I Enmienda y la década de los años Veinte del siglo pasado, la Corte Suprema de Estados Unidos comenzó a extender la protección de la XIV Enmienda a la libertad de expresión y a desarrollar jurisprudencia sobre la libertad de expresión. En Francia, la primera etapa de desarrollo de la jurisprudencia en materia de libertad de expresión empezó en 1789, año en que se aprobó la Declaración de los Derechos del Hombre y del Ciudadano, hasta 1881 y la aprobación de la legislación relativa a la libertad de prensa. La literatura sobre este punto es bastante abundante; véase en particular Errera y Beardsley 1985.

la Constitución de los Estados Unidos[159] nació en una condición de ambigüedad[160]: inmediatamente resultó evidente que el texto tenía como objetivo proteger la libertad de expresión y de prensa de la interferencia del Congreso federal, ya que no garantizaba la misma protección también frente a la acción de los Estados. De hecho, el texto de la I Enmienda, al disponer que «el Congreso no dictará ninguna ley que establezca una religión de Estado o prohíba el libre ejercicio de la religión; o que restrinja la libertad de expresión o de prensa; o el derecho del pueblo a reunirse pacíficamente y a solicitar al Gobierno la reparación de los agravios»[161], se refiere únicamente a la legislación aprobada a nivel federal. La propuesta de uno de los *Founding Fathers*, Charles Pinckney, de proteger explícitamente la libertad de expresión también frente a los Estados fue rechazada porque habría sido una disposición inútil y no necesaria[162].

Esta evaluación fue probablemente una de las razones por las que a la I Enmienda se le dio un papel menor a lo largo del siglo XIX. De hecho, las principales medidas restrictivas contra la libertad de expresión surgieron de los Estados y, especialmente duran-

---

159 Como es sabido, la Declaración de Derechos de los Estados Unidos fue aprobada en 1791 en forma de enmiendas a la Constitución, que había entrado en vigor dos años antes.

160 De hecho, se ha destacado que se sabe muy poco sobre el significado original que los constituyentes quisieron atribuir a la I Enmienda, ya que tanto la historia legislativa como los debates parlamentarios fueron breves y ambiguos (en este sentido Levy 1960). Para la reconstrucción de los fundamentos políticos, filosóficos e históricos que llevaron a la adopción de la I Enmienda, véase Heyman 2008, 7-22.

161 El texto en inglés establece que: «*Congress shall make no law respecting an establishment of religion, or prohibiting the free exercise thereof; or abridging the freedom of speech, or of the press; or the right of the people peaceably to assemble, and to petition the Government for a redress of grievances*».

162 También según Alexander Hamilton «*Why, for instance, should it be said that the liberty of the press shall not be restrained, when no power is given by which restrictions may be imposed?*»: véase Hamilton 1788.

te la guerra civil, del poder ejecutivo[163]. Solo a partir de los años Veinte del siglo pasado, la Corte Suprema comenzó a extender la protección proporcionada por la XIV Enmienda a la libertad de expresión[164].

---

163 Incluso en aquellos casos en los que la libertad de expresión estaba en juego en relación con discursos públicos o condenas por el delito de desacato a la Corte, esa libertad se equilibraba con la necesidad de mantener el orden público y se subordinaba a los poderes policiales del Estado y de las autoridades locales. Autores franceses, entre ellos Alexis de Tocqueville, comentaron esta situación afirmando que el poder de la prensa era ciertamente mayor en Francia que en Estados Unidos, señalando como había una excesiva difusión del poder: cada periódico ejercía un cierto nivel de autoridad, pero se subrayó que el poder de la prensa periódica debía ocupar el segundo lugar después del de la voluntad popular (De Tocqueville 1835). Cuando los comentaristas franceses se centraron en las instituciones políticas y jurídicas estadounidenses medio siglo después, pusieron especial énfasis en la I Enmienda. En particular, Edouard Laboulaye, en su obra *Histoire politique des États-Unis: depuis les premiers essais de colonisation jusqu'à l'adoption de la constitution fédérale* (1868), escribió que, si un Estado o un Congreso hubieran tomado ciertas medidas restrictivas de la libertad de prensa, la Corte Suprema habría tenido que declararlas inválidas por entrar en conflicto con la Constitución. Esta orientación sería confirmada posteriormente por la propia jurisprudencia de la Corte Suprema en *Gitlow v. New York* [268 U.S. 652 (1925)].

164 La formulación textual de la I Enmienda establece que «el Congreso no promulgará ninguna ley... que limite la libertad de expresión» [traducción propia]. La referencia exclusiva al Congreso era indicativa del hecho de que toda la Declaración de Derechos se aplicaba originalmente sólo al gobierno federal: así en *Barron v. Baltimore* [32 U.S. 243 (1833)]. Será solo a partir de 1925 con el caso *Gitlow v. New York*, cit., que se interpretó que la libertad de expresión se aplicaba a los gobiernos estatales a través de la cláusula del debido proceso de la XIV Enmienda. A partir de este momento, tanto el gobierno estatal como el federal se consideraron obligados por las disposiciones del catálogo de derechos. Véase Weinstein 1997, 461, quien subraya, sin embargo, que el efecto vinculante de la I Enmienda no se produce respecto de instituciones de carácter privado, cuya actividad puede sin embargo ser regulada y por tanto limitada por otro tipo de normas estatales.

La aprobación de la I Enmienda a la Constitución de los Estados Unidos, cuya concisa formulación pertenece a esa técnica de codificación propia del constitucionalismo del período liberal[165], es "deudora" de la doctrina inglesa y, en particular, de las teorizaciones de John Locke, John Milton y, más tarde, John Stuart Mill. Estas ideas fueron luego reelaboradas por la doctrina estadounidense con referencia a la identificación de los fundamentos y límites de la libertad de expresión.

En particular, las teorías de los derechos naturales y del contrato social fueron tomadas de las obras de John Locke, quien explicó que para identificar el propósito y los límites de la acción gubernamental hay que remontarse a la condición del "estado de naturaleza", en el que los individuos son titulares de un derecho a la libertad, definida por el filósofo inglés como el poder de controlar la propia persona, acciones y bienes sin que nadie más pueda interferir en su disfrute. Según Locke, ningún derecho puede concebirse como absoluto, ya que está limitado por las libertades y derechos de los demás. De hecho, para asegurar su integridad frente a ataques externos, los individuos han acordado formar una sociedad con el objetivo de protegerse mutuamente y promover el bien común, renunciando a parte de su libertad para garantizar los derechos individuales (Locke [1690] 1988, 123-131).

Pese a ello, Locke subraya como existen algunos elementos de la libertad que son inalienables y de los que los individuos no pueden privarse cuando deciden formar una sociedad. De hecho, algunas libertades no pueden estar sujetas a restricciones por parte del legislador, aunque existen límites implícitos vinculados a la presencia concurrente de los derechos de otros ciudadanos (Loc-

---

165 Al respecto, Alexis Anderson afirmó que "la cruda brevedad de la I Enmienda es inherentemente engañosa" [traducción propia]: véase Anderson 1980, 56.

ke [1706] 1996, 178)[166]. A partir de estas teorías, la doctrina estadounidense sobre la interpretación de la I Enmienda[167] se basa en el pensamiento de Thomas Emerson (1963 y 1970) y Alexander Meiklejohn (1948, 1960 y 1961), cuyas teorizaciones estuvieron fuertemente influenciadas tanto por John Stuart Mill como por la jurisprudencia de la Corte Suprema de la época liberal[168].

En particular, las ideas de John Stuart Mill[169], retomadas más tarde también por los jueces Oliver Wendell Holmes y Louis D.

---

166 Las ideas de Locke según las que un sujeto podría, por tanto, renunciar a parte de su propia libertad, sin privarse por ello de libertades fundamentales, como la de pensamiento, fueron retomadas posteriormente también por otros teóricos: véase Trenchard y Gordon 1995. Las ideas de Locke tuvieron una fuerte influencia en el desarrollo de la doctrina de la libertad de expresión en los Estados Unidos en el siglo XVIII.

167 Bollinger (1992) también cuestiona el contenido de la libertad de expresión, destacando su valor pedagógico y que el trato privilegiado de que goza tiene como objetivo desarrollar una "ética de la tolerancia" capaz de forjar el "carácter general de la comunidad", educarla al compromiso y, por tanto, a la democracia en un campo considerado menos peligroso que el del comportamiento activo (véase Ainis 1995, 426).

168 En particular, se hace referencia a varias sentencias, entre ellas: *Schenck v. New York* [249 U.S. 47 (1919)]; *Debs v. United States* [249 U.S. 211 (1919)]; *Abrams v. United States* [250 U.S. 616 (1919)]; y *Gitlow v. New York*, cit., en las que se considera que la libertad garantizada por la XIV Enmienda a los Estados se refiere también a la libertad de expresión y de prensa; sin embargo, la doctrina de la inclusión de algunas disposiciones de la Declaración de Derechos con su consiguiente aplicación a los Estados a través de la cláusula del debido proceso es posterior y se remonta a las sentencias *Palko v. Connecticut* [302 U.S. 319 (1937)], *Adamson v. California* [332 U.S. 46 (1947)] y *Whitney v. California* [274 U.S. 357 (1927)].

169 Las principales justificaciones filosóficas vinculan la protección de la libertad de expresión a tres motivaciones: en primer lugar, la búsqueda de la verdad de la que hablaba John Milton (Milton 1644), según la cual «y aunque todos los vientos de la doctrina se hayan desatado, soplen sobre la tierra, así La Verdad estará en el campo. Hacemos perjudicialmente, al autorizar y prohibir, dudar de su fuerza. Dejemos que ella y la Fal-

Brandeis[170], fueron el punto de partida para el desarrollo de un enfoque economista y liberal basado en la consideración de que las opiniones solo son útiles si son veraces y solo una discusión libre sobre ellas tiene en sí mismo el potencial necesario para conducir al descubrimiento de la verdad[171] o, en cualquier caso, contribuye a la toma de mejores decisiones individuales o colectivas.

---

sedad luchen; ¿quién ha conocido a la Verdad sometida a lo peor, en un encuentro libre y abierto?» [traducción propia]. El pensamiento de Milton fue retomado más tarde por John Stuart Mill (para más información véase Kelley y Donway 2003). Como también ha sido destacado por la doctrina extranjera, la obra de John Stuart Mill *On Liberty* (1859) se ha convertido en un texto fundamental en las discusiones relativas a la concepción de la libertad de expresión como libertad individual y orden social. De hecho, su preocupación consistía en elaborar una teoría de la libertad individual que también implicara la protección contra la opinión pública opresiva (a la que llamó "tiranía de la mayoría"): véase Riley 1998, 42.

170 En particular, el juez Brandeis apoyó la idea de la libertad de expresión como base para la búsqueda de la verdad. En el caso *Whitney v. California*, cit., 33), afirmó que «*freedom to think as you will and to speak as you think are means indispensable to the discovery and spread of political truth*».

171 Se ha destacado que el argumento de la verdad se sustenta principalmente en cuatro bases: en primer lugar, ningún individuo es infalible; en segundo lugar, si se silencia una determinada idea u opinión, aunque sea errónea, en realidad podría contener elementos de verdad y la única manera de saberlo es comparando las diferentes ideas entre sí; además, incluso en el caso en que una determinada opinión sea más correcta que otra contraria o esté en conflicto con ella, la única manera de verificar la exactitud de aquella es comparando las diversas ideas; finalmente, en el caso contrario en que la opinión que se escucha sea más correcta que otra, el significado de esa opinión es más débil si su autor no participa activamente en su defensa. Véase también en este sentido la contribución de Gelber 2002, 109, quien subraya como es realmente posible distinguir entre el argumento deontológico, según el que los individuos disfrutan del derecho a la libertad de expresión (en este sentido Dworkin 1977), y el de la democracia, conforme al que mantener una democracia efectiva depende de la capacidad de los ciudadanos para criticar al gobierno y desarrollar su capacidad de autodeterminación participando activamente en las deliberaciones políticas.

En particular, la tesis expresada en la obra *On Liberty* (Mill 1859)[172] se basa en la idea de que la libertad de expresión, caracterizada por una ausencia general de restricciones o impedimentos, es una condición necesaria para el mejoramiento y desarrollo personal del individuo (Rees 1985, 48). Este enfoque ha sido profundamente criticado tanto porque no es posible vincular el descubrimiento de la verdad solo a la libre discusión, ya que también contribuyen otros factores, como porque no puede aplicarse a todo tipo de expresión: quedarían afuera, entre otras, las expresiones de naturaleza matemática o científica, así como las racistas[173]. Las orientaciones que surgieron durante el siglo XX en la doctrina estadounidense se sitúan en dos esferas distintas: por un lado, la descrita con la metáfora del "mercado de ideas" (*marketplace of ideas*); por otro lado, existe espacio para el paradigma del autogobierno democrático (Krotoszynski Jr. 2006, 13)[174]. Estos lineamientos han sido ampliamente incorporados en decisiones de la Corte Suprema y también compartidos por la doctrina, pero no completan el panorama de teorías que compiten en el campo conceptual e ideológico de la libertad de expresión[175].

---

172 En el mismo sentido véase Milton 1644, según el que: «(...) *and though all the wind of doctrine were let loose to play upon the earth, so Truth will be in the field. we do injuriously, by licensing and prohibiting, to misdoubt her strength. Let her and Falsehood grapple; who ever knew Truth put to the worst, in a free and open encounter?*».

173 Este enfoque es profundamente criticado incluso en aquellos contextos que han conocido experiencias dictatoriales en las que se utilizó la libertad de expresión para manipular la opinión pública. En este sentido véanse Baker 1978 y Barendt 2005, 15 ss.

174 En particular, respecto de la relación entre los medios de comunicación y la democracia, véanse Gunther y Mughan 2000 y Lichtenberg 2003.

175 De hecho, como se ha observado, abundan las teorías prescriptivas que incluyen orientaciones que se basan en el autogobierno, la búsqueda de la verdad, la autonomía personal y la autoexpresión. Para un análisis en profundidad de las diversas teorías sobre la libertad de expresión en Estados Unidos, véanse Heyman 1996 y Schauer 2004, 1785.

En particular, según la teoría del *marketplace of ideas*[176], evocada por el juez Holmes en las opiniones disidentes expresadas en las decisiones *Abrams*[177] y *Gitlow*[178], para ser aceptadas en la comunidad, las ideas deben poder competir libremente entre sí[179]. La objeción que se plantea a esta teoría es que permitiría también proteger aquellas ideas que son de "bajo valor" (*low value*), incluyendo por tanto también expresiones de carácter ofensivo y racista. Además, permitiría la marginación de quienes carecen de ciertos medios económicos y políticos para difundir sus pensamientos. Este enfoque es neutral desde el punto de vista del contenido (*viewpoint-neutral*), ya que se le impide al gobierno decidir qué expresiones pueden difundirse y cuáles deben bloquearse en función de su contenido. En consecuencia, el poder político debe permanecer neutral y evitar hacer valoraciones subjetivas, tanto en referencia al contenido de la expresión como a su significado en la comunicación. Además, se omite cualquier intento de defi-

---

176 Muchos autores han criticado ampliamente la teoría del *marketplace of ideas* alegando que no puede adaptarse a la realidad de las sociedades contemporáneas. Entre los disidentes, véase Barron 1967, 1641, según el cual la noción de «*self-operating marketplace of ideas has long ceased to exist*». Véanse también Baker 1978, según el cual la esperanza de que el mercado de ideas conduzca a la verdad no es muy creíble; así también Wellington 1979 e Ingber 1984, 1: este último, en particular, subraya que en los mercados económicos es necesaria la regulación estatal para corregir errores causados por condiciones del mundo real. Para más información, consulte Sullivan 1999, 5.

177 En particular, el juez Holmes en la opinión disidente redactada en *Abrams v. United States* [250 U.S. 616 (1919) 19] afirmó que «*When men have realized that time has upset many fighting faiths they may come to believe even more than they believe the very foundations of their own conduct that the ultimate good desired is better reached by free trade in ideas – that the best test of truth is the power of thought to get itself accepted in the competition of the market and that truth is the only ground upon which their wishes safely can be carried out*».

178 *Gitlow v. New York*, cit.

179 Esta idea abraza la teoría de John Stuart Mill sobre la ética de la libertad y refleja la idea de una fe ciega en la capacidad de la razón para facilitar el control de diferentes opiniones que deben poder circular libremente.

nir aquellas formas de comunicación *borderline* entre expresión y acción.

El segundo enfoque filosófico, basado en la idea de autogobierno (*self-government*), fue apoyado principalmente por Alexander Meiklejohn, según quien la palabra sería indispensable para la eficacia de un gobierno representativo[180]. Su idea se basa en que el discurso público debería estar totalmente inmune a cualquier tipo de regulación, mientras que el discurso privado gozaría de menos protección, poniendo así énfasis en el aspecto político de la libertad de expresión[181]. Sin embargo, todos estos argumentos subestiman un elemento fundamental, limitándose a considerar los aspectos públicos de la libertad de expresión[182] y descuidando los de carácter privado. De hecho, la referencia es a los intereses

---

180 Véase Meiklejohn 1948. La visión de Alexander Meiklejohn fue profundamente criticada por Z. Chafee por haber interpretado la I Enmienda de manera demasiado restrictiva, ya que así la expresión artística y la literatura quedarían excluidas: véase Chafee Jr. 1949, 891, a lo que Meiklejohn respondió afirmando que la libertad de expresión artística, literatura, filosofía, etc., deberían incluirse en la protección garantizada por la I Enmienda solo si ayudaran a «los votantes a adquirir la inteligencia, la integridad, la sensibilidad y la generosa devoción al bienestar general que, en teoría, se supone que expresa el voto.» [traducción propia]. En este sentido cf. Meiklejohn 1961, 245.

181 Este enfoque también ha sido respaldado por numerosos jueces: por ejemplo, el juez Brennan en *New York Times v. Sullivan* (cit., 73) invocó «un profundo compromiso nacional con el principio de que el debate sobre cuestiones públicas debe ser desinhibido, sólido y completamente abierto, y que puede incluir ataques vehementes, cáusticos y, a veces, desagradablemente agudos contra el gobierno y los funcionarios públicos.» [traducción propia]. De manera similar, el juez Hugo L. Black en *Mills v. Alabama* [384 U.S. 214 (1966)] afirmó que «existe un acuerdo prácticamente universal en que el objetivo principal de la I Enmienda es proteger la libre discusión de los asuntos gubernamentales.» [traducción propia].

182 También se subraya el papel fundamental que desempeña la libertad de expresión en las transiciones democráticas. Al respecto, véanse las diferentes aportaciones en Gunther y Mughan 2000.

de aquellos a quienes se dirige la expresión, de aquellos de quienes proviene y de quienes en cambio la reciben.

Los aspectos individualistas contenidos en la I Enmienda, entre los que se encuentra la realización personal del individuo, han sido abordados por la doctrina americana[183]. De hecho, las restricciones sobre lo que se permite decir, escuchar, escribir y leer inhiben inevitablemente el libre crecimiento de la personalidad de cada individuo. Sin embargo, es en referencia a los aspectos colectivos y sociales de esta libertad donde la doctrina ha concentrado sus esfuerzos[184]. Como se desprende de lo expuesto hasta ahora, no existe uniformidad de opiniones entre filósofos y juristas respecto a la justificación del núcleo de la libertad de expresión, ni sobre las razones por las que esta libertad debe ser considerada especial en comparación con el tratamiento legal previsto para otras libertades[185].

---

183 Redish 1982, 591, sostiene que el autogobierno democrático no es un fin en sí mismo, sino solo un medio para alcanzar el valor muy amplio de la autorrealización individual, reconociendo así un alcance mucho más amplio de la I Enmienda en comparación con lo que había sido reconocido por Meiklejohn.

184 Emerson 1963 afirma que la I Enmienda salvaguarda la participación en las elecciones y deliberaciones colectivas, mientras que Meiklejohn 1961 subraya el papel de la libertad de expresión como funcional para el desarrollo de un gobierno representativo. Para más información, véase Volterra 2001. Con referencia a una perspectiva italiana sobre la protección de la democracia, véase Stradella 2007. Véase también Azzariti 2005, 245-260, que destaca como el límite implícito a la libertad de expresión del pensamiento reside en la necesidad de proteger el "orden público democrático".

185 De hecho, por un lado, los liberales lo aprecian como un "rompecabezas liberal" (véase Raz 1991, 303); por otros, según una concepción más estrictamente política, involucrar a todas las personas en un debate amplio y completo serviría para contribuir a la formación de políticas públicas y evitar que el gobierno se atrinchere de manera indefinida, dejando así claridad en los "canales del cambio político" (en este sentido, véase Ely 1980) y, finalmente, prevendría los abusos gubernamentales (véase Blasi 1977, 521). Además, la libertad de expresión promueve la estabilidad po-

No es posible trazar una línea clara de demarcación entre filosofía y teoría jurídica, ya que una interpretación estrictamente literal de la legislación, especialmente la constitucional, no sería de mucha ayuda para delimitar el contenido y el significado de la libertad de expresión. Como también ha subrayado Ronald Dworkin (1977, 132-137), para explicar la importancia del uso de herramientas filosóficas en la actividad interpretativa, es necesario entender que los textos constitucionales incluyen conceptos no sólo legales, sino también morales y políticos.

También se pueden encontrar justificaciones similares para la libertad de expresión en otras cartas de derechos aprobadas entre los siglos XVIII y XIX. La versión francesa del derecho a la libre expresión, consagrada en el artículo 11 de la *Déclaration des Droits de l'Homme et du Citoyen* de 1789[186], fue retomada y propuesta nuevamente en constituciones posteriores, incluyendo la de 1791, la de 1793 (que nunca entró en vigor), la de 1795, la *Charte Constitutionnelle* de 1814, la Constitución napoleónica de 1815, la *Charte* de 1830 y, finalmente, la Constitución de 1848.

La mayoría de estas disposiciones reconocían la libertad de expresión incluso antes que la libertad de prensa. Es particularmente notable que el artículo 8 de la Constitución de 1848[187] es-

---

lítica al garantizar un espacio incluso para los disidentes (en este sentido, véase Emerson 1970). Para un análisis en profundidad de la evolución histórica de la jurisprudencia sobre libertad de expresión con referencia al concepto de seguridad nacional, véase Stone 2009, 939.

186 El artículo 11 de la *Déclaration des Droits de l'Homme et du Citoyen* establece que: «La libre comunicación de pensamientos y opiniones es uno de los derechos más preciados del hombre: todo ciudadano puede, por lo tanto, hablar, escribir e imprimir libremente, salvo la responsabilidad por el abuso de esta libertad en los casos determinados por la ley». Texto en español disponible en https://www.conseil-constitutionnel.fr/sites/default/files/as/root/bank_mm/espagnol/es_ddhc.pdf [último acceso el 30 de noviembre de 2023].

187 Según el artículo 8 de la Constitución francesa de 1848: «Los ciudadanos tienen derecho a asociarse, a reunirse pacíficamente y sin armas,

tipulaba que todos los ciudadanos tenían derecho a asociarse, reunirse pacíficamente y sin armas, presentar peticiones y expresar sus pensamientos a través de la prensa u otros medios. El único límite al ejercicio de estos derechos eran los derechos o libertades de los demás y la seguridad pública. La prensa no debía, en ningún caso, estar sujeta a censura. Se observó una estrecha similitud entre el texto del artículo 8 mencionado anteriormente y el de la I Enmienda (Errera 1990), ya que en ambos casos se trataba de formulaciones generales que constituyeron la base de la legislación sobre libertad de expresión, dentro de la que la libertad de prensa constituía una categoría particular. Sin embargo, la regulación de la libertad de expresión no se limitaba a las disposiciones constitucionales: de hecho, la legislación que disciplinaba la prensa, las manifestaciones, las reuniones públicas o las asociaciones estaba contenida en otros instrumentos normativos.

De aquí surge una de las principales diferencias entre Estados Unidos y Francia. De hecho, en el contexto francés, las disposiciones constitucionales que reconocían la libertad de expresión no garantizaban una protección efectiva, debido a la falta de control de legitimidad y a la remisión a la legislación ordinaria para determinar el ámbito de aplicación de la libertad de prensa. A diferencia de lo ocurrido en Estados Unidos, el debate que se desarrolló en Francia en el siglo XIX sobre la regulación de la libertad de expresión fue intenso y de gran calidad. A pesar de esta diferencia, y aunque en Francia el contraste entre las continuas repeticiones de disposiciones constitucionales y la falta de una protección efectiva de la libertad de expresión y de prensa era profundo, incluso el artículo 11 de la Declaración de 1789 representó un texto fundamental en la evolución de la interpretación constitucional

a hacer peticiones, a manifestar sus ideas por la vía de la prensa o de otra manera. El ejercicio de estos derechos no tiene otros límites que los derechos y la libertad de los demás y la seguridad pública. La prensa no puede, en ningún caso, ser sometida a censura». Texto en español disponible en http://www.ub.edu/ciudadania/hipertexto/evolucion/textos/cf1848.htm [último acceso el 30 de noviembre de 2023].

de la libertad de expresión en Estados Unidos. Además, los dos enfoques son profundamente diferentes: la Declaración francesa reconocía que la ley podría establecer limitaciones a la libertad de expresión, mientras que el texto de la I Enmienda niega esta posibilidad, afirmando que "ninguna ley" puede limitar la libertad de expresión[188].

En referencia al ordenamiento jurídico británico, se ha observado[189] como la falta de un parámetro normativo explícito, tanto de carácter constitucional como legislativo, había relegado la libertad de expresión a una posición residual. Esto se debe a que la tradición del *common law* británico no reconocía un derecho general a la libre expresión[190]. Dicey (1959) subrayó que se trataba de una libertad protegida de manera negativa, que solo recibía protección dentro de los espacios que dejaban libres otras libertades (Barendt 2005, 40-42).

Aquí radica la principal distinción con la normativa francesa y belga, ya que el sistema jurídico británico no hacía referencia explícita a conceptos como "libertad de expresión" o "libertad de prensa". Sin embargo, desde 1694 ya no existía un sistema de censura administrativa, y, de hecho, los medios y editores disfrutaban

---

188 Como se ha destacado, mientras que los revolucionarios franceses querían reconocer la libertad de expresión como un "derecho valioso", los fundadores estadounidenses optaron por considerarla un "derecho sagrado". En este sentido, Zoller (2009) matiza el carácter absoluto de la prohibición contenida en la I Enmienda, sosteniendo que en realidad esta estaba dirigida únicamente al Congreso federal, permitiendo de este modo a los Estados intervenir en la regulación de esta libertad.

189 Según Dicey 1959 (Capítulo VI) « [...] *freedom of discussion is in England little else than the right to write or say anything which a jury, consisting of twelve shopkeepers, think it expedient should be said or written*».

190 Al contrario de lo que ocurre con otros derechos, como el derecho a la propiedad y el derecho a la reputación: la tradición británica no conoce una disposición equivalente a la I Enmienda de la Constitución de los Estados Unidos, como tampoco conoce disposiciones como la ley francesa de prensa de 1881.

de mayor protección en el Reino Unido que en otros países europeos. Además, los tribunales, mediante una jurisprudencia evolutiva dirigida a otorgar progresivamente mayor protección a esa libertad, que según Dicey era secundaria respecto de las demás, han recurrido en muchas ocasiones a los principios del *common law* sobre libertad de expresión para limitar otros derechos que restringían su ejercicio[191], especialmente en casos de difamación[192]. Estos principios, como ya se ha destacado, fueron protagonistas, junto con los desarrollados por el constitucionalismo francés y americano, en la circulación de las ideas constitucionales sobre las libertades fundamentales.

2.3. APUNTES TEÓRICOS Y PRÁCTICOS SOBRE LOS LÍMITES A LA LIBERTAD DE EXPRESIÓN

La mayoría de las constituciones actualmente vigentes se caracterizan por el reconocimiento y protección de los derechos humanos. Además, prácticamente todos los sistemas constitucionales contemporáneos reconocen y garantizan, en términos más o menos amplios y con diferentes terminologías, el derecho a expresar libremente el pensamiento, compartiendo al mismo tiempo la idea básica de que es un derecho indispensable tanto para el individuo como para la comunidad en su conjunto. Así, la Corte Constitucional italiana reconoció que la libertad referida en el artículo 21 de la Constitución representa la «piedra angular del sistema

---

191 En sentido contrario, se ha sostenido que la libertad de expresión nunca ha sido reconocida explícitamente en un texto constitucional o en una declaración específica de derechos, pues siempre ha sido considerada como una "*defence or exception or qualification*" frente a otros derechos, tales como el derecho a la reputación o al debido proceso. En este sentido, véase Barendt 2005, 41.

192 Véase, entre muchos otros ejemplos, la sentencia de la *High Court* británica *Derbyshire County Council v. Times Newspapers Ltd.* [1993] A.C. 534 (H.L.). Para más detalles, véase Barendt 2009, 851.

demócratico»[193], en un sentido similar al Tribunal Constitucional español, según el cual la libertad de expresión y de información desempeña un papel crucial en una sociedad democrática, garantizando el mantenimiento de una comunicación pública libre, sin la que los demás derechos garantizados por la Constitución quedarían vacíos de contenido, las instituciones representativas se reducirían a formas vacías, y el principio de legitimidad democrática quedaría completamente distorsionado. Asimismo, la libertad de expresión es uno de los principios fundamentales reconocidos por las leyes de la República Francesa[194] y ha asumido el estatus de libertad constitucional (ya no residual) en el ordenamiento jurídico británico[195].

---

193 Véase *supra*, nota 1, en este Capítulo.

194 La Constitución francesa de 1958 introdujo una forma de justicia constitucional que integraba la función legislativa. El Preámbulo, que dispone que «El pueblo francés proclama solemnemente su lealtad a los derechos del hombre y a los principios de soberanía nacional definidos por la Declaración de 1789, confirmada e integrada por el preámbulo de la Constitución de 1946 y a los derechos y deberes definidos en la Carta del Medio Ambiente de 2004. Sobre la base de estos principios y del de la libre determinación de los pueblos, la República ofrece a los territorios de ultramar que expresan el deseo de unirse a ella nuevas instituciones fundadas en el ideal común de libertad, igualdad y fraternidad y concebidos para su evolución democrática» [traducción propia], remite a una tradición del derecho público francés y a una actitud de lealtad hacia esta tradición. En realidad, en el momento de la adopción de la Constitución, al Preámbulo no se le reconoció un valor constitucional normativo y, en consecuencia, no se consideró como un parámetro que pudiera ser utilizado por el juez en el control de legitimidad. Solo después de la decisión del 16 de julio de 1971, el *Conseil Constitutionnel* le atribuyó al Preámbulo el valor de un parámetro de constitucionalidad: en esa ocasión, el *Conseil* llegó a la conclusión de que la ley sobre la libertad sindical no podía modificarse, ya que la libertad de pensamiento estaba incluida entre los principios fundamentales reconocidos por las leyes de la República.

195 En 1998, el Reino Unido aprobó el *Human Rights Act*, garantizando así la entrada del Convenio Europeo de Derechos Humanos en el derecho británico y otorgando a la libertad de expresión el rango de libertad consti-

tucional, que los tribunales deben tener en cuenta al interpretar la legislación (en este sentido véase *Reynolds v. Times Newspapers* [2001]2 AC127, 207). El desarrollo jurisprudencial de la libertad de expresión antes de la entrada en vigor del *Human Rights Act* se realizó a través de diversas sentencias a través de las cuales esta libertad recibió una interpretación liberal que llevó a los jueces, especialmente en el período que coincidió con la aprobación parlamentaria de esta normativa, a argumentar que, en cualquier caso, el *common law* había garantizado a lo largo del tiempo la misma protección a la libertad de expresión que la Convención Europea le habría garantizado en el futuro [véanse *R v. Secretary of State for the Home Department* [2000] 2 A.C. 115 (H.L.) e *Reynolds v. Times Newspapers Ltd.*, [2001] 2 A.C. 127 (H.L.)]. Además, se ha subrayado como los jueces británicos, a partir de los años Noventa, comenzaron a desarrollar una jurisprudencia acorde a lo previsto por la Convención, aunque en aquella época no era vinculante en el derecho británico. La doctrina está dividida en cuanto a la evaluación de la importancia de la modificación tras la introducción del *Human Rights Act*. Según algunos, se trataría en realidad de un mero cambio solo formal, ya que las cortes y los tribunales ahora hacen referencia explícita al *Human Rights Act*, pero es difícil argumentar que las decisiones que toman sean sustancialmente diferentes de aquellas que se habrían tomado (y se tomaron) antes de su entrada en vigor sobre la base del *common law* (para conocer el funcionamiento de los principios del *common law* en materia de derechos humanos antes de la entrada en vigor del *Human Rights Act*, véase of Barnes 1993). Otros, sin embargo, argumentan que el tratamiento de la libertad de expresión, así como de otros derechos fundamentales, ha cambiado radicalmente desde 2000, año en que entró en vigor el *Human Rights Act*, basándose en la consideración de que los tribunales británicos ahora tienen la obligación de interpretar la legislación de manera compatible con las disposiciones del Convenio Europeo, si es posible [*Human Rights Act*, 1998, c. 42. § 3(1)]. Para un análisis en profundidad de las teorías que se ubicaron en la base de la adopción del *Human Rights Act*, en particular en lo que respecta al diálogo constitucional entre los distintos órganos institucionales británicos, véase Hickman 2005. Tras la entrada en vigor del *Human Rights Act*, los tribunales británicos deben interpretar la legislación nacional de manera que cumpla con el *Human Rights Act* y, solo si la antinomia normativa persiste, pueden emitir una declaración de incompatibilidad, para alertar al Parlamento sobre el hecho de que la legislación está en conflicto con la Convención Europea.

Pero, independientemente de las teorías filosóficas y el pensamiento jurídico que los legisladores elijan para justificar la regulación de la libertad de expresión, las disposiciones constitucionales y no constitucionales[196] en las que se basa se insertan en ese sentimiento común de la experiencia constitucional contemporánea, según el que la protección *erga omnes*[197] de las libertades constitucionales no implica también el carácter absoluto de esta garantía. De hecho, los derechos y libertades están, en cualquier caso, limitados por las "libertades de los demás"[198] y la "responsabilidad" representa lo contrario de la "libertad" (Berti 1994, 495 ss.).

---

196 Australia, que carece de una Declaración de Derechos a nivel federal, Nueva Zelanda, cuya Declaración de Derechos, el *Human Rights Act* de 1990, tiene fuerza legislativa ordinaria, e Israel, que ha adoptado leyes *ad hoc (véase supra)*, son algunos de los países que no reconocen la libertad de expresión a través de disposiciones constitucionales fundamentales sino que a través de normativas que tienen valor casi constitucional.

197 El debate en la doctrina italiana sobre la relación entre la protección *erga omnes* de las libertades constitucionales y otras libertades potencialmente en conflicto se divide entre quienes creen que las limitaciones derivadas de una interferencia mutua podrían llevar a una armonización de derechos o situaciones protegidas internamente, contribuyendo a redefinir su esencia o contenido (según las teorías de la funcionalización, que sostienen que la libertad de expresión salvaguarda el correcto funcionamiento del orden democrático, en este sentido Barile 1974, 27 ss.). Por otro lado, las doctrinas individualistas rechazan la funcionalización de las libertades, argumentando que solo existen límites externos a las libertades, sin que su esencia y contenido se vean afectados de ninguna manera. Según Pace (1983, 34 ss.), la libertad de expresar los propios pensamientos implica la libertad de decir y hablar como y cuándo una persona desee.

198 La Corte Constitucional italiana ha reconocido ampliamente que el concepto de límite es inherente al propio concepto de derecho, como se evidencia en las sentencias núm. 1 de 1956, 50 y 120 de 1975. Estas decisiones se han suavizado en su rigidez por la jurisprudencia constitucional posterior, donde el juez constitucional ha buscado moderar las consecuencias de dichos límites, excluyendo, por ejemplo, que cada límite correspondiera legítimamente a un poder de prevención policial (sentencia de la Corte Constitucional n. 45 de 18 de marzo de 1957), y

Esto implica que el ejercicio de una libertad tiene que considerar que otros titulares de ese derecho también deben poder disfrutar de las mismas condiciones para ejercerlo. Por lo tanto, es la otra cara de la moneda: todas las personas tienen ciertos derechos y todas las personas deben poder gozar de ellos. Este objetivo solo se puede lograr limitando el disfrute de los derechos: esta idea se basaría en establecer, junto con las libertades, deberes. En este sentido se interpreta el artículo 2 de la Constitución italiana, que vincula los deberes obligatorios de solidaridad directamente con los derechos inviolables del individuo (Pace 1990, 21). En general, la identificación de los límites al ejercicio de una libertad específica, y en este caso de la libertad de expresión, puede depender tanto de la formulación textual de la norma que reconoce la libertad misma, como de la interpretación que la jurisprudencia haga de ella[199].

En el caso estadounidense, la I Enmienda no establece límites explícitos y su formulación es tal que no deja margen al intérprete que busque referencias textuales específicas para justificar cualquier límite a las libertades garantizadas. En contraste, la Declaración francesa de 1789 condicionó el reconocimiento de la libertad de pensamiento a la protección del "orden público establecido por la ley", excluyendo además la protección de esta libertad a todas aquellas expresiones consideradas por la ley como un abuso[200].

Así, existen límites más allá de los que el pensamiento no puede ser tolerado: estos límites están marcados por la idea de que la tolerancia debe extenderse a todas las personas, excepto a aque-

---

estableciendo que las limitaciones a esta libertad deben ser impuestas por ley mediante una reserva absoluta y basarse en principios constitucionales (sentencia núm. 9 de 1965).

199 Las teorías discutidas en los párrafos anteriores, en relación con los principios de la libertad de expresión, han desempeñado un papel fundamental no solo en la identificación del contenido de la ley, sino también en la determinación de sus límites.

200 Véase *supra*.

llas que la niegan. Por lo tanto, todos deben ser tolerados, excepto los intolerantes[201]. La cultura de la tolerancia es un requisito indispensable para el funcionamiento del principio de mayoría, ya que compensa la subordinación de la minoría a las decisiones de la mayoría, permitiendo a los disidentes continuar defendiendo su punto de vista (Pizzorusso 1993, 43).

Autores de orientación liberal[202] han argumentado que la tolerancia debe ser mutua y, por lo tanto, no se puede proteger la libertad de profesar ideologías autoritarias: de lo contrario, se comprometería la idea de libertad, sin la que la propia tolerancia deja de ser concebible[203]. Se ha señalado que, si la difusión de opiniones antiliberales amenazara la integridad de la vida democrática, su represión dañaría el principio de igual dignidad de las distintas opiniones y su libre competencia (Ainis 1995, 430).

Además, la capacidad de tolerancia de un sistema se mide por sus reacciones ante diversas situaciones fácticas que puedan presentarse: es significativamente mayor cuando la vida democrática transcurre con normalidad que en situaciones de emergencia. De hecho, en momentos de necesidad, el valor en riesgo no es la tolerancia, sino el pluralismo, dado que el principio pluralista es responsable

---

201 Véase más a detalle *infra*. Así se presenta, según Bobbio (1986), la "paradoja de la tolerancia". Sobre la tolerancia también habla Bollinger 1992, quien, resumiendo los resultados del debate sobre la libertad de expresión anteriormente mencionado, sostiene que el núcleo esencial del pluralismo político designa una actitud de tolerancia hacia lo diferente y discordante. De hecho, es importante destacar como el pluralismo facilita el progreso del conocimiento, compensando o al menos mitigando la falibilidad humana, como decía Voltaire «debemos tolerarnos porque todos somos débiles, inconsecuentes, volubles, sujetos a error»: Voltaire 1764. Alexis de Tocqueville también se refiere al pluralismo al afirmar que la existencia de un amplio espectro de opiniones constituye una barrera contra los peligros de la "tiranía de la mayoría": De Tocqueville 1835, 257 ss.

202 Véase Popper 1987, en Mendus y Edwards 1990, 28 s.

203 *Ivi*, 27.

de asegurar la cohesión social en su conjunto (Ainis 1995, 432). Los efectos que produce la difusión de un mensaje específico dependen no tanto de su contenido, sino de los métodos utilizados[204].

Por lo tanto, el concepto de tolerancia implica que se debe establecer un límite más allá del que ciertas expresiones o ideas dejan de ser aceptables. La identificación de este límite, esencial para determinar el contenido del derecho en sí, se relaciona con la amplitud de los "confines" de la libertad garantizada en una relación de proporcionalidad inversa: este principio, que también se aplica en relación con la manifestación del pensamiento, sugiere que la libertad será más amplia cuanto menor sea el límite que la Constitución, el legislador o la jurisprudencia identifiquen, sean estos límites explícitos o implícitos, y viceversa[205].

Otro elemento relevante en el reconocimiento de los límites al ejercicio de los derechos y libertades se encuentra en la idea de una Constitución rígida y su estatus como norma suprema, jerárquicamente superior a las demás. Esta característica determina que los límites al ejercicio de una libertad constitucional deben basarse en valores de igual jerarquía, excluyendo así cualquier condición adicional y de diferente naturaleza[206]. En este contexto, las propias

---

204 Nos referimos a la doctrina tradicional del «tiempo, lugar y modo de expresión»: véase Ely 1975, 1500 ss. Es importante subrayar que la posición del hablante, así como la herramienta de comunicación elegida para difundir el mensaje, son igualmente importantes.

205 Chiola en 1990 habla de un «límite lógico» a la libertad de expresión del pensamiento.

206 De hecho, fue la propia Corte Constitucional, con las sentencias 11 y 120, ambas de 1968, la que indicó que frente a la libertad de expresión del pensamiento no existe ningún interés público que pueda justificar limitaciones no permitidas por la carta constitucional, y que esta libertad solo puede ser limitada para proteger otros bienes e intereses de relevancia constitucional, según Pizzorusso 2003, 653. Sin embargo, es importante subrayar que las normas ordinarias representan la implementación de, o en cualquier caso tienen el objetivo de, proteger intereses constitucionales. Por lo tanto, incluso las normas ordinarias, aunque formalmente de rango inferior, deben considerarse en con-

disposiciones constitucionales que protegen un derecho específico pueden no ser de mucha ayuda: frecuentemente son normas formuladas de manera muy general, que no establecen ningún límite explícito (como la I Enmienda de la Constitución estadounidense) o que señalan pocos, dejando la definición de cualquier límite adicional a la interpretación legislativa y jurisprudencial.

Este es el caso, por ejemplo, del artículo 21 de la Constitución italiana[207], según el cual las buenas costumbres son el único límite

---

sonancia con las disposiciones constitucionales, ya que implementan estas últimas. Esto también teniendo en cuenta que la Constitución italiana, al igual que todas las constituciones modernas de la democracia liberal, no solo establece los derechos, obligaciones y deberes de individuos y grupos sociales privados, sino que también identifica las funciones de ciertos organismos públicos, determinando los objetivos fundamentales que los poderes públicos deben perseguir a través de actos de normalización primaria. En consecuencia, las normas que implementan los derechos reconocidos en la Constitución cumplen esa función específica o logran el objetivo señalado, asumiendo así relevancia constitucional, aunque sea de manera indirecta.

207 La Constitución italiana reconoce la libertad de expresión del pensamiento en el artículo 21, con una disposición que en la estructura original del texto constitucional se destacaba por ser la más larga, especialmente entre las que protegen derechos y libertades fundamentales. De hecho, consta de seis párrafos y establece que «Todos tienen derecho a manifestar libremente su pensamiento a través de la palabra, la escritura y por cualquier otro medio de difusión. La prensa no puede estar sujeta a autorizaciones ni censuras. Solo se podrá proceder a la incautación por auto razonado de la autoridad judicial en caso de delitos para los que así lo autorice expresamente la Ley de Prensa, o en supuesto de violación de las normas que la misma ley estableciera para señalar a los responsables. En estos casos, cuando hubiera urgencia absoluta y no fuera posible la intervención a tiempo de la autoridad judicial, la incautación de la prensa periódica podrá ser llevada a cabo por funcionarios de la policía judicial, quienes deberán informar a la autoridad judicial inmediatamente, en un plazo máximo de veinticuatro horas. Si esta no confirma la medida en el plazo de veinticuatro horas, la incautación se entenderá revocada y sin efecto alguno. La ley, mediante normas de carácter general, podrá establecer la obligación de revelar los medios de financiación de la prensa periódica. Quedan

explícito a la libre expresión del pensamiento[208]. A diferencia de la Constitución estadounidense, que en la I Enmienda proclama, al menos aparentemente, una libertad de expresión sin límites, y de la Ley Fundamental alemana, que en el artículo 5 regula de forma muy detallada la libertad de opinión, la garantía que la Constitución italiana otorga a la expresión del pensamiento utiliza una fórmula amplia pero equilibrada (Pace 2006a, 47), estableciendo el derecho de toda persona a "expresar libremente su pensamiento mediante la palabra, la escritura y cualquier otro medio de difusión"[209].

Recordando en parte los debates jurídico-filosóficos sobre las *rationales* que justifican la libertad de expresión en referencia a la

---

prohibidas las publicaciones de prensa, los espectáculos y cualquier otra manifestación contraria a las buenas costumbres. La ley establecerá medidas adecuadas para prevenir y reprimir las infracciones a este respecto» [traducción propia].

208 En relación con esto, es importante destacar como la Constitución italiana reconoce explícitamente a las buenas costumbres como único límite, respecto del cual doctrina y jurisprudencia coinciden en que debe interpretarse de manera restrictiva, en el sentido de pudor sexual, con especial referencia a la protección de menores, descartando interpretaciones que lo asocian a valores como la "moral vigente" o la "ética social": en este sentido, véanse Cerri 1976, Fiandaca 1984, Fois 1958 y Rimoli 1992.

209 Por las disposiciones combinadas de los dos primeros párrafos, se reconoce a todas las personas la libertad de expresar su pensamiento, independientemente de su ciudadanía. Además, se prohíbe cualquier tipo y forma de censura; sin embargo, esta protección se mitiga parcialmente por disposiciones posteriores que permiten la incautación en casos y según modalidades establecidas por ley, mientras que el único límite explícito, como se ha visto, es el de las buenas costumbres. Es relevante notar que las garantías ofrecidas por esta norma son más estrictas que las previstas por el artículo 13 respecto a la libertad personal: de hecho, los plazos establecidos por el artículo 13 de la Constitución italiana para la comunicación y posterior validación de una medida restrictiva de la libertad personal realizada sin previa autorización judicial (fijados en 48 horas cada uno) se reducen a la mitad en el artículo 21 en lo referente a la comunicación y posterior validación de la incautación de prensa periódica.

I Enmienda, también durante los trabajos de la Asamblea Constituyente italiana[210], se destacó que la libertad de expresión del pensamiento tenía una doble esencia[211], que fue posteriormente incorporada al texto de la Constitución[212].

---

[210] Para un análisis en profundidad del trabajo de la Asamblea Constituyente italiana y del proceso que llevó a la aprobación del texto del artículo 21, véase Pace y Manetti 2006.

[211] Durante los trabajos de la Asamblea Constituyente italiana, emergieron dos enfoques distintos. El primero se basó en la concepción de los derechos fundamentales como derechos públicos subjetivos, entendidos como espacios de autonomía individual que deben ser defendidos contra injerencias indebidas por parte del Estado (en este sentido, Caretti 2002, 272 ss.). De acuerdo con esta teoría, las libertades constitucionales, aunque pudieran configurarse como derechos subjetivos de carácter privado, solo serían protegibles frente al poder público y al Estado. La protección frente a las libertades de las demás personas estaría garantizada por el propio Estado (según Angiolini 1995). El otro enfoque, en cambio, consideraba que estas libertades funcionaban como herramientas de participación esenciales para la construcción del nuevo sistema democrático, involucrando también la presencia de un tercero, es decir, la persona que recibe cierta información o escucha los pensamientos de otros. Por tanto, si en el primer caso el Estado tendría solo la obligación negativa de no interferir con la expresión, protegiendo esta libertad de colisionar con las libertades de los demás, en la segunda concepción el Estado tenía una tarea positiva, que se materializaba en garantizar las condiciones generales para que los individuos pudieran lograr la más amplia y plena realización de la libertad de expresión.

[212] En Italia, el debate se centró principalmente entre quienes creían que el derecho a expresar libremente el pensamiento estaba protegido por la Constitución como un derecho "funcional", es decir, entendido como un instrumento para la consecución de fines sociales o públicos y, como tal, sujeto a todas aquellas limitaciones previstas por el legislador con el objetivo de perseguir estos fines (Girotto 2005, 272-273), y aquellos que apoyaban una perspectiva más individualista. La doctrina mayoritaria, representada entre otros por Carlo Esposito, sostenía que, incluso admitiendo un vínculo inseparable entre la democracia del Estado y la libertad de expresión del pensamiento, el único vínculo admisible sería preservar dicha libertad, en su plenitud y con los límites derivados de disposiciones constitucionales expresas, útiles para el desarrollo de

La libertad contemplada por el artículo 21 de la Constitución italiana es el principal medio a través del que los ciudadanos, ya sea individual o colectivamente, pueden influir, tanto en formas legalmente reguladas como mediante la formación de la opinión pública, en los procesos de toma de decisiones (Pizzorusso 2003, 651-652). A diferencia de la I Enmienda, la Constitución italiana contempla la posibilidad de que esta libertad pueda ser limitada[213]

---

una vida democrática. Por lo tanto, la declaración genérica de que un Estado es democrático no añadiría ni restaría nada a la proclamación específica y solemne de la libertad. Además, la redacción del artículo 21 no respalda la idea de que la libertad de expresión del pensamiento permite o facilita la participación ciudadana en la determinación de la política nacional, ya que el derecho que establece la Constitución se atribuye a los individuos, independientemente de las ventajas o desventajas que puedan derivarse para el Estado y su democracia. Quienes defienden que es un derecho funcional basan su teoría en la dimensión política que es coesencial para la participación en la vida comunitaria, pero también porque adquiere un matiz crítico hacia las autoridades. De hecho, el contenido de la libre manifestación del pensamiento inevitablemente resalta las ideas antagónicas, que parecen ser las únicas que requieren protección, ya que las demás, al ser ampliamente compartidas, son aceptadas implícitamente por el consenso general de la comunidad (en este sentido, véase Zeno Zencovich 2004, 9). Quizás, se podría encontrar una solución intermedia satisfactoria entre las dos posturas, afirmando que la libertad de expresión del pensamiento sirve como un vínculo entre las libertades que protegen la esfera íntima del individuo y las libertades colectivas, que protegen al individuo en su dimensión social.

213 Las limitaciones a los derechos son inherentes al concepto mismo de libertad. Tras la entrada en vigor de la Carta Constitucional, uno de los principales problemas fue la delimitación precisa de las garantías constitucionales frente a las limitaciones contenidas en cada disposición constitucional relativa a los derechos de libertad, y especialmente si considerar esa lista como cerrada o abierta a nuevas adiciones mediante interpretación de las mismas disposiciones constitucionales. Sobre este tema se han expresado: Esposito 1958; Crisafulli 1965, 252 ss.; y Paladin 1987, 5 ss. Este concepto se ilustra claramente con el ejemplo de Barile (1974, 80), quien señala que la incitación al delito es una forma de expresión del pensamiento, pero si se entiende que conlleva una acción que excede

por la protección de otros bienes de relevancia constitucional[214], necesarios para proteger bienes diferentes, igualmente garantizados por la Constitución[215].

---

la simple libertad de pensamiento, puede legítimamente ser restringida por el derecho penal, ya que la acción, desde un punto de vista lógico, no se incluye en el concepto de libertad en cuestión.

214 La idea de que los límites impuestos por el legislador, para ser considerados legítimos, deben fundamentarse en disposiciones constitucionales específicas que justifiquen su establecimiento, se origina en Esposito 1958, 10, y fue seguida posteriormente por Pace 2003, 322; Di Giovine 1988, 102 ss.; y Manetti 2006, 771. Vincular la base de los límites aplicables a un derecho constitucional a otro valor reconocido en la Constitución no soluciona todos los problemas interpretativos que puedan surgir. De hecho, la identificación del bien de relevancia constitucional como fundamento de las restricciones impuestas directa o indirectamente por el legislador ordinario es el resultado de una operación interpretativa que se realiza de manera inductiva a partir de la referencia, directa o indirecta, que la Constitución hace a derechos, deberes, facultades y funciones. Además, la Corte Constitucional ha afirmado (véanse las sentencias 121 de 1957, 16 y 133 de 1973, entre otros, Bevere y Cerri 2006, 44). En sentido opuesto, véase Mazziotti Di Celso 1985, 539, que entre los bienes de relevancia constitucional adecuados para limitar la libertad de expresión del pensamiento también se incluyen otros derechos previstos constitucionalmente. Sin embargo, esta teoría es aceptable solo con referencia a aquellos derechos cuyo ejercicio es objetivamente incompatible con el de otro derecho; en particular, en lo que respecta a la libertad de expresión del pensamiento, esta teoría podría llevar a la conclusión, no considerada aceptable por todos, de que los límites a la libertad de expresión del pensamiento pueden identificarse en otras libertades que también operan a nivel psíquico, suponiendo así la limitación precisamente de ese pluralismo de ideas que el artículo 21 busca proteger (véase en este sentido Pace 2006b, 99).

215 La sentencia de la Corte Constitucional 20 de 1974 refleja este enfoque. El juez constitucional italiano ha afirmado, desde su primera sentencia, que el concepto de límite es inherente al de derecho y que, dentro del ordenamiento jurídico, las distintas esferas jurídicas deben necesariamente limitarse entre sí para permitir una convivencia civil ordenada (como se estableció desde la primera sentencia de la Corte Constitucio-

Por tanto, la Corte Constitucional italiana ha identificado[216] como límites legítimos a la libre expresión del pensamiento, entre otros, el derecho al honor y a la reputación, entendidos como corolario de la igual dignidad social mencionada en el artículo 3 de la Constitución[217], el derecho a la intimidad, el interés por el funcionamiento regular de la justicia, la seguridad del Estado, el orden público[218] y la dignidad de las personas.

---

nal italiana 1 de 1956). En particular, tanto la doctrina como la jurisprudencia coinciden en que, aunque los límites a los derechos fundamentales deben considerarse obligatorios, debido a su vínculo indisoluble con la rigidez de la Constitución, serían admisibles mayores límites, siempre y cuando, como se mencionó anteriormente, estos se basen en intereses igualmente protegidos por la Constitución.

216 En realidad, la Corte Constitucional italiana ha mostrado una actitud vacilante respecto a este tema. De hecho, según parte de la doctrina (Barile 1984, 256), la Corte ha oscilado entre posturas que sostienen que el límite es inherente al concepto mismo de derecho, y que los límites sustanciales a la libertad de pensamiento deben fundamentarse en preceptos y principios constitucionales, y sentencias de tendencia contraria, en las que se aceptan sin crítica límites que parecen alejados de cualquier referencia constitucional, ya sea implícita o explícita, como la seguridad del Estado, el orden público o la moralidad. Para una visión completa, véase Caretti 2002, 276 ss., quien menciona entre los diversos límites derivados de otros derechos, el derecho al honor y a la reputación, el derecho a la privacidad, el interés en el funcionamiento regular de la justicia y el interés en la seguridad del Estado.

217 En particular, la jurisprudencia ha desarrollado criterios de equilibrio entre la protección del honor y la libertad de expresión del pensamiento, identificando condiciones excusantes para permitir la circulación de expresiones que dañan el honor de otros. Estas condiciones incluyen "la utilidad social de las noticias", la necesidad de que la información sea veraz y pertinente, excluyendo así todos aquellas formas de comunicación que resulten excesivas respecto a la finalidad informativa que deben perseguir.

218 Este último es un límite bastante controvertido: la doctrina, de hecho, no le reconoce ningún fundamento constitucional, ni siquiera implícito, excepto en los casos expresamente mencionados por la Carta Constitucional, como la seguridad pública, admitidos solo en referencia a las hipótesis específicamente previstas por la propia Constitución y, por tanto,

La jurisprudencia constitucional alemana comparte la orientación que ha surgido en la jurisprudencia italiana, afirmando que el contenido de la ley también puede interpretarse en función de los límites que se le pueden imponer, los cuales necesariamente deben basarse en el sistema de valores contenido en la Constitución[219].

---

con referencia exclusiva a la libertad de domicilio, circulación, residencia y reunión, excluyendo su aplicabilidad en cualquier otro caso y por tanto también con referencia a la libertad de expresión del pensamiento. Por otro lado, una postura más abierta fue propuesta por la Corte Constitucional, que afirmó la existencia de un límite general representado por el "orden público constitucional", entendido como un límite para proteger el orden jurídico en el que se basa la convivencia pacífica social (sentencia núm. 168 de 1971). El argumento de la Corte está vinculado a la concepción de orden público predominante en ese contexto específico. Como se ha destacado correctamente, el papel desempeñado por el concepto de orden público ha variado a lo largo del tiempo. Durante la era liberal, la libertad de opinión tenía el valor de "constituir la forma política" del Estado, pero era una libertad profundamente restringida por un amplio sistema de límites y restricciones diseñados para prevenir abusos y proteger las bases, tanto materiales como morales, de ese sistema en particular. Por lo tanto, se permitía la represión del pensamiento político contrario al dominante, así como del pensamiento irrespetuoso con la moral y la religión. El relativismo político y moral que acompañó la transición a la democracia pluralista, fundado en la idea de que solo es legítimo reprimir el pensamiento si este es capaz de causar un daño objetivamente medible a la comunidad, ha demostrado así la necesidad de concretar ese límite de orden público que originalmente se identificaba en la violación de principios ideales o convicciones morales arraigadas, en el peligro concreto de romper la paz material. En realidad, se ha afirmado que esta noción de orden público no es más que la síntesis o suma de una serie de derechos individuales.

219 Sobre este punto, véase Häberle 2000, 47. La Ley Fundamental alemana de 1949 reconoce y protege la libertad de expresión principalmente a través de los artículos 5 y 18. La primera disposición garantiza un conjunto de derechos de comunicación esenciales dentro del proceso democrático. En particular, el primer párrafo protege la libertad de expresar y difundir opiniones en palabras, escritura e imágenes y de obtener información de fuentes accesibles para todos, sin impedimentos.

El *Bundesverfassungsgericht* (Tribunal Constitucional Federal alemán) ha afirmado que el concepto de opinión debe interpretarse en su sentido más amplio. Dentro de la garantía constitucional prevista por el artículo 5 de la Ley Fundamental, se incluyen también aquellas ideas que puedan ser banales, carecer de interés o incluso ser expresadas de manera cruel o vehemente. En este contexto, también emerge la "doble alma" de la libertad de expresión, ya que no solo se admiten aquellas opiniones e ideas que nutren el debate democrático, sino también aquellas de carácter meramente privado que contribuyen al desarrollo personal del individuo[220].

También establece la garantía constitucional de la libertad de prensa y de información a través de la radio y el cine, prohibiendo cualquier forma de censura. Además, el tercer párrafo reconoce la libertad del arte y la ciencia, que no pueden estar sujetas a las restricciones mencionadas en el segundo párrafo, representando dos derechos adicionales que se diferencian de los reconocidos en el primer párrafo tanto por su contenido como por su aplicación concreta. En particular, en 1971, la sentencia del Tribunal Constitucional alemán en el caso *Mephisto* [BVerfGE 30, 173, del 24 de febrero de 1971] estableció que únicamente los derechos garantizados en el primer párrafo del artículo 5 «[…] encontrarán sus límites en las disposiciones de las leyes generales, en las normas para la protección de los menores, y en el derecho al honor personal», mientras que los reconocidos en el párrafo tercero quedan protegidos sin reserva legal expresa [traducción propia]. La doctrina ha destacado que se trata de derechos que disfrutan de un sistema específico de protección. El artículo 18, por su parte, establece que «quien abusa de la libertad de expresión del pensamiento […] para luchar contra el orden democrático liberal fundamental pierde todos los derechos fundamentales» [traducción propia].

220 Véase la sentencia del *Bundesverfassungsgericht* (BVerfG) del 26 de junio de 1990, 82 *Entscheidungen des Bundesverfassungsgerichts* (BVerfGE) 272 (281) (F.R.G.). Además, en referencia a la jurisprudencia constitucional sobre la afirmación de hechos, el Tribunal Constitucional Federal alemán ha establecido una distinción adicional, excluyendo como protegidos aquellos casos en que se utilicen los medios de expresión para presionar a otros.

El juez constitucional alemán, sin embargo, ha establecido límites al subrayar que la expresión de una opinión es un concepto diferente de la declaración de un hecho. Basándose en esta distinción, la jurisprudencia alemana ha desarrollado los principios que justifican el castigo de la negación del Holocausto, y que fueron posteriormente implementados por el legislador[221]. La clave para interpretar las disposiciones constitucionales del ordenamiento jurídico alemán que regulan la libertad de expresión reside en el hecho de que Alemania es una "democracia protegida", encaminada a preservar aquellos valores considerados intangibles para la propia supervivencia del ordenamiento jurídico[222].

En consecuencia, la decisión tomada por los constituyentes alemanes fue optar por la adopción de una legislación detallada, destinada a marginar e impedir la actividad de los "enemigos" del Estado y de la democracia, que apuntaba a subvertir los principios fundacionales. Esta política se tradujo, como veremos, en un enfoque que considera la libertad de expresión como un valor a equilibrar con otros considerados fundamentales para el ordenamiento jurídico, como la dignidad humana de personas y grupos, cediendo ante estos[223].

Los límites a la libertad de expresión también están presentes en el ordenamiento jurídico francés[224], donde la interpretación

---

221 Para más detalles, sea permitido reenviar a Spigno 2018b, 163 ss.

222 Para más información, consulte Krotoszynski Jr. 2006, 93 ss.

223 En cuanto al uso de la dignidad humana como fundamento para justificar la protección del orden público, véase Manetti 2005, 108 ss.

224 Aunque el Preámbulo de la Constitución de la Quinta República Francesa de 1958, al evocar la *Déclaration des Droits de l'Homme et du Citoyen* de 1789, confirma el estatus constitucional de esta libertad, la presencia de dos elementos ha complicado de algún modo el establecimiento de un reconocimiento sólido. Por un lado, se considera que, al menos hasta el 10 de diciembre de 2009 con la aprobación por la Asamblea Nacional de la Ley Orgánica núm. 2009-1523, que introdujo en el sistema francés la posibilidad del control de constitucional incidental al *Conseil Constitutionnel,* el control de constitucionalidad previsto hasta ese momento

del *Conseil Constitutionnel* se ha orientado a evitar que la actividad legislativa exceda lo estrictamente necesario, aplicando los principios de necesidad y proporcionalidad[225].

La legislación sobre libertad de expresión también debe respetar el orden público, las libertades de los demás y la protección del "pluralismo"[226]. Las influencias estadounidenses se pueden detectar en la jurisprudencia del *Conseil*, que destacó como el ejercicio de la libertad de expresión es una de las garantías fundamentales para el respeto de otros derechos y libertades, y de la soberanía nacional. En particular, la referencia a "otros derechos y libertades" recuerda la expresión utilizada por el juez Benjamin

---

por el sistema francés era de tipo preventivo, antes de la promulgación de las leyes. En consecuencia, el Consejo no tenía competencia para declarar inválida una legislación ya firmada y promulgada por el Presidente. Además, los jueces ordinarios no tienen la competencia para declarar la inconstitucionalidad de las leyes ordinarias, mientras que el Consejo de Estado y otros tribunales administrativos pueden anular acciones gubernamentales ejercidas en aplicación de su poder normativo si consideran que entran en conflicto con la Constitución. Por otro lado, el ordenamiento jurídico francés carece de una regulación orgánica de las libertades: de hecho, libertades como la de reunión, asociación y expresión están disciplinadas por distintas fuentes normativas adoptadas en diferentes momentos, y la estratificación producida a lo largo del tiempo ha resultado en un sistema legislativo caracterizado por un enfoque no unitario, pero profundamente diferenciado en cuanto a contenido. Además, las sentencias de la jurisprudencia francesa, a diferencia de las estadounidenses, que suelen ser muy detalladas y basadas en principios y argumentos filosóficos y sociales, se caracterizan por ser extremadamente concisas y no ofrecen material para la reflexión teórica.

225 Decisión núm. 64-27, del 17-19 de marzo de 1964, en *Recueil des décisions du Conseil Constitutionnel*, 1964, 33.

226 Decisión núm. 82-141, del 27 de julio de 1982, en *Recueil des décisions du Conseil Constitutionnel*, 1982, 48. En una decisión posterior, dictada sobre el tema de las emisiones televisivas, el *Conseil* afirmó que el pluralismo de las expresiones socioculturales constituye un objetivo de valor constitucional y, como tal, representa una de las condiciones fundamentales para mantener la democracia. Véase Errera 2005, 27.

Nathan Cardozo en 1937 en el caso *Palko v. Connecticut*, donde el juez de la Corte Suprema de Estados Unidos calificó la libertad de expresión como fundamental, en cuanto «condición indispensable para el ejercicio de cualquier otra libertad»[227].

Incluso el Tribunal Constitucional español, a pesar de haber afirmado que la libertad de expresión e información desempeña un papel crucial en una sociedad democrática[228], se ha pronunciado en el sentido de considerar imposible otorgar cobertura constitucional a una posible libertad de insultar y ofender, que vulnera los derechos de otros individuos al honor o a la reputación[229].

No obstante, se reconocen algunas excepciones para aquellas expresiones que, aunque ofensivas, se basan en información cuya veracidad haya sido comprobada[230].

De una primera reconstrucción analítica realizada hasta este momento, han surgido profundas diferencias sobre los fundamentos justificativos de la libertad de expresión prevalentes en las distintas experiencias analizadas. Incluso con las distinciones relacionadas con las especificidades de los casos nacionales individuales, la orientación predominante en Europa tiende a imponer límites a la libertad de expresión del pensamiento.

---

227 Este enfoque, aunque no explícitamente, influyó profundamente en la decisión del *Conseil*. Esta es la decisión *Palko v. Connecticut*, cit.

228 El Tribunal Constitucional español, en particular, destaca la importancia de la libertad de expresión para combatir la concepción autoritaria del poder que había prevalecido en el pasado. Esta actitud probablemente esté relacionada con la transición española hacia la democracia. De hecho, la Constitución de 1978 encarna los nuevos valores liberales y democráticos a los que España deseaba adherirse y constituye un rechazo explícito al sistema autoritario.

229 Esto implica que la Constitución no garantiza cobertura constitucional a un posible derecho a insultar a otras personas, ya que el derecho al honor y a la reputación está previsto en el artículo 18 del texto constitucional. Al respecto, véanse las sentencias del Tribunal Constitucional 105/1990 y 85/1992.

230 Véase la sentencia del Tribunal Constitucional español 105/1990, *cit.*

Por el contrario, el *approach* estadounidense otorga una protección casi absoluta a las libertades de la I Enmienda. Igualmente profundas son las diferencias entre el enfoque estadounidense y el canadiense[231], donde la libertad de expresión recibe[232] un reconocimiento constitucional en la sección 2(b) de la Carta de Derechos y Libertades de 1982, a través de una formulación[233] que protege, entre otras, la libertad de pensamiento, creencia, opinión y expresión, incluida la libertad de prensa y cualquier otro medio de comunicación.

La Corte Suprema de Canadá ha interpretado esta disposición en conjunto con la sección 1[234], que establece que «los límites de-

---

231 Para más información, véanse Volterra 2000, 70 ss. y Cotler 2000.

232 Hasta la aprobación de la Carta de Derechos y Libertades en 1982, la regulación de la libertad de expresión en Canadá se basaba en los principios del derecho consuetudinario. La decisión *Re Alberta Statutes* ([1938] S.C.R. 100, 132-5), que influyó significativamente en las teorías de la libertad de expresión política en Australia, subrayó la importancia del reconocimiento implícito de la libertad de expresión política como un elemento fundamental de la normativa canadiense. Aplicando este principio, ha habido casos en que la Corte Suprema anuló normativas que otorgaban a las autoridades locales amplios poderes para restringir la distribución de panfletos, imponiendo de este modo censura al ejercicio de la libertad fundamental "de participar en un debate político", como se puede leer en las sentencias *Saumer v. City of Quebec* ([1953] 2 S.C.R. 299, 329 per Rand J.) y *Switzman v. Ebling A-G. of Quebec* ([1957] S.C.R. 285).

233 El enfoque canadiense sobre la libertad de expresión representa una ruptura significativa con la tradición estadounidense. Las razones de esta ruptura se encuentran principalmente en la regulación de este derecho contenida en la Carta de Derechos y Libertades, que, además de proteger la libertad de expresión, también salvaguarda la igualdad y el multiculturalismo, como se refleja en las secciones 15 y 27 de la misma.

234 La *section* 1 establece que «La Carta Canadiense de Derechos y Libertades garantiza los derechos y libertades establecidos en la misma, sujetos solamente a restricciones razonables prescritas por la ley y cuya justificación pueda demostrarse en una sociedad libre y democrática». Texto en español disponible en https://www.oas.org/ext/Portals/33/Files/Member-States/sp_can_const.pdf [último acceso el 30 de noviembre de 2023].

ben ser razonables, previstos por la ley y claramente justificables en una sociedad libre y democrática». En particular, en el caso *R. v. Oakes*[235], la Corte afirmó que los valores como la dignidad de la persona, la promoción de la justicia social y la igualdad, la aceptación de una amplia variedad de creencias, y el respeto a las identidades culturales y grupales, son fundamentales en un mundo libre y democrático y, como tales, pueden justificar la limitación de un derecho.

De manera similar a la I Enmienda de la Constitución de los Estados Unidos, la sección 2 de la Carta canadiense no especifica el tipo de expresión protegida, garantizando así cualquier forma de expresión de pensamiento basada en el contenido. En una de sus primeras decisiones[236], la Corte Suprema estableció el principio de que todos los jueces deben interpretar el artículo 2 de manera muy amplia. En la decisión mayoritaria, el juez William McIntyre afirmó que la libertad de expresión es uno de los conceptos fundamentales que subyace al desarrollo histórico de las instituciones educativas, sociales y políticas de las democracias occidentales y, como tal, un corolario fundamental del proyecto de gobierno democrático. La referencia a la teoría de Meiklejohn es evidente en este dictamen, que representa solo el punto de partida del razonamiento del juez canadiense, que luego adopta la metáfora del mercado de ideas[237].

---

[235] *Regina v. Oakes* [1 S.C.R. 103 (1986), at 136].

[236] *R.W.D.S.U., Local 580 v. Dolphin Delivery Ltd.* [2 S.C.R. 573 (1986)].

[237] Véase *supra*. Sudáfrica también adopta el modelo canadiense de la cláusula de limitación general, que se ha convertido en el modelo dominante en las democracias constitucionales más avanzadas. En particular, la Constitución sudafricana de 1996, tras indicar que algunos derechos no pueden suspenderse, establece que todos los demás, incluida la libertad de expresión, solo pueden limitarse mediante normas de aplicación general para la consecución de fines razonables y justificables en una sociedad abierta y democrática basada en la dignidad humana, la igualdad y la libertad. La evaluación de la legalidad de las limitaciones debe realizarse teniendo en cuenta todos los factores relevantes, incluida la naturaleza del derecho, la importancia del propósito de la limitación, la *ratio* y alcance de la limitación, la relación entre esta y su propósito, y

la invasividad de los medios utilizados para alcanzar dicho objetivo. De manera similar, incluso las leyes fundamentales, cuasi constitucionales, de Israel permiten restringir derechos cuando la limitación es compatible con los valores del Estado de Israel, siempre que esté destinada a un fin específico y con un alcance no mayor al estrictamente necesario (Estado de Israel, Ley Básica: Dignidad y Libertad Humanas, para. 85). De manera similar, la Ley de Declaración de Derechos de Nueva Zelanda de 1990 también autoriza expresamente las limitaciones utilizando un lenguaje muy parecido al de la sección 1 de la Carta Canadiense (Ley de Derechos de Nueva Zelanda de 1990, para. 5).

PARTE II
¿DISCURSOS DEL ODIO *VS.* LIBERTAD DE EXPRESIÓN?

Capítulo 3

Los discursos del odio

SUMARIO: 3.1. FORMAS Y CONTENIDOS DEL ODIO. 3.2. CAUSAS Y CONSECUENCIAS DEL ODIO. 3.3. CUANDO LAS PALABRAS TRANSMITEN ODIO. RACISMO Y NEGACIONISMO. 3.4. DISCURSO DE ODIO POR RAZONES DE GÉNERO Y ORIENTACIÓN O PREFERENCIA SEXUAL.

3.1. FORMAS Y CONTENIDOS DEL ODIO

En 1990, la familia Jones se trasladó a Earl Street, un vecindario de la pequeña ciudad de St. Paul, en el Estado de Minnesota, Estados Unidos de América, habitado principalmente por familias "blancas" (de origen europea). Los Jones, en cambio, son afroamericanos y su piel es negra. Unas semanas después de mudarse, encontraron las llantas de su automóvil pinchadas y, poco tiempo después, una de las ventanas de su casa fue destrozada. Inicialmente, los Jones creyeron que se trataba de simples actos de vandalismo; sin embargo, su percepción cambió cuando un grupo de adolescentes, al pasar frente a su vivienda, insultó a su hijo de nueve años con la palabra "*nigger*"[238]. Los actos de hostilidad hacia los Jones continuaron y alcanzaron su punto culminante en la noche del 20 al 21 de junio: la familia despertó debido a un fuerte ruido proveniente del patio. Al asomarse por la ventana de su habitación, observaron un resplandor exterior. Solo tras unos momentos se percataron de que se trataba de una cruz ardiente, símbolo del *Ku Klux Klan*[239].

---

238 La palabra "*nigger*" constituye un insulto racista que se dirige a la población afrodescendiente: véase Kennedy 2008.

239 Se trata del caso que dio lugar a la sentencia de la Suprema Corte de los Estados Unidos de América en el caso *R.A.V. v. City of St. Paul* [505 U.S. 377 (1992)]. Sobre el uso de la cruz ardiente por parte del *Ku Klux Klan* véase Wade 1998.

Matthew Snyder era un joven *marine* estadounidense y falleció durante una misión militar en Irak. A pocos metros del lugar donde se estaba realizando su funeral, en la ciudad de Westminster (Maryland, Estados Unidos de América), Fred Phelps y otros seis seguidores de la Iglesia Bautista de Westboro decidieron organizar una manifestación. Durante la protesta, utilizaron carteles con mensajes ofensivos contra los Estados Unidos por su tolerancia hacia la homosexualidad, especialmente dentro de las fuerzas armadas[240].

James Keegstra, alcalde de la ciudad de Eckville (Alberta, Canadá) y profesor de escuela superior, enseñaba a sus estudiantes que las personas judías eran responsables de una conspiración mundial. Afirmaba que el Holocausto era un engaño orquestado por ellos para obtener simpatía internacional, facilitando así consensos para justificar la fundación del Estado de Israel. Describía al pueblo judío como un pueblo de personas traidoras, subversivas, bárbaras, sádicas, avaras, ávidas de poder y asesinas. Alegaba además que habían intentado destruir el cristianismo y debían ser vistas como las principales culpables de la depresión económica, las guerras, la anarquía, las revoluciones y, en general, de todos los males del siglo XX. Durante los exámenes, Keegstra exigía que sus estudiantes repitieran sus enseñanzas sin consultar otros textos, bajo amenaza de reprobar si no lo hacían[241].

Dieudonné M'Bala M'Bala, un comediante francés también activo en la política, al finalizar un espectáculo teatral en diciembre de 2008 en París, invitó a Robert Faurisson a acompañarlo en el escenario para recibir un premio. Faurisson es un académico francés que ha sido condenado en Francia por sus posturas negacionistas y revisionistas, especialmente por negar la existencia de las cámaras de gas en los campos de concentración durante

---

240 Para más información sobre este caso, véase la sentencia de la Suprema Corte de Estados Unidos en el caso *Snyder v. Phelps* [562 U.S. 443 (2011)].

241 Para más información, véase la sentencia de la Suprema Corte de Canadá en *R. v. Keegstra, cit.*

la Segunda Guerra Mundial[242]. El premio, un candelabro de tres brazos con una manzana en cada extremo, fue entregado a Faurisson por un actor que representaba a un judío deportado en un campo de concentración, vestido con un pijama de rayas con una estrella de seis puntas y la inscripción "judío"[243].

Los ejemplos mencionados anteriormente son solo algunas de las conductas que transmiten mensajes de odio, pero la lista es considerablemente más extensa.

Sin embargo, a estas alturas, deberíamos preguntarnos: ¿qué es un discurso de odio?

Dar una respuesta definitoria a esta pregunta no es una tarea sencilla[244]. La expresión "discurso de odio" es la traducción al español del término inglés "*hate speech*". Este concepto funciona como un "contenedor" que abarca formas expresivas muy diversas entre sí. La literatura jurídica contemporánea, de manera prácticamente unánime, define a los discursos de odio como aquellas manifestaciones que incitan al odio y/o a la discriminación contra personas debido a su identidad racial, étnica, nacional, religiosa, sexual o de género[245]. Esta definición es respaldada por el consenso internacional, que exige a los Estados la responsabilidad de adoptar las medidas normativas necesarias para prohibir expre-

---

242 Véase *infra.*

243 Este caso fue fundamental para la condena de Dieudonné M'Bala M'Bala por las autoridades francesas, resultando en la sentencia del Tribunal Europeo de Derechos Humanos, *M'Bala M'Bala v. Francia,* 20 de octubre de 2015.

244 En relación con la complejidad de definir este concepto, véase Rey Martínez 2015.

245 A pesar de que el consenso inicial y ya consolidado se centró únicamente en casos de odio vinculados al origen étnico, racial o religioso (y en este sentido también se pronunciaron autores de orientación clásica como Rosenfeld 2003, 1523, quien afirmó: «*Hate speech is speech designed to promote hatred on the basis of race, religion, ethnicity or national origin*»), hoy en día se acepta la inclusión en la categoría de los discursos de odio aquellos de contenido homófobo y sexista (sobre este punto, véase *infra*).

siones como la propaganda que promueve la superioridad racial o aquellas que justifican o fomentan cualquier forma de odio y discriminación racial[246]. Incluye la incitación a la discriminación, al odio[247] y al genocidio[248], el apoyo al crimen de apartheid y políticas segregacionistas similares[249], para sancionar cualquier acto de difusión, incitación, promoción o justificación del odio racial, xenofobia, antisemitismo u otras formas de odio basadas en la in-

246 Véase el artículo 4 de la Convención Internacional para la Eliminación de Todas las Formas de Discriminación Racial, del 21 de diciembre de 1965 (también ICERD por sus siglas en inglés: *International Convention on the Elimination of All Forms of Racial Discrimination*), que prohíbe la propaganda de teorías basadas en la superioridad de una "raza" o de un grupo de personas de un determinado color u origen étnico. Por otro lado, el artículo 20 del Pacto Internacional de Derechos Civiles y Políticos, del 16 de diciembre de 1966 (también ICCPR por sus siglas en inglés: *International Covenant on Civil and Political Rights*), prohíbe específicamente la propaganda a favor de la guerra y la apología del odio nacional, racial o religioso que constituya incitación a la discriminación, la hostilidad o la violencia. Para un análisis más detallado de estas normativas, véase *infra*.

247 En esta línea, el artículo 13.5 de la Convención Americana sobre Derechos Humanos, del 22 de noviembre de 1969 (CADH), mientras que el artículo 7 de la Declaración Universal de Derechos Humanos, del 9 de diciembre de 1948 (DUDH), se refiere únicamente a la incitación a la discriminación. Asimismo, el artículo 1 de la Decisión Marco relativa a la lucha contra ciertas formas y manifestaciones de racismo y xenofobia mediante el derecho penal, aprobada por el Consejo de la Unión Europea (también UE) [Decisión Marco 2008/913/JAI], que busca la armonización de las leyes contra la incitación al odio y a la violencia en los países de la UE, prohíbe la incitación pública a la violencia o al odio, incluso por medio de la difusión o distribución de escritos, imágenes u otros materiales dirigidos contra un grupo de personas o un miembro de tal grupo, definidos por la "raza", el color, la religión, la ascendencia o el origen nacional o étnico, así como la negación de crímenes de genocidio, crímenes contra la humanidad y crímenes de guerra.

248 Véase el artículo 3 de la Convención para la Prevención y la Sanción del Delito de Genocidio del 9 de diciembre de 1948.

249 Véase el artículo IV de la Convención Internacional sobre la Represión y el Castigo del Crimen de Apartheid del 30 de noviembre de 1973.

tolerancia, manifestadas a través de nacionalismo agresivo o etnocentrismo[250].

En consonancia, numerosos legisladores nacionales, a pesar de las particularidades específicas de cada uno (por ejemplo, algunos sistemas jurídicos se limitan a penalizar la incitación al odio racial o religioso, otros extienden la prohibición a la incitación no solo al odio sino también a la discriminación, y otros incluyen la incitación a la violencia)[251], muestran una tendencia predominante en la mayoría de los Estados de democracia pluralista, probablemente impulsada por el derecho internacional, hacia la represión de

---

250 Véase la Recomendación No. R (97)20 del Comité de Ministros del Consejo de Europa. La jurisprudencia de los órganos internacionales ha ampliado el espectro de lo jurídicamente relevante al incluir también el "generar o reforzar sentimientos antisemitas", por ejemplo, a través de la defensa del nazismo. En este contexto, es relevante el fallo del Comité de Derechos Humanos de las Naciones Unidas en el caso *Faurisson v. Francia* [Comunicación No. 550/1993 (CCPR/C/58/D/550/1993), 16 de diciembre de 1996] y el del Comité establecido bajo la ICERD (en adelante, Comité ICERD) en el caso *The Jewish Community of Oslo et al. v. Norway* [Comunicación No. 30/2003 (CERD/C/67/D/30/2003) 22 de agosto de 2005], donde se determinó que las declaraciones que defienden el nazismo constituyen, como mínimo, una incitación a la discriminación racial, si no directamente a la violencia. En este sentido, véanse los trabajos de Kübler 1998 y Castellaneta 2009, quienes argumentan que los discursos de odio deben considerarse como un crimen contra la humanidad en cuanto constituyen una forma de persecución.

251 El marco legal británico, por ejemplo, aborda la incitación al odio racial y religioso (respectivamente, en la *Part III,* secciones 17-23 del *Public Order Act* de 1986 y con el *Racial and Religious Hatred Act* de 2006), mientras que el Código Penal ruso prohíbe la incitación al odio étnico, racial y religioso a través de los medios de comunicación masiva (artículo 282.1). En Hungría, se prohíbe la incitación pública contra un grupo étnico, racial y religioso u otros grupos de la población (artículo 269 del anterior Código Penal y actualmente artículo 332). Por otro lado, el artículo 266 b del Código Penal danés prohíbe la incitación al odio o a la violencia sobre la base de distinciones de clase social, raza, religión, denominaciones o regiones.

cualquier forma de incitación pública al odio que manifieste una clara intención discriminatoria.

A pesar del consenso general alcanzado entre la doctrina, la legislación y la jurisprudencia sobre los elementos fundamentales de una definición compartida, todavía es necesario esclarecer qué constituye el "odio" transmitido a través del lenguaje o de otras estrategias comunicativas. La psicología cognitiva explica que el "odio" se encuentra en el punto de intersección entre una "intimidad negada" (conceptualizada como el "disgusto" hacia lo que es diferente, aunque no necesariamente repulsivo), la "pasión" (manifestada en una explosión de "rabia" y/o "miedo" ante lo que se percibe como perjudicial) y el "empeño" (como desvalorización expresada mediante el "desprecio" motivado por la percepción de los otros como inferiores)[252].

Casi al unísono, la Suprema Corte de Canadá y la Corte de Casación italiana definen el "odio" como un sentimiento de naturaleza intensa y extrema, distinto de una "genérica antipatía, intolerancia o rechazo", capaz de provocar "hostilidad", "rencor" y "desprecio" hacia otra persona[253]. La doctrina especializada, enfocándose en sus potenciales consecuencias, define el "odio" como un sentimiento intenso de "aversión" u "hostilidad" expresado hacia otras personas debido a su identidad étnica, racial, religiosa, sexual, política, de género, por cuestiones de edad o debido a condiciones de discapacidad física o mental, "que puede generar" discriminación, prejuicio, fanatismo, racismo, misoginia, homofobia y xenofobia[254]. Si el odio engloba estas características, enton-

---

252 Para profundizar en el tema, véase Sternberg 2005, especialmente su "teoría de la estructura triangular del odio".

253 Respecto a la jurisprudencia, para el caso canadiense, véase *R. v. Keegstra,* citado anteriormente, y para el italiano, referirse a la sentencia de la Corte de Casación (*Cass. pen., Sez. V caso Paoletich),* núm. 44295/05, del 17 de noviembre de 2005, comentado por Martinelli 2006, 2596 y ss.

254 La doctrina sobre este punto es inmensa. *Ex plurimis,* véanse Cortese 2006 y Coliver 1992, 363. Los "*crits*" (*Critical Legal Studies*) se concentran

ces resulta evidente que no todos los discursos "extremos" pueden clasificarse también como "discursos de odio"[255].

Solo estos últimos se encontrarían con la barrera de lo constitucionalmente admisible. En realidad, para poder identificar cuáles son las manifestaciones expresivas que entrarían en la categoría de "discurso de odio", es necesario considerar dos perspectivas diferentes, que sean complementarias entre sí y no excluyentes. De acuerdo con un primer enfoque basado en el contenido (*content-based approach*), los discursos de odio —y, por tanto, las expresiones prohibidas— se identificarían en función de su contenido, independientemente de su capacidad para provocar un "peligro inminente" a la vida o a la seguridad. Por otro lado, el segundo enfoque sería de tipo contextual (*contextual-based approach*) y consistiría en identificar las expresiones prohibidas tomando en cuenta aquellas formas expresivas "capaces" de poner en peligro la seguridad o la protección de los derechos fundamentales de los demás, en la medida en que su difusión podría provocar acciones violentas.

Dado que se trata de dos perspectivas que no se excluyen mutuamente y son complementarias entre sí, en este trabajo la expresión "discursos de odio" se considera inclusiva de todas las formas expresivas resultantes de la combinación de ambas. Por lo tanto, serían discursos de odio aquellas expresiones "capaces" de o "idóneas" a, debido a su "contenido ofensivo, injurioso o difamatorio", "generar" hostilidad, rencor, desprecio, discriminación, intolerancia, prejuicio, sentido de rechazo, fanatismo, racismo, misoginia, homofobia o xenofobia, con el propósito de destruir la identidad de los demás y de incitar a cometer actos de violencia contra personas determinadas por su pertenencia a un grupo identificado en virtud de características diferenciales específicas.

---

mayormente en las consecuencias que potencialmente se pueden producir en la víctima.

255 Para una distinción entre discurso de odio que jurídicamente son o no relevantes véase Nockleby 2000, 1277-1279. Véase también Hare y Weinstein 2009.

La difusión de tales expresiones, independientemente de la efectiva producción de cualquier acto violento, pero sólo en virtud de su idoneidad para producirlo, justificaría la intervención sancionatoria del derecho y la consecuente exclusión de tales expresiones de la arena del debate público[256].

En consecuencia, no se considerarían discursos de odio jurídicamente relevantes —ubicándose en la categoría de discursos extremos— aquellas expresiones que, aunque desagradables, no son capaces de provocar perjuicio y discriminación, sino solamente un conflicto emotivo o una falta de respeto o rechazo hacia los puntos de vista de otros, así como aquellos discursos que de ninguna manera están vinculados a la presencia de características tendencialmente permanentes[257].

---

256 Sobre este punto, véase Parekh 2012, quien sostiene que el discurso de odio se identifica por estar dirigido a estigmatizar a un individuo o grupo específico en virtud de características arbitrarias o jurídicamente irrelevantes, pero percibidas como indeseables y, en general, inalterables, independientemente de la comisión de actos violentos o de otras consecuencias externas.

257 Véanse Pizzorusso 2003 y 1993: en este último trabajo, Pizzorusso destaca que no son discursos de odio aquellos que expresan conflictos no motivados por características tendencialmente permanentes, como la pertenencia a un grupo que generalmente constituye una "minoría", tanto desde el punto de vista cuantitativo como por ser un grupo históricamente discriminado o políticamente débil. Ver también Matas 2000. En este tema, también es relevante la sentencia de la Corte de Casación Penal, Sección V, núm. 44295/2005, que sostiene lo siguiente: «Para que se configure la circunstancia agravante de la "finalidad de discriminación o de odio étnico, nacional, racial o religioso" [...] no es suficiente una simple motivación interna de la acción, sino que es necesario que esta, por sus características intrínsecas y por el contexto en el que se manifiesta, esté dirigida de manera intencional, de forma directa y al menos potencialmente capaz de hacer perceptible externamente y de provocar en otros el mencionado sentimiento de odio o de originar, en el futuro o de manera inmediata, un peligro concreto de comportamientos discriminatorios, *debiendo además excluirse que a la noción de "odio" se le pueda atribuir automáticamente cualquier sentimiento o ma-*

El tema del "negacionismo" merece una mención aparte, ya que el debate sobre su inclusión entre los discursos de odio todavía es bastante amplio[258]. El negacionismo, a diferencia del revisionismo histórico (Flores 2007a), no se limita a reevaluar el juicio histórico sobre un hecho determinado, como por ejemplo un genocidio u otro evento de magnitud similar; más bien, mediante argumentos culturales, históricos, científicos y políticos, niega por completo su existencia o alguna de sus características estructurales[259].

El término, originado en la negación del genocidio del pueblo judío durante la Segunda Guerra Mundial[260], se amplió para incluir formas expresivas que no solo niegan el Holocausto, el caso más conocido de negacionismo[261], sino también otros genocidios o, de forma más general, crímenes contra la humanidad. Ante la tendencia represiva hacia las expresiones negacionistas, el debate

---

nifestación genérica de antipatía, intolerancia o rechazo, incluso cuando estos puedan basarse en motivos relacionados con la raza, la nacionalidad, la etnia o la religión [...]» [Traducción propia y énfasis añadido]. En el mismo sentido se ha pronunciado el Tribunal Europeo de Derechos Humanos en el caso *Handyside v. Reino Unido*, cit., y la Suprema Corte de Canadá en el caso *Canada (Human Rights Commission) v. Taylor* [(1990) 3 S.C.R. 892].

258 La tendencia predominante, al menos en Europa, es considerar al negacionismo como una forma de discurso de odio (véase más a detalle *infra*), junto con las versiones más ambiguas del revisionismo histórico, que implican el cuestionamiento de interpretaciones hegemónicas o dominantes con un vínculo estrecho a la (re)construcción de una identidad nacional o colectiva. Para más información, véase Spigno 2008. Véanse también Schmidt y Vojtovic 2000 y Luther 2008, 1201 y ss., donde se discute la circulación europea de modelos de penalización del negacionismo. Véase también el trabajo de Teruel Lozano 2015.

259 Sobre la distinción entre negacionismo y revisionismo histórico, véanse las obras de: Vidal Naquet 1981; Poggio 1997; Burgio 1998; Bifulco 2012; y Losurdo 1996. Para una exploración más profunda del negacionismo, se recomienda la lectura de Di Giovine 2006, XIII-XXVIII.

260 El término "negacionismo" fue acuñado por Rousso 1987, 151.

261 Para más información, véase Shermer y Grobman 2000.

se ha dividido: por una parte, se encuentra la voz que critica duramente estas normativas, acusándolas de criminalizar una forma de expresión "inocente" o incluso la libertad de investigación histórica. Por otra parte, hay quienes argumentan que tales teorías, aunque se presenten bajo el paradigma de la libertad de investigación histórica, son solo aparentemente inofensivas y representan una de las formas más insidiosas y peligrosas de discriminación racial. En efecto, el negacionismo rara vez se asocia con un genuino interés por la investigación histórica, y suele coexistir principalmente con movimientos que buscan lanzar un ataque, aunque sea indirecto, contra las víctimas del crimen que se intenta negar[262].

3.2. CAUSAS Y CONSECUENCIAS DEL ODIO

El odio está vinculado a la noción de superioridad que una persona (o grupo de personas) puede percibir sobre sí misma y a la consecuente inferioridad que se asigna a otra persona (o grupo de personas). El concepto de odio jurídicamente relevante no es nuevo: desde el siglo XVIII, comenzó a arraigarse en teorías sistemáticas fundadas en supuestos biológicos, permitiendo la clasificación de los seres humanos según su pertenencia a una "raza"[263]. Estas teorías, reforzadas por concepciones como el "etnocentrismo" (la creencia en que el propio grupo es el centro de

---

262 En este contexto, se sugiere revisar a Fronza 1999 y 2008, 30. También son relevantes las contribuciones de Parekh 2012, 41-42, quien sostiene que el mensaje negacionista discrimina a las personas y grupos a los que se dirige, de Cohen-Almagor 2006, 164 y ss., que identifica al negacionismo como una forma de discurso de odio por promover hostilidades contra grupos identificables por su etnia y religión, y de Troper 1999.

263 Para una perspectiva adicional, véase Piazza 1995. La idea de clasificar jerárquicamente a los grupos raciales basándose en la supuesta superioridad de algunas "razas" ha sido superada, afortunadamente, en la actualidad. Sin embargo, esta noción fue defendida durante mucho tiempo por varios autores, entre ellos de Gobineau (1855) y Chamberlain (publicado en 1899 en Múnich), cuyas obras probablemente también inspiraron a Hitler (1925) y Rosenberg (1930). Sobre el concepto de ra-

todo y los demás se clasifican y valoran en relación con este) y su exaltación, la "xenofobia"[264], fueron instrumentalizadas políticamente no solo por regímenes totalitarios. El objetivo siempre ha sido afirmar la superioridad de una "raza" sobre las demás y, de esta manera, justificar teorías, ideologías, ideas, actitudes, declaraciones, actos y comportamientos que buscan legitimar, incitar, instigar o infligir discriminaciones, abusos, molestias, amenazas y violencias, tanto verbales como físicas. Estas conductas se dirigían a individuos o grupos identificados por su nacionalidad u origen étnico, convicciones religiosas, rasgos físicos, costumbres y prácticas culturales, así como sistemas de valores y creencias, considerados inferiores por ser diferentes a los de la mayoría dominante[265].

---

cismo biológico, véase Barbujani 2016. Para una revisión de la historia del racismo, véase Geulen 2010.

264 La xenofobia se ha descrito como «el conjunto de sentimientos, actitudes y discursos que comparten la percepción de los extranjeros y extraños como peligros y amenazas para la propia colectividad, el orden social, la cultura, la seguridad y los privilegios. La xenofobia se alimenta y refuerza mediante estereotipos y prejuicios contra los demás, cuya imagen negativa tiende a persistir a pesar del contacto, la evidencia y la experiencia»: Rivera 2003, 23. Véanse también Gallissot, Kilani y Rivera 2001 y Tabboni 1986: este último destaca como la xenofobia, entendida como miedo al extranjero, se expresa a través de comportamientos y actitudes de rechazo hacia este, causando daño.

265 El racismo ha sido definido como un sistema de ideas, discursos, actos y prácticas sociales que atribuye a grupos humanos y a los individuos que los componen diferencias esenciales, generalizadas, definitivas y casi naturales, con el fin de legitimar prácticas de estigmatización, discriminación, segregación, exclusión o exterminio: en este sentido, véase Rivera 2007, 304. Además, se pueden consultar las definiciones de racismo en Abbagnano 1983, 730; Biscaretti di Ruffia 1953, 590 y Bianco 1997, 477 y ss. El concepto de racismo se ha desarrollado en diversas acepciones que reflejan distintos grados del fenómeno, que van desde un racismo "débil", limitado a convicciones culturales que asumen diferencias actitudinales o de capacidad entre las distintas "razas" humanas, pasando por un racismo "institucionalizado", donde el Estado adopta medidas de protección exclusivas para sus ciudadanos, discriminando a los no ciudadanos, para finalmente llegar a un racismo "fuerte", que

Liberándose progresivamente de los enfoques pseudocientíficos basados en la diversidad genética entre las "razas"[266], el racismo contemporáneo o "neorracismo" se basa en teorías de diferenciación cultural[267]. De esta manera, la tendencia a excluir al "diferente" se basa en la presunta "barbarie" de grupos vistos como culturalmente inferiores y, por tanto, socialmente peligrosos e indignos de integración en la sociedad estatal[268]. Aunque las discriminaciones históricas más evidentes e institucionalizadas se han dirigido hacia personas y grupos identificados por su etnia, nacionalidad o religión[269], la realidad contemporánea revela múltiples formas de intolerancia relacionadas con el género, orientación sexual, edad, condición física o mental, orientación política,

---

busca una protección extrema de la "raza" considerada superior, inspirando movimientos masivos que promueven políticas y legislaciones racistas.

266 Aún y cuando el término "raza" sea usado todavía en el lenguaje popular o coloquial, en el siglo XIX se difundió su uso como categoría taxonómica equivalente a "subespecie humana". En el presente trabajo, se prefiere usar las palabras "etnia" o "población" (aunque puedan tener un significado semántico no totalmente coincidente y en los casos en que aparezca la palabra "raza" será una cita textual o entre comillas.

267 En este sentido, véase Balibar 1991. Para explorar las diversas facetas del racismo, consulte Rivera 2009. El principio de diferenciación, surgido al final de la Segunda Guerra Mundial, constituye el núcleo de estas teorías. Se ha subrayado como, mientras el racismo biológico buscaba "someter", el racismo cultural apunta a "separar y alejar": véase Aime 2016, en especial la página 61. Consulte también Wieviorka 1998.

268 Véase Boyle 2001, 490, que indica como la referencia actual al concepto de "raza" omite la clasificación biológica de los seres humanos, predominante en el siglo XIX pero ya refutada por investigaciones científicas y el mapeo del genoma humano a través del análisis de material genético de diversos grupos étnicos, lo cual demostró la existencia de una única "raza": la humana. En cambio, el nuevo lenguaje utilizado por los "negacionistas" prescinde de cualquier referencia a elementos biológicos, enfocándose en las diferencias culturales como justificación de sus posiciones extremas.

269 Seguramente, una de las formas más arraigadas de intolerancia es el antisemitismo, como se detalla en Geiss 1991.

situación económica, entre otros. Asimismo, los actos de terrorismo internacional han dado lugar a nuevas manifestaciones de xenofobia, como la "islamofobia", caracterizada por la propagación de actitudes hostiles e intolerantes hacia individuos y grupos identificados como "musulmanes", quienes enfrentan crecientemente discriminaciones, abusos, molestias, amenazas y violencias, tanto verbales como físicas, además de ataques a sus lugares y símbolos religiosos (Nussbaum 2012). La xenofobia también se ha visto influenciada por los significativos cambios en las formas de comunicación. El odio ha invadido las plataformas comunicativas y, actualmente, internet y las redes sociales se han convertido en los principales medios para la difusión de discursos racistas y odiosos, originando un fenómeno en ciertos aspectos novedoso y, sobre todo, difícil de controlar: el ciberodio[270].

A pesar de las dificultades definitorias y conceptuales, resulta evidente que los discursos de odio cuestionan todos los valores sobre los que se ha construido el Estado de democracia pluralista: tolerancia, pluralismo, participación y derechos fundamentales. Esto crea tensión en la sociedad, poniendo en riesgo tanto la convivencia pacífica entre diferentes grupos sociales como la armonía del sistema constitucional. Una de las principales tensiones surge precisamente en el nivel de convivencia entre los derechos fundamentales, ya que los discursos de odio representan formas expresivas "*borderline*" que se sitúan en el umbral entre lo que un sistema constitucional puede o debe permitir y lo que, por otro lado, no puede considerarse constitucionalmente admisible. En particular, el conflicto se presenta entre dos principios fundamentales: el valor constitucional de la igualdad y dignidad humana y el de la libertad de expresión[271].

---

[270] Véanse: Rorive 2009; Castorina 2012; y Moretón Toquero 2012. Véase también Presno Linera y Teruel Lozano 2017, 187 ss.

[271] Lawrence III 1990 aborda la contraposición entre el principio de igualdad y la libertad de expresión, una idea que no cuenta con un consenso universal; Glasser 1996 propone que estos valores pueden conciliarse sin necesidad de sacrificar uno por el otro.

Cada ordenamiento constitucional, como sistema de valores autónomo, orgánico y completo, posee los instrumentos adecuados para decidir, según su cultura jurídico-constitucional, los valores que prefiere priorizar. Al mismo tiempo, cada sistema determina, dentro de su respectivo marco teórico y jurídico de la libertad de expresión, sus propios límites de tolerancia para, así, establecer si la regulación contra el discurso de odio constituye una medida constitucionalmente apropiada o un exceso inaceptable.

3.3. CUANDO LAS PALABRAS TRANSMITEN ODIO. RACISMO Y NEGACIONISMO

La interpretación prevalente de la libertad de expresión durante los siglos XVIII y XIX, especialmente en relación con el análisis de la I Enmienda de la Constitución de los Estados Unidos de América, la consideraba un derecho natural esencial para la gobernanza de la *res publica*. Las únicas limitaciones aceptadas eran aquellas derivadas de los derechos de otros ciudadanos. Este enfoque "tradicionalista" se abandonó progresivamente, siendo reemplazado por una perspectiva dominante que ve las restricciones a la libertad de expresión no como un conflicto entre derechos equivalentes, sino como un contraste entre el derecho individual a la libertad de expresión, por un lado, y los intereses de relevancia social, incluyendo la dignidad y la igualdad, por el otro (Heyman 2008, 37).

El abandono del enfoque liberal clásico en la protección de los derechos ha ido de la mano con la expansión del control judicial sobre la legislación. La introducción del control de legitimidad, que se dio junto con la consolidación de la Constitución como norma suprema, jerárquicamente superior a la legislación ordinaria, marcó el fin de la supremacía parlamentaria. De hecho, en lo que respecta a la protección de derechos y libertades, los jueces constitucionales han desempeñado un rol fundamental al interpretar las disposiciones de los catálogos de derechos, implementar las garantías establecidas y otorgarles un mayor dinamismo[272].

Europa ha visto la creación de un complejo sistema jurídico, articulado en la actividad del Consejo de Europa y el Tribunal Europeo de Derechos Humanos, así como en la Unión Europea y la jurisprudencia del Tribunal de Justicia[273]. Las peculiaridades del sistema jurídico europeo han contribuido significativamente al desarrollo de la jurisprudencia sobre derechos y libertades fundamentales[274], al fomento de principios generalmente uniformes y compartidos, y al diálogo entre las distintas jurisdicciones nacionales[275].

---

272 La relevancia de estos cambios en la interpretación de la libertad de expresión es manifiesta al considerar el profundo impacto que tuvo la revisión judicial de la legislación en Alemania. Basándose en la detallada regulación de la libertad de expresión presente en el artículo 5 de la Ley Fundamental alemana, el *Bundeverfassungericht* ha desarrollado un sistema significativo de protección de esta libertad, logrando un equilibrio delicado entre la misma —a la cual, no obstante, otorga un rol preponderante dentro del orden constitucional— y otros valores constitucionales, como la dignidad humana. Para más información, véase Errera 2005, 27.

273 Sobre el sistema europeo de protección multinivel de los derechos, especialmente en cuanto a la relación entre el Tribunal de Justicia de la Unión Europea y el Tribunal Europeo de Derechos Humanos, véanse Demuro 2009 y O'Meara 2011.

274 En particular, como se explorará más adelante, la jurisprudencia del Tribunal de Estrasburgo sobre la interpretación del Convenio Europeo, que como "instrumento vivo" debe ser interpretado de acuerdo con la evolución jurídica general, especialmente la constitucional, ha tenido una fuerte influencia en la jurisprudencia nacional. Esto ha dado lugar a una forma de diálogo, facilitado también por el hecho de que el Tribunal EDH es un observador atento de la evolución de la legislación y la jurisprudencia de los Estados miembros del Consejo de Europa.

275 De hecho, se ha destacado la existencia de una sólida relación basada en el diálogo entre los tribunales nacionales y el Tribunal de Estrasburgo, y entre este y el Tribunal de Justicia de la UE, resaltando el uso del método comparativo en su jurisprudencia. Véanse Guild y Lesieur 1998 y Rosas 2007.

Incluso dentro de la Unión Europea, donde el enfoque original estaba limitado a las relaciones económicas entre los Estados miembros, el Tribunal de Justicia se ha convertido en uno de los principales interlocutores en el diálogo con los tribunales nacionales. Esto se debe especialmente al procedimiento de la cuestión prejudicial, previsto en el artículo 234 del Tratado CE. Este diálogo ha sido productivo, a pesar de las dificultades surgidas del hecho de que hasta el 1 de diciembre de 2009 —fecha en que entró en vigor el Tratado de Lisboa, junto con la Carta de los Derechos Fundamentales de la Unión Europea—, el sistema comunitario carecía de un catálogo explícito de derechos fundamentales[276], una laguna que también ha sido compensada por la actividad jurisprudencial del Tribunal de Justicia[277].

Después de la Segunda Guerra Mundial, Europa y toda la comunidad internacional tuvieron que enfrentar la destrucción y las

276 En realidad, el Tratado de la Unión Europea (TUE), incluso antes de la reforma con el Tratado de Lisboa, contenía ya referencias explícitas a la protección de derechos. Así lo establecía el artículo 6 del TUE, que afirmaba: «1. La Unión se basa en los principios de libertad, democracia, respeto de los derechos humanos y de las libertades fundamentales, y el Estado de derecho, principios comunes a los Estados miembros. 2. La Unión respetará los derechos fundamentales, tal y como se garantizan en el Convenio Europeo para la Protección de los Derechos Humanos y de las Libertades Fundamentales firmado en Roma el 4 de noviembre de 1950, y tal y como resultan de las tradiciones constitucionales comunes a los Estados miembros como principios generales del Derecho comunitario. 3. La Unión respetará la identidad nacional de sus Estados miembros. 4. La Unión se dotará de los medios necesarios para alcanzar sus objetivos y para llevar a cabo sus políticas». Además, el artículo 288 del Tratado CE (actualmente artículo 340 del Tratado de Funcionamiento de la Unión Europea), aunque en un contexto más contractual, hacía eco de los principios generales comunes de los Estados miembros.

277 En particular, el *Bundeverfassungericht*, en una sentencia de 1987 (BVerfG [2001] 54 *Neue Juristische Wochenschrift*, 1267) afirmó que el Tribunal de Justicia de la Unión Europea es un juez legítimo (*Gesettzlicher Richter*), de cuya competencia nadie puede ser privado, según se desprende del artículo 101, apartado 1 de la Ley Fundamental alemana.

responsabilidades derivadas del totalitarismo y el Holocausto[278]. El objetivo era establecer una nueva moral universal basada en los principios de libertad, igualdad y paz. El medio para lograrlo era la consagración global de derechos fundamentales compartidos universalmente, cuya limitación —como en el caso de la libertad de expresión— ya no se justificaba en la soberanía estatal, sino en la necesidad de garantizar la supervivencia de la humanidad[279].

En particular, la bandera del principio de igualdad, enarbolada triunfalmente por los vencedores en el campo de batalla del cual había que reconstruir Europa —y no solo Europa—, representó el punto de partida para el desarrollo de una serie de prohibiciones cuya *ratio* se encuentra en la lucha a la discriminación. A esta consideración se suma la preocupación por la creciente y continua difusión de la violencia de origen racista y el temor a la repetición de tragedias de las que el siglo XX fue testigo principal (aunque no el único). Estas fueron las principales motivaciones que llevaron a los legisladores nacionales a adoptar una serie de medidas que, si bien limitan ciertas libertades, especialmente la libertad de expresión, tienen el objetivo de abordar los peligros y consecuencias de aquellas formas comunicativas basadas en el odio, los prejuicios y la discriminación[280].

---

278 De hecho, se establece una distinción entre el optimismo liberal estadounidense y el pesimismo expresado en la "paradoja de la tolerancia". Para profundizar en este aspecto, véase Di Giovine 1988, 67.

279 Como ejemplo, es importante destacar que la Constitución italiana incluye diversas cláusulas que aseguran las condiciones para una democracia pluralista, mediante disposiciones que protegen la seguridad de los ciudadanos o la sensibilidad colectiva. De igual manera, el texto constitucional italiano muestra apertura a establecer límites relacionados con el orden público, emergidos tras la Segunda Guerra Mundial y considerados esenciales para la supervivencia de la humanidad: *ex plurimis,* véase Golia 2020.

280 Para una visión general, véase Scaffardi 2009. En referencia a la doctrina estadounidense, pueden consultarse los trabajos de: Corlett y Francescotti 2002-2003, 1071; Bakircioglu 2008, 1; Mahoney 1996; y Berrigan 2002.

Como se analizará más adelante en detalle, se trata principalmente de normativas antidiscriminatorias que forman parte de esa oleada de disposiciones que implementan diversos instrumentos internacionales. Estas han servido como vehículo para la difusión de un modelo compartido de represión del fenómeno racista y de aquellas conductas catalogadas como "de odio", y que representan un legado de la violencia de la Segunda Guerra Mundial[281].

Una tendencia ya más consistente a regular mediante instrumentos legislativos los discursos de odio data de la segunda mitad del siglo XX y se ha manifestado en la adopción de medidas que castigan la difusión de ciertas formas de pensamiento caracterizadas por un fuerte componente de odio y discriminación. Específicamente, el odio es un elemento constitutivo y principal impulsor de la discriminación y los prejuicios, y encuentra su (no)justificación en factores como la etnia, la nacionalidad o clase social, el sexo, el género, la orientación o preferencia sexual, la identidad de género, la profesión, la religión o la ideología. Este puede manifestarse principalmente de dos maneras: una de carácter físico, es decir en actos de violencia física que perjudican al sujeto afectado, quien por tanto puede sufrir daños en su cuerpo de diversa gravedad, que en casos extremos pueden incluso provocar la muerte. Pero el odio también puede difundirse de maneras más sutiles, utilizando el lenguaje como vehículo. La expresión verbal, de hecho, puede ser incluso más peligrosa que la física, ya que constituye una violencia psicológica que afecta la personalidad del individuo, dañándola, incluso de manera muy grave[282].

---

281 Para una *overview* de la historia de los discursos de odio, véase Tsesis 2009, 503 y ss. Es importante destacar que, después de la Segunda Guerra Mundial, se adoptaron numerosas normativas para enfrentar los discursos racistas. Para un análisis detallado de este tema, véase Coliver 1992, 75-295.

282 Para profundizar en el tema, véase Matsuda, Lawrence III, Delgado y Crenshaw 1993.

La doctrina estadounidense utiliza la expresión "crímenes de odio"[283], para referirse a diversos tipos de delitos que, aunque heterogéneos, comparten una "matriz común de odio". Existe un consenso casi total en calificar como delitos aquellos actos que resultan en violencia física, recurriendo a figuras penales específicas como las lesiones y, en caso de consecuencias fatales, el asesinato. Además, algunos sistemas jurídicos establecen circunstancias agravantes para ciertos delitos cometidos con fines discriminatorios[284].

Por el contrario, no existe un consenso unánime sobre la legitimidad de criminalizar aquellas formas de expresión de odio que no

---

283 Los delitos de odio se definen como aquellos actos que la ley tipifica como delitos, motivados por sentimientos de odio hacia características distintivas de la vida como la "raza", el sexo, la orientación religiosa y sexual, la edad, y la pertenencia étnica, entre otros. Para una revisión de la doctrina predominantemente estadounidense que ha tratado el tema, véanse: Jacobs y Potter 1998; Wang 1997-1998; Hare 1997, 415; Rabrenovic 2007, 349; Levin y Amster 2007; Koenig y Rustad 2007, 302; Lee, Vue, Seklecki y Ma 2007; Blee 2007; Levin, Rabrenovic, Ferraro, Doran y Methe 2007, 246; y Borgeson y Valeri 2007. Con respecto a la política inglesa y la de otros países europeos, se pueden consultar las obras de Iganski 2007; Kielinger y Paterson 2007, 196; Bunar 2007; y Bleich 2007.

284 El legislador italiano ha establecido disposiciones específicas contra la discriminación racial, que se traducen en circunstancias agravantes en el caso de que se cometan delitos punibles con una pena diferente a la cadena perpetua, con fines de discriminación o de odio étnico, nacional, racial o religioso (Ley núm. 205, de 25 de junio de 1993, conversión en ley, con modificaciones, del Decreto-Ley núm. 122, de 26 de abril de 1993, conocida como "Ley Mancino" (véanse Picotti 2006, 119 y Scaffardi 2009). De hecho, parece más adecuado considerar que estas normas antidiscriminatorias forman parte de una serie de disposiciones que, en aplicación de numerosos instrumentos internacionales, incluyendo, por ejemplo, la Convención para la prevención y la represión del delito de genocidio de 1948, tienen como objetivo la represión de conductas clasificadas como "de odio", legado de la violencia de la Segunda Guerra Mundial. Sobre el caso italiano véase Tanzarella 2020.

se manifiestan en actos físicos violentos. Las manifestaciones de pensamiento que se clasifican como *hate speech*[285] incluyen las expresiones[286] «*abusive, insulting, intimidating, harassing and/or which incites to*

---

285 Los términos "*hate speech*" y "*hate expression*" pueden usarse indistintamente, dado que "expresión" se emplea principalmente en la terminología internacional, mientras que "discurso" refleja más bien la elección de la jurisprudencia nacional. Por ello, las expresiones "*hate speech laws*" y "*anti hate speech laws*" se utilizan para referirse a regulaciones que prohíben una o todas las tres categorías en las que la jurisprudencia estadounidense generalmente clasifica e identifica el discurso de odio: difamación colectiva (*group libel*), acoso verbal/hostigamiento (*harassment*) e incitación (*incitement*). Para un análisis más detallado de los "actos verbales", véase Haiman 1993.

286 En realidad, aunque el término "discurso" sugiere literalmente un discurso verbal, la interpretación que tanto la Corte Suprema de Estados Unidos como otros tribunales le dan abarca un concepto que incluye también formas de expresión no verbal. Como se ha mencionado antes, las expresiones anglófonas ampliamente utilizadas "*freedom of speech*" y "*hate speech*" subrayan la intención de no limitarse a las expresiones verbales, sino de referirse también a la comunicación de ideas, opiniones y pensamientos mediante otras formas expresivas, incluidas las artísticas, tales como el lenguaje escrito, la pintura, la fotografía, etc. Este matiz léxical explica por qué, en países como Estados Unidos, la protección garantizada a la expresión se extiende también a formas de comunicación diversas. Se acostumbra diferenciar entre "*speech*" entendido estrictamente y "*symbolic speech*", aunque esta distinción resulta ilusoria ya que toda expresión, incluso la verbal, emplea símbolos, sonidos, gestos, formas, figuras, entre otros. No existen formas de expresión que no utilicen símbolos de alguna manera; a lo sumo, se puede discutir que hay formas que utilizan símbolos más o menos convencionales: véase Alexander 2003. Las disposiciones constitucionales se caracterizan a menudo por su generalidad, lo que implica que todo lo que no se menciona explícitamente en el texto constitucional debe ser interpretado por los jueces, quienes deben decidir en primera instancia qué se entiende por expresión. La resolución de dudas interpretativas relacionadas con las disposiciones constitucionales depende inevitablemente del uso de argumentos culturales, pero también políticos y filosóficos, argumentos que deberían influir también en el legislador durante el debate parlamentario.

violence, hatred or discrimination»[287], dirigidas a ofender a un individuo por su pertenencia a un grupo específico, o al grupo mismo, entre las que también se encuentran epítetos sexuales y racistas[288].

En realidad, todas aquellas expresiones que se encuadran dentro del concepto de discurso de odio forman parte de la categoría más amplia de "violencia racista", entendida como el conjunto de actos de violencia o abuso motivados, al menos parcialmente, por el racismo y el odio hacia determinadas personas y sus pertenencias, por motivos relacionados con el color de la piel, origen étnico, nacionalidad, religión, género, orientación sexual, entre otros[289].

Una forma particular de violencia racista consiste en la incitación al odio, socialmente condenable no tanto cuando surge de motivos de hostilidad entre individuos por enfrentamientos ocasionales y personales, sino más bien cuando se trata de conflictos

---

287 Aunque no hay una definición precisa de discurso de odio, la doctrina comparada concuerda en que las características previamente señaladas constituyen los elementos fundamentales y necesarios para identificar los discursos que se ajustan a esa categoría. Para ejemplos de esta perspectiva, véase, entre otros, Coliver 1992, 363, y para una definición de discurso de odio, Rosenfeld 2003, 1523.

288 A este propósito, véanse las obras de Lawrence III 1990, y en especial las páginas 438-449, según el cual la decisión de la Corte Suprema en el caso *Brown v. Board of Education of Topeka*, cit., al hacer un *overruling* del principio "*separate but equal*" establecido con la sentencia *Plessy v. Ferguson* [163 U.S. 537 (1896)] justificaría la regulación del discurso de odio, y Matsuda 1989, 2320 y 2377, quien argumenta que el núcleo central del *Bill of Rights* es que todos los derechos reconocidos allí implican: «*entitled to basic dignity, to nondiscrimination and to the freedom to participate fully in society*». MacKinnon (1985) describe la pornografía como una violación de un derecho civil y Sunstein (1992) apoya la idea de que el gobierno diversifique el contenido del discurso y sostiene que la protección constitucional debería centrarse exclusivamente en el discurso político.

289 La propagación de la violencia racista es un fenómeno difícil de controlar, en parte porque frecuentemente las víctimas de esta violencia no denuncian los hechos. Para obtener una visión general de la violencia contra ciertas categorías y una indicación de las personas y grupos más afectados, se pueden consultar las obras de Gordon 1992 y Vanacker 2009.

de carácter colectivo cuya motivación reside en características que tienden a ser permanentes, como la pertenencia de la persona a la que se dirige la incitación a un grupo social, lingüístico, religioso diferente o a su origen nacional o étnico (Pizzorusso 2003, 667 y ss.). En estos casos, la incitación al odio constituye una forma adicional de discriminación o, en cualquier caso, una herramienta que puede usarse para promover y difundir tal discriminación. La víctima de la discriminación se identifica, por tanto, por ser parte de un cierto grupo, que generalmente constituye una "minoría", entendida tanto como un grupo étnico-racial[290], cultural o religioso numéricamente inferior al mayoritario, como un grupo históricamente discriminado o políticamente débil[291].

La nocividad del discurso de odio es evidente en muchos aspectos, ya que representa una manifestación de orientaciones discri-

---

290 La posibilidad de clasificar los grupos raciales de forma jerárquica, basada en la supuesta superioridad de unas "razas" sobre otras, ha sido ampliamente cuestionada. No obstante, esta idea fue respaldada durante mucho tiempo por obras como *Der Rassenkampf/El conflicto entre razas* (1883) de Ludwig Gumplowicz, quien, siendo judío, creía firmemente que la lucha racial (*Rassenkampf*) era uno de los factores constantes e insuperables en la historia de la humanidad. Aun así, Gumplowicz reconoció que los descubrimientos geográficos y la mayor facilidad de contacto entre las "razas" habían borrado casi por completo las "razas puras", atenuando sus conflictos hasta el punto de sugerir la sustitución del término "raza" por "grupo". Otras obras de carácter racista incluyen el *Essai sur l'inégalité des races humaines/Ensayo sobre la desigualdad de las razas humanas* (1855) de Arthur de Gobineau, que defendía la superioridad de la "raza" aria, y *Die Grundlagen des neunzehnten Jahrhunderts/ Los fundamentos del siglo XIX*" (1899) de Houston Stewart Chamberlain, que exaltaba los elementos de la civilización europea y la "raza" germánica, la que, según el autor, salvó a Europa al caer el Imperio Romano. Estas obras probablemente también inspiraron a Adolf Hitler y Alfred Rosenberg en sus respectivos trabajos, *Mein Kampf/ Mi lucha* (1925) y *Der Mythus des 20. Jahrhunderts/El mito del siglo XX* (1930). Para más información, véase Morra 1993.

291 Se hace referencia, en particular, al género, la orientación sexual o la presencia de determinadas discapacidades físicas.

minatorias sin justificación alguna, capaces de desencadenar reacciones y situaciones de grave conflicto. Las normativas destinadas a combatir estos fenómenos, presentes también en documentos internacionales, son expresión de la aplicación del principio de igualdad de todas las personas a situaciones específicas y tangibles. Este principio ha sido, desde hace al menos dos siglos, el fundamento de toda declaración de derechos, erigiéndose como una integración necesaria de la noción de libertad (Pizzorusso 2003, 659).

Cuando el legislador evalúa la necesidad de adoptar normas que restrinjan la libertad de expresión para regular el fenómeno del "discurso de odio", es fundamental establecer una clara distinción entre aquellas expresiones que constituyen discurso de odio —y que, como tales, deben ser sancionadas— y aquellas que no caen dentro de esta categoría y, por lo tanto, no justifican una restricción de la libertad de expresión. La definición de discurso de odio ha experimentado significativos cambios a lo largo del tiempo, en un esfuerzo por adaptarse a las necesidades emergentes en la sociedad (Walker 1994).

En particular, en el contexto estadounidense, esta expresión se utilizó como un término genérico que, entre finales de los años Veinte y principios de los años Treinta, fue sinónimo de odio racial. Desde los años Cuarenta, este concepto se ha asociado predominantemente con la difamación de grupo, surgiendo así la cuestión jurídica de si la legislación sobre injurias y difamación debería extenderse también a la protección del honor de los grupos[292]. Realizar esta actividad de delimitación entre lo lícito y lo ilícito presupone responder a preguntas tales como: ¿qué es el odio? ¿Es la expresión discutida adecuada para provocar odio hacia terceros? Contestar a estas preguntas no es una tarea

---

[292] Rodney Smolla define la expresión de discurso de odio como «un término genérico que ha llegado a abarcar el uso de ataques de discurso basados en raza, etnia, religión y orientación o preferencia sexual» [traducción propia]: Smolla 1992, 152. Para más información, véase también Walker 1994, 8.

fácil para el jurista, que requiere del apoyo de otras disciplinas para determinar este concepto[293].

La respuesta a estas interrogantes está intrínsecamente relacionada con la función principal del derecho: debido a que el odio es un sentimiento humano del que es imposible despojarse completamente, se presenta la complejidad de elaborar un instrumento jurídico adecuado para combatir las formas en que se manifiesta el pensamiento impulsado por dicho sentimiento. El objetivo del derecho consiste en prohibir la comunicación y difusión de aquellos mensajes de odio que, dependiendo de como se expresen, pueden ampliar el ámbito del conflicto, involucrando incluso a aquellos que inicialmente no experimentaban tales sentimientos negativos[294].

La propaganda de odio no se limita a generar un conflicto emocional: su esencia más profunda, de hecho, no reside solo en la confrontación entre el sentimiento de odio del emisor y las emociones heridas de los miembros del grupo afectado. El odio se manifiesta a través de la "insensibilidad e intolerancia" y su

293 Para un enfoque psicológico sobre el tema, véase Sternberg 2005.

294 En relación con el requisito de que una expresión sea capaz de generar odio, elemento central para el desarrollo de una definición precisa del discurso de odio, es importante recordar que el Tribunal de Apelaciones de Alberta, en referencia al caso *Keegstra*, había declarado la inconstitucionalidad de la legislación contra la propaganda de odio y, en particular, del artículo 319, apartado 2, del Código Penal, precisamente porque esta disposición no exigía demostrar que la expresión fuese capaz de generar odio. Sin embargo, la Corte Suprema, revocando la decisión del Tribunal de Apelaciones, sostuvo que el legislador puede emplear el instrumento penal para prevenir daños graves. La Corte, aludiendo a estudios realizados sobre el tema que indican que el riesgo de daño derivado de la propaganda de odio es real, enfatizó que para prevenir mayores perjuicios no es necesario que la ley exija también pruebas de que esa expresión haya efectivamente generado odio. Una de las particularidades de estas expresiones, como se ha destacado en investigaciones meticulosas, es su capacidad de impactar tanto a quienes van dirigidas como a otros que las escuchan: véase *R v. Keegstra*, cit.

objetivo es perjudicar o hasta destruir al grupo: es una emoción extrema, completamente irracional. El efecto que provocan tales expresiones es que aquellos a quienes se dirigen se sienten despreciados, denigrados y faltados al respeto[295].

La jurisprudencia comparada ha intentado precisar el vago concepto de discurso de odio en un significativo número de casos judiciales sobre la constitucionalidad de las leyes "anti-odio". En estas decisiones, los jueces han buscado aproximarse al concepto de propaganda de odio. En el *leading case* decidido por la Corte Suprema de Canadá, *Regina v. Keegstra*[296], el presidente de la Corte Suprema, Brian Dickinson, quien redactó la decisión de la mayoría, sostuvo que una definición de diccionario no sería de mucha ayuda. Según su criterio, el odio, tal como lo entiende también el legislador canadiense, se refiere a un sentimiento de carácter intenso y extremo, asociado a la difamación y al desprecio. Asimismo, el juez Peter Cory, en la decisión emitida por el Tribunal de Apelaciones de Ontario en *Regina v. Andrews*[297], afirmó que la incitación al odio es «*to instil detestation, enmity, ill will, and malevolence in another*» (inculcar odio, enemistad, mala voluntad y malevolencia en otra persona)[298].

Según la Corte de Casación italiana, el odio debe interpretarse como ese "sentimiento extremo de aversión", distinto de una "antipatía, intolerancia o rechazo genéricos", que también puede estar motivado por cuestiones relacionadas con la "raza" o la religión[299].

---

295 Además, los redactores de las cartas internacionales, así como los de las declaraciones de derechos de las constituciones nacionales, estaban convencidos de la existencia de una estrecha relación causal entre el discurso de odio y el Holocausto. Por esta razón, las normas que sancionan la propaganda de odio buscan prevenir la discriminación, la hostilidad y la violencia, comportamientos que constituyen una violación flagrante de los derechos humanos de toda persona.

296 *R. v. Keegstra,* cit.

297 *R. v. Andrews et al.* [65 O.R. (2d)161 (C. A.) (1988)].

298 *Ivi,* 179.

299 En este sentido, véase la sentencia de la Corte de Casación Penal italiana, n. 44295, de 5 de diciembre de 2005, según la que «A los efectos

Para determinar qué formas de expresión constituyen propaganda de odio, es crucial considerar el contexto en el que se producen, y que suele estar marcado por, entre otras carácteristicas, profundas condiciones de desigualdad. De hecho, el mismo acto puede representar discriminación si su objetivo es atacar a un miembro de una minoría históricamente discriminada en la sociedad; la percepción de su carácter ofensivo podría diferir si la persona a quien se dirige el acto no pertenece a una minoría. Esta última puede percibir la ofensa de manera distinta o incluso no considerarla como tal.

Un elemento común en estas definiciones es la capacidad del odio de provocar discriminación y prejuicio[300], especialmente hacia aquellos que pertenecen a un grupo minoritario o en situación de

---

de la configurabilidad de la agravante de la "finalidad discriminatoria o de odio étnico, nacional, racial o religioso", según lo dispuesto en el artículo 3 primer párrafo del Decreto Ley 26 de abril de 1993 núm. 122, conv. con modificación en Ley 25 de junio de 1993 núm. 205, una simple motivación interna de la acción no puede considerarse suficiente, pero es necesario que ésta, por sus características intrínsecas y por el contexto en el que se sitúa, se presente como intencionalmente dirigida y al menos potencialmente adecuada para hacerla perceptible al exterior y suscitar en otros el sentimiento de odio antes mencionado o, en cualquier caso, dar lugar, en el futuro o inmediatamente, al peligro concreto de un comportamiento discriminatorio, *también debe excluirse que todos y cada uno de los sentimientos o manifestaciones de antipatía genérica puedan automáticamente remitirse a los conceptos de "odio", intolerancia o rechazo, incluso si son atribuibles a razones de raza, nacionalidad, etnia o religión, y tener que considerar también la "discriminación"*» [traducción propia y cursiva agregada].

300 Una definición negativa del discurso de odio, que se centra en afirmar lo que no debe considerarse como tal, implica que, aunque puedan ser desagradables, las expresiones que denotan "desprecio, burla, menosprecio" no necesariamente caen dentro de esta categoría. De igual manera, la propaganda de odio se distingue de la "blasfemia, los comentarios ofensivos y los insultos raciales". Para más detalles sobre esta perspectiva, véase Matas 2000, 52 y ss.

vulnerabilidad[301]. El sufrimiento psicológico causado, por ejemplo, por los insultos racistas puede ser mucho más grave que el provocado por otros tipos de actos discriminatorios[302], ya que la "víctima" es consciente de que nunca podrá eliminar los motivos de discriminación en su contra. La estigmatización racial, por lo tanto, niega a las minorías afectadas la posibilidad de mantener una postura neutral en sus relaciones sociales y culturales[303].

Parte de la doctrina estadounidense, respaldada también por la jurisprudencia de la Corte Suprema, ha incluido el discurso de odio dentro del ámbito de las expresiones que pueden considerarse un elemento del debate público. Esto toma en cuenta, por ejemplo, el lugar donde se pronuncia el discurso y la manera en que se realiza[304]. De este modo, las expresiones cuyo contenido sea una forma de incitación al odio están protegidas por las garantías previstas para los discursos políticos[305].

---

301 Históricamente, las formas más antiguas de discriminación se han dirigido contra las minorías raciales.

302 La estigmatización basada en la"raza" es, por tanto, «una de las causas más fructíferas de la miseria humana; la pobreza se puede eliminar, pero el color de la piel no» [traducción propia]: véase Mason 1970, 2.

303 Para un análisis a detalle del daño que sufren los individuos pertenecientes a una minoría racial que son víctimas de insultos racistas, véase Delgado y Stefancic 1997, 3 y ss. Ellos sostienen que el racismo no produce efectos nocivos solo hacia la víctima directa de los insultos, sino también a toda la sociedad, ya que representa la ruptura de la idea igualitaria que era la base del "contrato social".

304 En sociedades profundamente homogéneas y culturalmente cerradas, existen principios morales que adquieren un valor casi absoluto, como es el caso de la libertad de expresión en la sociedad norteamericana. Aristóteles y Platón también sostenían que todas las sociedades poseen principios fundamentales que no deberían ser objeto de discusión pública, excepto con gran precaución. Al respecto, Pangle (1993, 210) destaca que «vivimos en una sociedad en la que cada hombre piensa lo que quiere y dice lo que piensa» [traducción propia].

305 La primera manifestación de tales afirmaciones data de finales del siglo XIX y se consolidaron con fuerza a lo largo del siglo siguiente. Para más información, véase Post (1995 y 1997, 473). En cuanto a la jurisprudencia

De hecho, se trata de expresiones de antisemitismo de carácter político, que adoptan la forma de propaganda contra los extranjeros, opiniones xenófobas, manifestaciones y escritos dirigidos a grupos étnicos específicos, y minorías religiosas o nacionales. La expresión de ideas racistas, incluso cuando se pretende que forme parte de un discurso público, sigue siendo capaz de provocar daños directos e indirectos. En particular, en el caso de las formas indirectas de discriminación, que son las más insidiosas, el discurso de odio puede influir en la percepción que otros tienen de los grupos minoritarios, aumentando la probabilidad de que aquellos expuestos a la propaganda racista e influenciados por ella participen en actos de discriminación y violencia[306].

Es innegable que incluso quienes se ven afectados de manera indirecta por tales expresiones, por ejemplo dentro del contexto de un discurso público, pueden sentirse profundamente ofendi-

---

de la Corte Suprema de Estados Unidos, es relevante la opinión disidente del juez Holmes en *Abrams v. United States* [250 U.S. 616 (1919), 63], quien sostuvo que «la mejor prueba de la verdad es el poder del pensamiento para hacerse aceptar en la competencia del mercado» [traducción propia]. Para un enfoque crítico, véase Heyman 2008, 173 y ss.

306 El daño más grave que se puede infligir al sujeto afectado es ser profundamente ofendido e insultado. Dado que las doctrinas contemporáneas sobre la libertad de expresión rechazan el argumento basado en el sentimiento herido (*hurt feelings*) como fundamento constitucionalmente legítimo para la represión del discurso público, este razonamiento raramente es utilizado por quienes apoyan el castigo del discurso de odio. En realidad, estos autores argumentan que se trata de expresiones que no solo ofenden la sensibilidad del individuo, sino que causan un verdadero daño psicológico. Por ejemplo, Mari Matsuda señala que las víctimas de la propaganda de odio experimentan síntomas psicológicos y estrés emocional derivados del miedo, manifestándose en aumento del ritmo cardíaco, dificultad para respirar, pesadillas recurrentes, trastornos de estrés postraumático, hipertensión, psicosis y, en los casos más extremos, puede incluso conducir al suicidio (véase Matsuda 1989). Pero quizás el efecto más dañino del discurso de odio es que los miembros del grupo afectado internalicen el mensaje y comiencen a convencerse de su propia inferioridad.

dos o, en cualquier caso, sufrir un "daño emocional". Por lo tanto, no se puede afirmar que su gravedad sea menor que el trauma emocional causado por un insulto directo dirigido a un individuo específico. La dificultad para establecer límites precisos al concepto de discurso de odio e incitación al odio racial es fundamental también en el debate sobre si el negacionismo debe incluirse en esta categoría.

El término "negacionismo" hace referencia al enfoque teórico que, fundamentado en argumentos culturales, históricos, científicos y políticos, no solo se propone revisar el juicio histórico sobre el Holocausto y cuestionar su singularidad, sino que niega por completo su existencia[307].

Posteriormente, el término se amplió para incluir aquellas formas de expresión en las que no solo se niega el genocidio realizado durante la Segunda Guerra Mundial (que sigue siendo el caso

---

307 Es necesario distinguir el negacionismo del "revisionismo histórico": este último se refiere a la actividad de reconstruir ciertos hechos históricos en función de la evolución de los resultados de investigaciones y estudios en un área específica, con el objetivo de cuestionar los hallazgos de la historiografía oficial. La mayoría de las tesis revisionistas se han centrado en el Holocausto. Para la distinción entre negacionismo y revisionismo histórico, se recomienda consultar a los autores mencionados anteriormente (Vidal Naquet 1981; Poggio 1997; Burgio 1998; y Losurdo 1996). Además, Fronza (1999) destaca como el negacionismo constituye en realidad un problema ajeno a la investigación histórica, ya que se impone a nivel de opinión pública. También se ha señalado que los términos negacionismo y revisionismo son bastante recurrentes, siendo este último «la tendencia historiográfica a revisar opiniones históricas consolidadas a la luz de nuevos datos y conocimientos adquiridos durante la investigación, con el resultado de operar una reinterpretación y reescritura de la historia» [traducción propia], describiendo así una característica inherente a todos los historiadores. Según Fronza 2008, 30, el término "negacionismo" hace referencia a aquellas doctrinas radicales que niegan la existencia del genocidio perpetrado por la Alemania nazi contra judíos, gitanos y otras personas consideradas "infrahumanas", atribuyéndolo a mitos, mentiras y fraudes.

más conocido de negacionismo), sino también la crítica o negación total de otros genocidios o, en general, de crímenes contra la humanidad. El negacionismo ha sido señalado como una de las formas más insidiosas y peligrosas de discriminación racial, puesto que constituye un elemento destructivo del tejido social y socava los pilares fundamentales de la democracia. La preocupación por el aumento de incidentes de violencia racista y antisemita ha motivado a muchos Estados a adoptar normativas específicas que tipifican el negacionismo como un delito autónomo[308].

La tipificación del delito de negacionismo ha sido frecuentemente criticada bajo el argumento de que se estaría criminalizando una forma de expresión "inocente" e incluso la libertad de investigación histórica. Sin embargo, el negacionismo rara vez está acompañado de un interés genuino en la investigación histórica; más bien, coexiste con movimientos antisemitas y xenófobos, tanto de extrema derecha como de extrema izquierda. En mi opinión, el negacionismo debe considerarse como una forma de discurso de odio[309], especialmente en aquellos casos en que cons-

---

308 La legislación alemana sanciona como *Auschwitzlüge* la conducta de quien, de forma idónea para perturbar el orden público, apruebe, niegue o minimice públicamente o en una reunión, los crímenes cometidos durante el régimen nazi (principalmente contra la población judía, pero también contra otros grupos étnicos como los romaníes). Disposiciones similares se han adoptado en Austria, Bélgica, España, Francia, Portugal y Suiza, entre otros países. En Italia, el entonces ministro de Justicia, Clemente Mastella, presentó en 2007 un proyecto de ley que tipificaba el negacionismo como delito, pero que finalmente no fue aprobado por el Parlamento. Según la legislación vigente, la divulgación o proclamación pública de tesis negacionistas podría ser sancionada en virtud del Decreto Legislativo núm. 122, del 26 de abril de 1993, que contiene medidas urgentes en materia de discriminación racial, étnica y religiosa. Para más información sobre este tema, véase Ambrosetti 2006; Flores 2007b; Pulitanó 2007; y Tanzarella 2020. Además, sobre los aspectos penales del delito de negacionismo, véase Fronza 2008.

309 En la misma línea se encuentra Cohen-Almagor 2006, 164 ss., quien sostiene que: «La negación del Holocausto es una forma de discurso

tituye un ataque indirecto contra personas[310] o grupos, que han sido víctimas del delito que se pretende negar.

Esta postura es compartida por el Tribunal Europeo de Derechos Humanos en lo que se refiere a la negación del Holocausto[311]; sin embargo no ha procedido de la misma manera con la negación de otros genocidios de la historia como es, por ejemplo, el del pueblo armenio. En el caso *Perinçek v. Suiza*[312], el Tribunal EDH confirmó la violación del artículo 10 de la Convención Europea de Derechos Humanos[313] –que protege la libertad de expresión– por la condena impuesta al señor Perinçek, declarado culpable del delito de discriminación racial por haber afirmado que la masacre de los armenios no podía ser considerada un genocidio. Perinçek, ciudadano turco, historiador y presidente del Partido Turco de los Trabajadores (partido de extrema izquierda), durante algunas conferencias en Suiza entre mayo y septiembre de 2005, había cuestionado la calificación jurídica de genocidio de las deportaciones en masa y la masacre sufrida por los armenios por parte del

---

de odio porque promueve intencionadamente la enemistad contra un grupo identificable por razones de raza y religión. Está diseñado para minimizar y justificar el asesinato, el genocidio, la xenofobia y el mal.» [traducción propia].

310 A este propósito, véase Parekh 2006, 213 ss., según el que: «La negación del Holocausto (...) no es en sí misma un caso de discurso de odio. Aunque falsa, es una opinión como cualquier otra, y debería ser tolerada en una sociedad libre de la misma manera que toleramos a los creyentes en la brujería y en la tierra plana. Sin embargo, también podría ser una forma codificada de decir que no se puede confiar en los judíos, que recurrirán a cualquier medio para salirse con la suya, que representarán una presencia hostil, que no es posible compartir una vida con ellos, etc. Tiene entonces las tres características del discurso de odio.» [traducción propia].

311 Sobre la jurisprudencia del Tribunal EDH acerca de la negación del Holocausto véase *infra*.

312 Tribunal EDH (*Grand Chambre*), *Perinçek v. Suiza*, 15 de octubre de 2015.

313 Sobre el artículo 10 del Convenio EDH, véase más a detalle *infra* en el apartado 2 del Capítulo 4.

Imperio Otomano a partir de 1915. Según el historiador, referirse a esos eventos como un genocidio constituía un "embuste internacional", argumentando que no existió la intención de destruir al pueblo armenio, sino que respondía a exigencias de naturaleza bélica. Condenado por las autoridades suizas en aplicación del artículo 261 bis, párrafo 4 del Código Penal suizo, que sanciona a «quien, públicamente, mediante palabras, escritos, imágenes, gestos, acciones o de cualquier otro modo lesivo de la dignidad humana, desacredite o discrimine a una persona o a un grupo de personas por su "raza", etnia o religión, o, por las mismas razones, desconozca, minimice de manera irrespetuosa o busque justificar el genocidio u otros crímenes contra la humanidad», el señor Perinçek interpuso un recurso por violación, entre otros, del artículo 10 del Convenio EDH.

Según la Sección Segunda del Tribunal EDH[314], una condena por negacionismo como la impuesta por las autoridades suizas representaba una limitación injustificada de la libertad de expresión. Frente a esta decisión, el Gobierno suizo presentó un recurso ante la *Grand Chambre*, conforme a lo establecido en el artículo 43 del Convenio EDH. Según la *Grand Chambre*, Perinçek se había manifestado en su calidad de político y sus declaraciones abordaban temas de interés público; además, en las palabras y tonos empleados, no se detectaba ninguna falta de respeto ni odio hacia las víctimas[315].

Asimismo, la Corte reiteró una vez más que debe haber un trato diferenciado entre la negación "de un genocidio" y la "del genocidio" (refiriéndose en este último caso al Holocausto): además de ser cronológicamente más reciente, existe sobre el genocidio nazi una especie de "presunción jurisprudencial", fundamentada en razones contextuales e históricas, que considera su negación como una forma de incitación al odio racial. Esta presunción es

---

[314] Tribunal EDH (Segunda Sección), *Perinçek v. Suiza*, 17 de diciembre de 2013.

[315] Tribunal EDH (*Grand Chambre*), *Perinçek v. Suiza*, cit.

aún más fuerte en aquellos Estados que tuvieron un papel más relevante en dichas atrocidades (como Austria, Bélgica, Alemania y Francia), y que todavía hoy en día sienten una especial responsabilidad moral colectiva y se distancian de estos hechos mediante diversos medios, incluidas normas que sancionan varias formas de expresión, entre ellas la negación del genocidio mismo. Esta circunstancia, señala la Corte, no se daría en el caso del genocidio armenio: por un lado, Suiza no tuvo ningún papel, directo o indirecto, en este genocidio; por otro lado, el clima político en términos de convivencia con los representantes armenios no era tenso antes de las declaraciones de Perinçek, ni se tensó después como consecuencia de ellas. Su condena, por tanto, no podía justificarse haciendo referencia a la situación política en Turquía o a las obligaciones internacionales asumidas por el Gobierno suizo. Y esto es aún más cierto considerando que falta un consenso europeo sobre la adopción de normativas que sancionen la negación de ciertos eventos históricos.

3.4. DISCURSO DE ODIO POR RAZONES DE GÉNERO Y ORIENTACIÓN O PREFERENCIA SEXUAL

Como se observó en las secciones anteriores, se han logrado avances significativos en la construcción de un rechazo generalizado de los discursos de odio racistas, aunque existen algunas diferencias sobre qué discursos pueden ser incluidos en esta categoría, como es el caso, por ejemplo, del negacionismo del genocidio armenio[316]. En términos de legislación, doctrina y jurisprudencia, estos avances son especialmente notorios después del Holocausto y la Segunda Guerra Mundial. Estos esfuerzos han promovido la creación de estándares normativos y jurisprudenciales enfocados en regular el discurso de odio racista y generar un consenso global al respecto.

---

316 Véase *supra* el caso del Tribunal EDH, *Perinçek v. Suiza*, cit.

Sin embargo, todavía existen discursos de odio sobre los que no existe un consenso similar: se trata del discurso de odio sexista por razones de género[317], orientación o preferencia sexual e identidad de género, dirigido contra las mujeres y las personas integrantes de la comunidad LGBTIQ+. Algunos Estados han incluido el género o el sexo en sus leyes penales contra la incitación al odio (como Bélgica[318], Canadá[319], Francia[320], Lituania[321] y los Países Bajos[322], España[323], y esta posibilidad se ha discutido hace algunos años en Italia[324] también), algunos han incorporado estas dos categorías en sus leyes contra la discriminación (como algunos Estados australianos —Australian Capital Territory[325], New South Wales[326], Queensland[327] y Tasmania[328]— y Sudáfrica[329]), en las leyes de igualdad de género (así Lituania[330] y el Reino Unido[331]) y contra el acoso (Ir-

---

317 Sobre este tema sea permitido reenviar a Spigno 2023, donde he abordado más a detalle esta temática.

318 Véase la *Loi tendant à lutter contre le sexisme dans l'espace public et modifiant la loi du 10 mai 2007 tendant à lutter contre la discrimination entre les femmes et les hommes afin de pénaliser l'acte de discrimination*, del 22 de mayo de 2014 y el artículo 444 del Código Penal belga.

319 Véanse los artículos 318(4) (modificado en 2014) y 319 del Código Penal de Canadá.

320 Véanse los artículos 24, 32, 33 de la *Loi du 29 juillet 1881 sur la liberté de la presse*, artículo 621-1 del Código Penal francés, adicionado por la *Loi n. 2018-703 du 3 août 2018 renforçant la lutte contre les violences sexuelles et sexists.*

321 Véase el artículo 170 del Código Penal lituano.

322 Véase el artículo 137d del Código Penal de Países Bajos.

323 Véase el artículo 510 del Código Penal español.

324 Proyecto de ley núm. S-2005 (mejor conocida como proyecto de ley Zan): véase Curreri 2021.

325 *Discrimination Act* de 1991, secciones 66(1)(c) y 67(1)(d)(iii).

326 *Anti-Discrimination Act* de 1977, secciones 38R-38T.

327 *Anti-Discrimination Act* de 1991, secciones 124A(1), y 131A(1).

328 *Anti-Discrimination Act* de 1998, secciones 16(ea)-(eb).

329 *Promotion of Equality and Prevention of Unfair Discrimination Act* de 2000, secciones 1(1) y 10(1).

330 Véase el artículo 1 de la Ley sobre la Igualdad de Oportunidades para Mujeres y Hombres.

331 Véase el artículo 26 del *Equality Act* de 2010.

landa[332] y Suiza[333]), y en las leyes de libertad de prensa (Chile[334] y Francia[335]). Sin embargo, el discurso de odio sexista sigue siendo menos visible que el discurso de odio racista en cuanto a su tratamiento legal, y el escaso número de casos judiciales emitidos hasta la fecha[336] confirma esta percepción[337].

---

332 Véase la sección 23 del *Employment Equality Act* de 1998.

333 Véase el artículo 3 del *Gender Equality Act* de 1995.

334 Véase el artículo 31 del Estatuto de la Libertad de Opinión e Información y del Ejercicio del Periodismo.

335 Véase el artículo 24 de la *Loi du 29 juillet 1881 sur la liberté de la presse* (modificado por el artículo 71 (V) de la *Loi n. 2019-222 du 23 mars 2019*).

336 Diciembre de 2023.

337 La sentencia del Tribunal Regional Superior de Colonia (*Oberlandesgericht Köln*) (decisión emitida el 15 de junio de 2020) OLG Köln, 09.06.2020 – III-1 RVs 77/20, estableció que, aunque el ámbito central de aplicación de las leyes alemanas de posguerra contra el discurso de odio era la protección de las minorías raciales, la redacción, el significado y la finalidad de esta normativa también podía cubrir los ataques contra la dignidad humana de las mujeres. De acuerdo con el Tribunal Regional Superior de Colonia, la mención a "sectores de la población" en el artículo 130 del Código Penal alemán, que sanciona la incitación al odio o incluso a la violencia contra "un grupo nacional, racial, religioso o definido por su origen étnico", también se puede extender a aquellos que "atenten contra la dignidad humana de otros mediante insultos, difamaciones o calumnias maliciosas hacia uno de los grupos mencionados, a sectores de la población o a individuos", aplicándose también a las mujeres. Esto se debe a que la *ratio legis* de esta disposición es prevenir la discriminación. Según el razonamiento del juez de Colonia, la referencia a "sectores de la población" contenida en el artículo 130 del Código Penal alemán no debe interpretarse como limitada solo a los grupos o características expresamente mencionados en el texto (que se refiere explícitamente a un grupo nacional, racial, religioso o definido por su origen étnico). Por el contrario, debe interpretarse de manera abierta para incluir a otros grupos vulnerables no mencionados explícitamente, como en este caso concreto, las mujeres. Además, el tribunal consideró que la descripción que el acusado hizo de las mujeres como "inferiores", el desprecio por el principio de igualdad y los ataques a su dignidad humana constituían una incitación a las masas, y que es sancionada por el artículo 130 del Código Penal.

Para superar esta falta de consenso y la consecuente ausencia de normativas reguladoras, el discurso sexista debe ser considerado también una forma de discurso de odio y, como tal, debe ser abordado y sancionado. Ya hemos visto que las palabras tienen un peso significativo, ya que lo que puede parecer una conversación inocua en realidad puede estar cargada de expresiones y estereotipos basados —en lo que a este apartado nos concierne— en el sexo o el género, productos de una cultura machista y patriarcal que ha normalizado estas formas expresivas. Chistes y bromas que aparentan ser completamente inofensivos, en muchas ocasiones, pueden transformarse en episodios de discriminación o agresiones verbales, siendo un preludio de la violencia física en los casos más extremos. La narrativa tóxica creada por el lenguaje sexista actúa a menudo como la antesala de la violencia verbal y física. Incluso sin llegar a casos de violencia verbal y/o física, este tipo de comunicación afecta inevitablemente la vida cotidiana de las mujeres, amplificando una situación normalizada en la gran mayoría de las sociedades contemporáneas, incluso a nivel jurídico. Existen formas expresivas que, lejos de ser inofensivas, disfrazan formas de violencia de género. Amenazas, más o menos veladas, por ejemplo, dentro de una relación de pareja, así como expresiones degradantes y manipuladoras (que muchas veces son el síntoma de una relación caracterizada por dinámicas de control y la imposición de fuertes límites a la libertad de elección y comportamiento de la mujer, y afirman una indiscutible autoridad masculina dentro de la relación) nunca son justificables y deben ser entendidas como señales de alarma ante posibles situaciones de maltrato físico y verbal.

Sin embargo, los debates públicos también representan espacios peligrosos para las mujeres[338]. Generalizaciones, acusaciones e insinuaciones graves, a menudo minimizadas como exageraciones o incluso como comentarios irónicos, son en realidad formas expresivas que impactan la vida cotidiana de las mujeres y que, más allá de ser desagradables, deben interpretarse a la luz de los

---

[338] Sobre este punto sea permitido reenviar a Spigno 2022 y 2023.

datos sobre violencia de género contra las mujeres. Estos datos revelan una realidad verdaderamente alarmante[339].

La lista de los diferentes tipos de violencia de género es, lamentablemente, muy extensa y, además de ser el resultado de las relaciones desiguales de poder entre hombres y mujeres, se ve constantemente alimentada por discursos sexistas y misóginos. Estos discursos, además de reforzar la desigualdad entre hombres y mujeres, constituyen por sí mismos graves formas de violencia de género. Aunque se trate de una forma de violencia más sutil y menos evidente, los discursos sexistas difunden, incitan, promueven o justifican el odio por razón de sexo o género contra las mujeres.

A pesar de la dificultad para definir de manera clara y precisa qué es un "discurso de odio", en este trabajo adoptamos una formulación inclusiva de todas aquellas formas expresivas "capaces", bajo su "contenido ofensivo, injurioso o difamatorio", de "generar" hostilidad, resentimiento, desprecio, discriminación, intolerancia, prejuicio, sentimiento de rechazo, fanatismo, racismo, misoginia, homofobia o xenofobia. Estas expresiones buscan destruir la identidad de otros e incitar a cometer actos de violencia contra personas determinadas por su pertenencia a un grupo identificado por características diferenciales únicas. La difusión de tales expresiones, independientemente de la efectiva producción de algún acto violento, sino solo por su capacidad para provocarlo, justificaría la intervención sancionadora del derecho y la

---

339 Tan solo en lo que respecta a los datos de la violencia más extrema, la de los feminicidios, entendido como «el asesinato de mujeres por parte de hombres, por el hecho de ser mujeres» (Radford y Russell 1992, XIV; traducción propia), cada año, en el mundo, mueren aproximadamente 100,000 mujeres por razones de género y, por ende, por el hecho de ser mujeres. Véase también UNODC 2018. Sin embargo, el feminicidio es solo la forma más extrema de violencia contra las mujeres. El número de mujeres que son víctimas de muchos otros tipos de violencia de género es realmente incalculable.

consiguiente exclusión de tales expresiones del debate público[340]. Como ya se destacó anteriormente, para calificar un discurso como discurso de odio, es necesario que las expresiones sean idóneas de causar daño y discriminación, y que estén vinculadas a la presencia de características tendencialmente permanentes[341]. En este sentido, el sexo y el género (y, como veremos a continuación, también la orientación y/o preferencia sexual y la identidad de género) son características tendencialmente permanentes.

Más concretamente, el odio contra las mujeres está principalmente relacionado con el sexismo y la misoginia. El sexismo consiste en discriminar o juzgar a alguien (especialmente a las mujeres) en función del sexo o del género (Frenda *et al.* 2019, 4744), mientras que la misoginia se refiere al odio y caracteriza el rechazo, la aversión y el desprecio de los hombres (pero también en ciertos casos de mujeres) hacia las mujeres y, en general, hacia todo lo asociado con lo femenino. Este sentimiento de odio se ha ido desarrollando y fortaleciendo por opiniones o creencias negativas sobre las mujeres y lo femenino, materializándose en comportamientos negativos hacia ellas (Varela 2012, 36). Esto significa que, aunque sea una línea muy sutil, un enunciado misógino es siempre sexista (Frenda *et al.* 2019, 4744), pero no todas las expresiones sexistas son también misóginas.

El "discurso de odio sexista" es una de las posibles manifestaciones de los sexismos y puede definirse como cualquier suposición, creencia, declaración, gesto o acción que tiene como objetivo expresar desprecio hacia una persona, basándose en su sexo o género, o considerar a esa persona como inferior o esencialmente

---

340 Sobre este punto, véase Parekh 2012, quien identifica el discurso de odio como dirigido hacia la estigmatización de un individuo específico o grupo en virtud de características arbitrarias o legalmente irrelevantes, pero percibidas como indeseables y generalmente inalterables, independientemente de si se llevan a cabo actos violentos u otras consecuencias externas.

341 Véanse Pizzorusso 1993 y Matas 2000, 52 y ss.

definida por su dimensión sexual. Todas las mujeres y niñas son objetivos potenciales del discurso de odio sexista; sin embargo, las más jóvenes y aquellas con una proyección pública (como periodistas, blogueras, *influencers*, políticas o defensoras de los derechos humanos, entre otras) son particularmente vulnerables a ser víctimas del discurso de odio sexista, enfrentándolo tanto en el ámbito público como en su entorno laboral.

Aunque la Recomendación del Comité de Ministros del Consejo de Europa núm. R(97)20 sobre el discurso de odio no incluye específicamente el discurso de odio sexista[342], la Recomendación CM/Rec(2019)1 del Comité de Ministros a los Estados miembros para prevenir y combatir el sexismo, lo define como «[c]ualquier acto, gesto, representación visual, manifestación oral o escrita, práctica o comportamiento, basado en la idea de que una persona o grupo de personas es inferior por razón de su sexo, que tenga lugar en el ámbito público o privado, en línea o fuera de ella, cuyo propósito o efecto sea: i. vulnerar la dignidad intrínseca o los derechos de una persona o grupo de personas; o ii. provocar daño o sufrimiento físico, sexual, psicológico o socioeconómico a una persona o grupo de personas; o iii. crear un entorno intimidatorio, hostil, degradante, humillante u ofensivo; o iv. constituir un obstáculo a la autonomía y la plena realización de los derechos humanos de una persona o grupo de personas; o v. preservar y reforzar los estereotipos de género»[343].

El Convenio del Consejo de Europa sobre prevención y lucha contra la violencia contra las mujeres y la violencia doméstica (cono-

---

342 Esta ausencia se explica en la exposición de motivos de esta Recomendación, donde se menciona que «se consideró necesario evitar que se perdiera el enfoque del texto al abarcar todas las formas de intolerancia (por ejemplo, la intolerancia por motivos de sexo, orientación sexual, edad, discapacidad, etc.)» (párr. 22).

343 El Apéndice de la Recomendación CM/Rec(2019)1 del Comité de Ministros a los Estados miembros para prevenir y combatir el sexismo define el sexismo.

cido como Convenio de Estambul)[344] reconoce dos formas de discurso de odio sexista: el acoso sexual (artículo 40) y el acoso (artículo 34). Además, el Convenio de Estambul enfatiza que el discurso de odio sexista está estrechamente vinculado a la violencia contra las mujeres. Este documento propone encontrar soluciones a la violencia de género que aborden todas sus potenciales diferentes manifestaciones, las cuales pueden basarse en la idea de la inferioridad de las mujeres o en roles estereotipados de mujeres y hombres (artículo 12), siendo el discurso de odio sexista una de estas manifestaciones.

De acuerdo con el enfoque de doble nivel (basado en el contenido y en el contexto y/o consecuencia) para definir el discurso de odio punible, el discurso sexista debe ser considerado como una forma de discurso de odio en todos aquellos casos en los que las expresiones sexistas y misóginas sean "capaces", por su "contenido ofensivo, injurioso o difamatorio", de "generar" hostilidad, resentimiento, desprecio, discriminación, intolerancia, prejuicio, sentimiento de rechazo, fanatismo, dirigir a la destrucción de la identidad de otros e incitar a cometer actos de violencia contra personas determinadas por su pertenencia a un grupo identificado por características diferenciales especiales (en este caso el sexo, el género o la identidad de género), independientemente de si efectivamente se produzca algún acto violento, sino solo por su capacidad para provocarlo.

Si existe un consenso global generalizado sobre la no inclusión de discursos y opiniones de origen racista que incitan a la violencia, entonces surge la pregunta de por qué deberíamos tolerar aquellas opiniones que instigan abiertamente a la violencia y a la discriminación por motivos de sexo y género. Los fundamentos históricos en los que se basan las normas sobre propaganda e incitación al delito por motivos de discriminación racial, étnica y religiosa no deberían representar un obstáculo para el reconocimiento de las mujeres como grupo protegido frente a la propaganda de ideas

---

344 El Convenio de Estambul fue adoptado por el Comité de Ministros del Consejo de Europa el 7 de abril de 2011 y entró en vigor el 1 de agosto de 2014.

basadas en la superioridad o el odio sexista. Las leyes contra la incitación al odio racista se originaron en el constitucionalismo de posguerra, edificado sobre las cenizas de la Segunda Guerra Mundial y la propaganda de odio que sustentó el conflicto mundial. El constitucionalismo contemporáneo, construido en el reconocimiento de los derechos humanos y en una concepción inclusiva de la democracia, debe proteger a todos aquellos grupos (y no solo a las minorías en un sentido cuantitativo) que han sufrido históricamente discriminación específica y continúan en una condición de profunda vulnerabilidad. Este es el caso de las mujeres, que aún hoy sufren una violencia considerable y constituyen un grupo históricamente discriminado que se ve obstaculizado en la participación en la democracia en igualdad de condiciones que los hombres. Por lo tanto, los "obstáculos" que impiden ofrecer a las mujeres una protección similar a la que reciben las minorías raciales y religiosas, basados en razones históricas, pueden ser fácilmente superados[345].

Un razonamiento análogo podemos aplicar respecto al odio contra las personas de la comunidad LGBTIQ+ por orientación sexual y/o identidad de género[346]. Aunque el término "homofobia" apareció por primera vez solo en 1972 (Nussbaum 2011)[347],

---

345 Véase Brown 2016.

346 He analizado este tema más a profundidad en Spigno 2017.

347 El término fue acuñado por George Weinberg para describir el miedo irracional a estar en lugares cerrados con personas homosexuales y las reacciones de ansiedad, odio, asco e intolerancia que algunas personas heterosexuales sienten contra miembros de la comunidad LGBTIQ+ (Weinberg 1972). Según la Resolución sobre la homofobia en Europa (18 de enero de 2006), la homofobia se define como «un miedo irracional y aversión hacia la homosexualidad y hacia los homosexuales, bisexuales y transexuales (LGBT) basada en prejuicios y comparable al racismo, la xenofobia, el antisemitismo y el sexismo». Por lo tanto, es una forma de intolerancia y prejuicio relacionada con la orientación sexual y la identidad de género. La homofobia puede ser ejercida directamente por el Estado o ser tolerada por este, y se manifiesta tanto en el ámbito público como en el privado, adoptando diferentes formas que van desde limitaciones arbitrarias de los derechos fundamentales por razones de

el odio hacia ellos por practicar una conducta sexual considerada no convencional bajo un paradigma heteronormativo se remonta a mucho tiempo atrás. Históricamente, el derecho ha sido el principal responsable de la homofobia y la transfobia, justificándolas bajo diferentes paradigmas: morales y religiosos, de orden y seguridad públicos, médicos y científicos, racistas, demográficos y sociales[348].

---

orden público (como en el caso de la libertad religiosa o del derecho a la objeción de conciencia) hasta discriminaciones institucionalizadas (por ejemplo, en el ejercicio del derecho al trabajo o de derechos familiares), desde la ridiculización hasta la incitación a la discriminación y al discurso de odio, desde la persecución psicológica y física hasta la tortura, violaciones, detenciones arbitrarias y/o el asesinato, entre otros.

348 Según las teorías racistas del régimen nazi, las personas homosexuales (y especialmente los hombres) representaban un peligro para la supervivencia y la pureza de la "raza" aria, lo que justificó la estrategia de persecución y eliminación de los homosexuales alemanes. Esta estrategia se implementó, además del internamiento en campos de concentración, con el endurecimiento de las disposiciones del párrafo 175 del Código Penal. Esta disposición, introducida por el Emperador Guillermo I en 1871, permaneció vigente en la República Federal Alemana hasta 1994 (aunque fue modificada en 1969 para reducir la pena a cinco años de prisión) y hasta 1987 en la República Democrática Alemana (Le Bitoux 2002: 155 y ss.). Legados de la legislación nazi persistieron también en Francia, donde, ya desde 1791, la sodomía no era punible con la pena de muerte y el Código Napoleónico había despenalizado completamente las relaciones íntimas y sexuales entre hombres adultos. Por iniciativa del Mariscal Philippe Pétain (a cargo del gobierno colaboracionista de Vichy), se incluyó una disposición en el Código Penal, el artículo 331, que castigaba con prisión de seis meses a tres años el delito de sodomía. Esta disposición se mantuvo vigente hasta 1981. Algo similar pasó también en Austria, donde hasta 2002 se equiparó la edad requerida por ley para expresar de manera legítima el consentimiento para mantener relaciones sexuales entre adultos. En algunos ordenamientos, ya desde finales del siglo XIX, las relaciones homosexuales habían sido despenalizadas, como en Italia, por ejemplo, gracias al Código Zanardelli (1889). A pesar de la ausencia de sanciones por tal conducta, la homosexualidad era objeto de desaprobación social. Aunque no penalmente sancionados, los homosexuales italianos

Aunque las relaciones homosexuales recibieron una cierta tolerancia, por un breve periodo, principalmente en la Grecia clásica[349], las primeras tendencias represivas hacia las relaciones homosexuales pueden encontrarse en la Biblia, que ha representado la "justificación divina" para una persecución que duraría siglos y sería respaldada por el derecho[350]. La estrecha relación entre derecho y moral ha sido la principal justificación para la penalización de las relaciones homosexuales[351], al menos hasta la

---

no podían avanzar ningún tipo de reivindicación normativa. En efecto, la homosexualidad era tolerada solo como acto íntimo y privado, pero su manifestación pública podía resultar en sanciones administrativas incluso muy graves: véanse Goretti 2002 y Falcetta 2013.

349 Influenciando también, después de ser conquistada, la cultura romana. En ese contexto, la distinción entre homosexualidad y heterosexualidad no existía realmente: la relación emocional y afectiva entre jóvenes *eromenoi* (amados) y adultos *erastai* (amantes) constituía un rito de pasaje en el desarrollo educativo de los jóvenes: véanse Allen 2006 y Graglia 2012: 55 y ss.

350 Herramienta de realización de la moral cristiana derivada de los textos sagrados y de las normas consuetudinarias, el derecho, desde el Imperio Romano de Oriente, sancionaba penalmente la homosexualidad masculina y la sodomía como actos contrarios a la sexualidad conyugal procreativa, la única admitida por la religión cristiana. La moral cristiana, por lo tanto, consideraba esta práctica como inmoral y el derecho la sancionaba en consecuencia (Tomassone 2012: 1 y ss.). El derecho, por tanto, era el instrumento a través del que se defendía la moral religiosa, así como los valores y las normas éticas, en lugar de la libertad del individuo.

351 Como en el caso de la penalización de las relaciones homosexuales en el Reino Unido. En Inglaterra, el primer caso de criminalización de una relación homosexual bajo el *common law* ocurrió en 1290; diez años después, se concluyó un acuerdo según el que los sodomitas debían ser sometidos a la pena de ser quemados vivos. La primera ley civil inglesa contra la sodomía, el *Buggery Act*, fue aprobada en 1533 por el rey Enrique VIII. La normativa fue modificada posteriormente en 1861, con la conmutación de la pena de muerte por una pena de prisión de un mínimo de dos a un máximo de diez años. En 1885, el Parlamento británico aprobó el *Criminal Amendment Act* que redujo la pena máxima a dos años de trabajos forzados, pero amplió el tipo penal para incluir

segunda mitad del siglo XIX, cuando el comportamiento homosexual y todas las otras actividades que no se ajustaban al dogma heterosexual empezaron a ser objeto de estudio de la medicina, la psicología[352] y las ciencias sociales[353]. Las personas homosexuales comenzaron a ser consideradas como enfermas mentales y, entre los remedios propuestos, se encontraban la castración y/o la esterilización (Falcetta 2013)[354]. Después de la Segunda Guerra Mundial, la Organización Mundial de la Salud incluyó la atracción por y hacia personas del mismo sexo entre las enfermedades

---

la sodomía, así como también cualquier acto de grave indecencia. La normativa británica fue también exportada a las colonias: sobre estos puntos véanse Falcetta 2013 y Brady 2005: 85-119.

352 El interés médico-científico en el tema contribuyó a aportar nuevos datos que alimentaron la estigmatización de las relaciones entre personas del mismo sexo: véanse Borrillo 2009, 59 y ss.; Foucault 2001, 42 y ss.; y Tardieu [1896] 1995, 173.

353 El proceso para invertir la tendencia fue largo. Será a partir de las teorías iluministas del siglo XVIII (y en particular de las ideas de Rousseau, Montesquieu, Voltaire, Verri y Beccaria) que comienza a cambiar el paradigma de las concepciones políticas y jurídicas dominantes hasta entonces, hacia la separación conceptual entre moral y derecho (Falcetta 2013). La primacía de la moral religiosa fue reemplazada por la independencia del derecho, fundamentada en pilares seculares cuyo objetivo era garantizar el orden público, establecer las reglas de convivencia y proteger una esfera privada del individuo. Además, las teorías minimalistas del derecho penal, basadas en el criterio utilitarista de la proporcionalidad entre delito y sanción que superan una visión puramente retributiva de la pena, así como las teorías del principio del daño (John Stuart Mill), crearon las bases teóricas para la defensa de la homosexualidad. En particular, según Jeremy Bentham, las relaciones homosexuales no causarían daño alguno, ni con respecto a la seguridad de la sociedad, y tampoco representarían un perjuicio para el género femenino. Por lo tanto, su penalización configuraría un delito sin víctimas (Bentham 1785).

354 Existieron algunas corrientes doctrinales minoritarias que consideraban las tendencias homosexuales como una variación genética normal en el comportamiento humano, pero estos estudios no lograron influir significativamente en el debate (Havelock 1914).

y trastornos de la conducta, una categorización que permaneció vigente hasta 1993.

Por lo tanto, la tendencia generalizada hasta mediados del siglo XX[355], aunque con algunas excepciones como se ha visto, ha sido criminalizar todos aquellos comportamientos sexuales considerados como no convencionales. A partir de este momento, las así llamadas "conductas sexuales no convencionales" comienzan a obtener reconocimiento jurídico. Al menos en el "mundo occidental"[356], se ha cerrado la etapa de la "homofobia institucio-

355 Aún en el siglo XX, la relación entre derecho y moral continuaba siendo un tema de debate filosófico y jurídico; uno de los más importantes en este sentido es el debate "Devlin-Hart". Según Patrick Devlin, el derecho es un instrumento al servicio de la moral (Devlin 1965a y 1965b), mientras que para H.L.A. Hart, el derecho debe limitarse a proteger las libertades individuales, lo que implica también la capacidad de realizar acciones que desaprueba la mayoría, siempre y cuando se respete a terceros (Hart 1963: 18). Para una discusión crítica del debate, véase Ríos Vega (2007, 3-27). Este debate se elaboró al margen de los trabajos desarrollados por la Comisión Parlamentaria creada en Reino Unido en 1954 y presidida por Lord John Frederick Wolfenden para estudiar las cuestiones relacionadas con la legitimidad, según la tradición jurídica inglesa, de penalizar los delitos sexuales, en particular la prostitución y la homosexualidad. La Comisión concluyó por la irracionalidad de estas medidas sancionatorias ya que no era posible demostrar la relación científica entre actos homosexuales y la salud colectiva (considerando el pequeño número de ciudadanos homosexuales) y que sancionar a los homosexuales con la inhabilitación a cargos públicos por ser considerados propensos a la traición de la patria, sin aplicar la misma sanción a otras categorías (como alcohólicos, jugadores o mujeriegos), era profundamente discriminatorio. Finalmente, la Comisión afirmó que la idea de que la homosexualidad pudiera dañar el bienestar social era producto de prejuicios y del intento de racionalizar un sentimiento de repulsión irracional contra la sodomía. Aunque admitiendo la posibilidad de que la homosexualidad pudiera afectar la estabilidad de la familia, esta última consideración no era tan grave como para merecer una sanción penal.

356 Aunque todavía hay más de 70 Estados en los que mantener relaciones con una pareja del mismo sexo es un delito (se trata de Estados asiáticos

nalizada"[357]. Sin embargo, todavía persiste un amplio espacio de "homofobia social y cultural". En la segunda mitad del siglo XX, y tras el cambio de paradigma en la protección de los derechos humanos que ocurrió después de la Segunda Guerra Mundial, la agenda internacional y nacional de derechos humanos se ha concentrado principalmente en la protección de los derechos civiles y políticos y —aunque no con el consenso de toda la comunidad internacional— de los derechos económicos, sociales y culturales. Las problemáticas relacionadas con el género, la orientación sexual o la identidad de género no entraban en el radar de interés de la comunidad internacional, dejando a mujeres y minorías sexuales víctimas de agresiones físicas, mentales y a su propia intimidad sin ningún tipo de protección.

El sistema europeo no ha sido excepción. En los años Cincuenta y Sesenta del siglo pasado, la Comisión Europea de Derechos Humanos (Comisión EDH o Comisión Europea) declaraba la convencionalidad de las leyes que sancionaban la conducta homosexual[358]. Un cambio de enfoque se produjo en 1975, cuando la Comisión EDH, en una decisión relativa a la normativa alemana

---

y africanos, prevalentemente de religión musulmana): véase Ayoub y Stoeckl 2024.

357 En Europa, cerrada la etapa de las sanciones y de las persecuciones, el derecho ha comenzado a extender a los homosexuales los mismos derechos reconocidos a las personas heterosexuales: véase Klapeer 2018.

358 Varias demandas fueron presentadas, por ejemplo, contra el párrafo 175 del Código Penal alemán, en las que se lamentaba la violación del derecho a la vida privada (artículo 8 del Convenio EDH) y de la prohibición de toda forma de discriminación (artículo 14 del Convenio EDH), ya que la normativa alemana castigaba únicamente las relaciones homosexuales entre hombres y no las relaciones entre mujeres. En particular, en el caso *W.B. v. República Federal Alemana*, la Comisión Europea reconocía la libertad de los Estados de adoptar medidas que consideraran útiles para la preservación de la moral y la salud, conforme a lo previsto por el artículo 8, y por lo tanto consideraba la penalización de las relaciones homosexuales consensuales entre adultos como legítima y justificada, declarando así inadmisible la demanda. Véase Comi-

sobre relaciones homosexuales (según la versión reformada en 1969), reconoció la vida sexual como un aspecto esencial de la vida privada de cada persona y la homosexualidad comenzó a ser vista como una legítima opción de vida de cada persona. La única condición era que se respetara siempre el límite establecido por la ley en referencia a la edad mínima requerida para ser jurídicamente capaz de tener relaciones sexuales consensuadas[359]. Por lo tanto, una normativa estatal que preveía sanciones penales por las relaciones homosexuales representaba una interferencia en el disfrute de los derechos previstos en el artículo 8 del Convenio EDH, interferencia que solo podría justificarse en presencia de una necesidad social imperiosa.

Gracias al camino abierto por la Comisión Europea, en 1981 intervino también el Tribunal EDH con la decisión *Dudgeon v. Reino Unido*[360], en la que se sostuvo que la mera presencia en un ordenamiento jurídico de una norma que sancionaba las relaciones homosexuales (como los artículos 61 y 62 del *Offences against the Person Act* de 1861 y la sección 11 del *Criminal Law Amendment Act* de 1885), independientemente de su aplicación efectiva, podía afectar directamente el derecho a la vida privada del demandante, violando así el artículo 8 del Convenio Europeo. A pesar de reconocer todavía la necesidad de que los Estados adoptaran medidas para "supervisar" estos tipos de relaciones, el Tribunal de Estrasburgo sostuvo que la innegable tendencia hacia una mayor tolerancia de la conducta homosexual en la gran mayoría de los países miembros del Consejo de Europa implicaba que no era necesario ni oportuno

---

sión EDH, *W.B. v. República Federal Alemana*, 17 de diciembre de 1955 y también *X v. República Federal Alemana*, 4 de septiembre de 1960.

359 Comisión EDH, *X v. República Federal Alemana*, 30 de septiembre de 1975. Es importante señalar que el cambio de enfoque adoptado por la Comisión EDH también podría ser el resultado de la cancelación formal en 1973 por la Asociación Psiquiátrica Americana (APA) de la homosexualidad del *Diagnostic and Statistical Manual of Mental Disorders*: véase Winkler-Strazio 2011: 36.

360 Tribunal EDH, *Dudgeon v. Reino Unido*, 22 de octubre de 1981.

regular estas prácticas con sanciones penales[361]. El temor de que una desviación de la legislación vigente pudiera erosionar la moral existente o causar daño a un sector vulnerable de la población —especialmente a los jóvenes— no constituía por sí mismo una necesidad social imperiosa que justificara la interferencia en el derecho a la vida privada de las personas[362].

El fallo del Tribunal puso en marcha un proceso revolucionario hacia un reconocimiento lento pero constante y progresivo de los derechos de las personas que se identifican como pertenecientes a la comunidad LGBTIQ+. De hecho, a partir de ese momento, tanto el Consejo de Europa[363] como la Unión

---

361 Tribunal EDH, *Dudgeon*, cit.: párr. 60.

362 En el caso específico, por lo tanto, el Tribunal EDH declaró la violación del artículo 8, considerando no necesario adentrarse en el análisis de la violación del artículo 14 (cuya violación el demandante lamentaba junto con el artículo 8). Probablemente aún no era el momento oportuno para que, de manera explícita, la orientación sexual se considerara explícitamente como una de "cualquier otra situación" contemplada en el artículo 14, ya que esto habría implicado reconocer a las personas homosexuales como una minoría discriminada. Las argumentaciones desarrolladas en *Dudgeon* han sido confirmadas por el Tribunal EDH también en: *Norris v. Irlanda*, 26 de octubre de 1988, y *Modinos v. Chipre*, 22 de abril de 1993.

363 La Asamblea Parlamentaria del Consejo de Europa adoptó las siguientes Recomendaciones: la Recomendación núm. 924/1981, sobre la discriminación contra los homosexuales, en la que, basándose en el derecho a la autodeterminación sexual de todos los adultos, se exhortaba al Comité de Ministros a invitar a todos los Estados miembros a aplicar la misma edad mínima legal para mantener relaciones homosexuales y heterosexuales, a eliminar las sanciones penales contra los actos homosexuales, a disponer la destrucción de los perfiles especiales existentes de homosexuales y a que la policía o cualquier otra autoridad cesara el uso de hacer perfiles especiales de homosexuales, a garantizar igualdad de trato en materia de empleo, retribución y seguridad, especialmente en el sector público, a pedir la interrupción de cualquier tratamiento o investigación médica obligatoria destinada a cambiar la orientación sexual de los adultos, a asegurar que la custodia, los derechos de visita y hospitalidad de los hijos menores por parte de sus padres no estuvieran limitados solo por la orientación homosexual de uno de los progenito-

Europea[364] comenzaron a adoptar una serie de actos relevan-

---

res y, finalmente, a pedir a los directores de las prisiones y a cualquier otra autoridad pública que ejercieran vigilancia contra el riesgo de violencia, actos de brutalidad y delitos sexuales en las cárceles; la Recomendación núm. 1470/2000, sobre la situación de gays y lesbianas, y sus parejas, respecto al asilo y la migración; la Recomendación núm. 1635/2003, relativa a las lesbianas y los homosexuales en el deporte; y la Recomendación núm. 1915/2010, sobre la discriminación basada en la orientación sexual e identidad de género. También se aprobó la Resolución núm. 1728/2010, sobre la discriminación basada en la orientación sexual e identidad de género.

364 Esta sensibilidad es evidente también en el sistema de la UE, donde se han logrado importantes avances en relación con la discriminación laboral y el reconocimiento legal de las uniones homosexuales. El artículo 13 del Tratado de Ámsterdam (1997) (actualmente artículo 19 del Tratado sobre el Funcionamiento de la Unión Europea) proporcionó la base legal para que la UE abordara los casos de discriminación por orientación sexual, ampliando sus competencias originales que se limitaban a la discriminación por sexo y nacionalidad. A diferencia del Tribunal EDH, que se pronuncia basándose en el derecho al respeto de la vida privada, el Tribunal de Justicia de la UE lo hace enfocándose en el principio de no discriminación (véase, por ejemplo, la sentencia C-81/12, 25 de abril de 2013). Además, el Parlamento Europeo ha adoptado varias resoluciones importantes: sobre la igualdad de derechos de las personas homosexuales y lesbianas en la Comunidad Europea (8 de febrero de 1994), que contribuyó a que entre 1995 y 1996 Albania, Chipre, Macedonia y Moldavia descriminalizaran las conductas homosexuales; sobre el respeto de los derechos humanos en la UE (17 de septiembre de 1996), que pide la eliminación de la discriminación y el trato desigual de los homosexuales, especialmente en lo relativo a la edad mínima legal para mantener relaciones homosexuales; sobre el agravamiento de penas contra homosexuales en Rumania (19 de septiembre de 1996); y sobre el respeto de los derechos humanos en la Unión Europea (8 de abril de 1997), reiterando la petición de eliminar las diferencias en la edad mínima legal para mantener relaciones sexuales y pidiendo explícitamente a Austria modificar la edad mínima legal. La Resolución más destacada es la del 17 de diciembre de 1998, sobre la igualdad de derechos de las personas homosexuales en la Comunidad Europea, instando al gobierno y parlamento austriacos a derogarinmediatamente el artículo 209 del Código Penal. Asimismo,

tes. Al mismo tiempo, muchos países del Consejo de Europa modificaron sus ordenamientos jurídicos[365].

A pesar de los avances logrados en la protección de los derechos de la comunidad LGBTIQ+, todavía persisten formas de violencia homofóbica, tanto física como verbal, fundamentadas en el odio. Discursos y declaraciones públicas, a menudo pronunciadas por líderes políticos y religiosos, que fomentan el odio hacia las personas homosexuales, representan una seria limitación a las verdaderas posibilidades que tienen las personas de expresar su orientación sexual no heteronormativa sin ser objeto de discriminación y, en muchos casos, hasta violencia[366].

---

hace un llamado a todos los países candidatos a la UE para eliminar cualquier ley que viole los derechos humanos de las personas homosexuales, en particular respecto a la desigualdad en la edad mínima legal para mantener relaciones sexuales. La eliminación de normativas punitivas contra las relaciones homosexuales se ha convertido en una *conditio sine qua non* para el ingreso a la UE y al Consejo de Europa. Finalmente, el 18 de enero de 2006, el Parlamento Europeo aprobó la Resolución sobre homofobia en Europa. A pesar de todas las medidas adoptadas en el ámbito del Consejo de Europa y de la UE, sigue siendo un problema relevante la persistencia de formas arraigadas de homofobia social y cultural.

365 La eliminación de las normas penales contra los actos sexuales se ha convertido en una de las condiciones para formar parte del Consejo de Europa. Incluso antes de las sentencias del Tribunal EDH, algunos países procedieron a despenalizar; los primeros en este sentido fueron los países escandinavos, junto con Polonia y Suiza.

366 En la Resolución del Parlamento Europeo sobre homofobia en Europa, del 18 de enero de 2006 (Considerando B), se afirma que «[...] la homofobia se manifiesta en las esferas pública y privada de diferentes formas, tales como el lenguaje de odio y la incitación a la discriminación, la ridiculización, la violencia verbal, psicológica y física, así como la persecución y el asesinato, la discriminación en violación del principio de igualdad, y las limitaciones injustificadas y carentes de razón de los derechos, que se ocultan a menudo tras justificaciones de orden público, de la libertad religiosa y del derecho a la objeción de conciencia; [...]».

A pesar de las complejidades previamente destacadas, relacionadas con una definición exhaustiva y convincente de discurso de odio y de la tendencia casi unánime que incluye los discursos racistas dentro de los discursos de odio, en la última década el panorama comparado ha comenzado a enriquecerse con disposiciones normativas que castigan los discursos de odio por orientación sexual (Article 19 2013: 31 y ss.). Aunque la Recomendación del Comité de Ministros del Consejo de Europa núm. R(97)20 sobre el discurso de odio no hace mención expresa al discurso de odio homófobo, deja una pequeña apertura en la cláusula «y otras formas de odio». Por otro lado, el Anexo a la Recomendación CM/Rec(2010)5 del Comité de Ministros a los Estados miembros sobre las medidas para combatir la discriminación por motivos de orientación sexual o identidad de género establece que: «Los Estados miembros adoptarán las medidas apropiadas para combatir todas las formas de expresión, incluidas las manifestaciones en los medios de comunicación y en internet, que puedan ser razonablemente interpretadas como susceptibles de provocar el efecto de incitar, difundir o promover el odio u otras formas de discriminación contra personas lesbianas, gays, bisexuales y transgénero. Tal "discurso de odio" debería ser prohibido y públicamente desautorizado siempre que ocurra. Todas las medidas deben respetar el derecho fundamental a la libertad de expresión de conformidad con el artículo 10 del Convenio y la jurisprudencia del Tribunal» (lett. B, párr. 6).

La posición de las instituciones europeas parece ahora más unificada en condenar cualquier forma de incitación al odio, asignando a los Estados la responsabilidad y la obligación de adoptar medidas para sancionar cualquier forma de discurso de odio contra la comunidad LGBTIQ+. Esto nos lleva al desafío de buscar un equilibrio, como en el caso de los discursos de odio racistas y sexistas, entre la libertad de expresión y la expresión homófoba, y así determinar el margen de tolerancia del *ágora* europea frente a estos discursos. Si, como hemos visto anteriormente, el margen de tolerancia del *ágora* europea está bien definido con respecto al discurso de odio racista, todavía no tenemos un enfoque consolidado por parte del Tribunal Europeo, ya que, hasta la fecha, el juez europeo se ha pronunciado solo en referencia a un único caso[367].

En 2012, el juez de Estrasburgo se pronunció por primera vez sobre la conformidad al Convenio EDH de la condena impuesta a los demandantes por el delito de incitación al odio y a la violencia contra los homosexuales (previsto en el artículo 8 del Código Penal sueco) en el caso *Vejdeland y otros v. Suecia*[368]. Los demandantes fueron condenados por los tribunales suecos por distribuir en una escuela secundaria, colocándolos en los casilleros de los estudiantes, cientos de folletos que, entre otras cosas, referían a la homosexualidad como origen de la propagación de enfermedades como el VIH y que también era precursora de la pedofilia. Además, en los folletos se criticaba a los docentes de las escuelas suecas por profesar una tolerancia excesiva, cuando se suponía que deberían advertir a los estudiantes sobre las consecuencias y riesgos de esta "desviación sexual" y de "su efecto moralmente destructivo". La sección 8 del Capítulo 16 sobre los delitos en contra del orden público del Código Penal sueco sanciona el comportamiento de aquellos que, mediante declaraciones u otras formas expresivas, amenacen o manifiesten desprecio contra ciertos grupos de personas en referencia a la "raza", el color, la nacionalidad, el origen étnico, la creencia religiosa o la orientación sexual[369].

---

367 Sin embargo, es importante destacar la considerable jurisprudencia europea sobre los derechos de la comunidad LGBTIQ+, gracias a la extensión de la prohibición de discriminación prevista en el artículo 14 del Convenio EDH, en materia de, entre otras cosas, orientación sexual, identidad y expresión de género (como en los casos *Salgueiro da Silva Mouta v. Portugal*, 21 de diciembre de 1999 y *P.V. v. España*, 30 de noviembre de 2010): *ex plurimis*, véase Carmona Cuenca 2014, 600 y ss.

368 Tribunal EDH, *Vejdeland y otros v. Suecia*, 9 de febrero de 2012.

369 Esta disposición ha sido modificada en 2018 (Act 2018:1744) y establece que «*A person who, in a statement or other communication that is disseminated, threatens or expresses contempt for a population group by allusion to race, colour, national or ethnic origin, religious belief, sexual orientation or transgender identity or expression is guilty of agitation against a population group and is sen-*

El Tribunal, de manera quizá algo rápida, determinó que la condena constituía una restricción convencionalmente legítima de la libertad de expresión de los demandantes, ya que respetaba el principio de reserva de ley (el delito por el que habían sido condenados estaba previsto en el Código Penal sueco) y perseguía un fin legítimo (identificado en la protección de la reputación o de los derechos de terceros). En la última etapa del *test* establecido por el artículo 10, segundo párrafo, para determinar si una interferencia a la libertad de expresión puede considerarse convencionalmente legítima, es decir, la evaluación de la necesidad de la medida adoptada por el Estado[370], el Tribunal afirmó que se trataba de una medida proporcionada al objetivo perseguido por la normativa aplicada.

La evaluación realizada por el Tribunal abarca el caso en su totalidad, incluyendo el contenido de los comentarios por los que fueron condenados los solicitantes (*content-based approach*), así como el hecho de que los folletos se distribuyeron en una escuela a jóvenes menores de edad que, incluso si hubieran querido, no tenían opción alguna para evitar recibir esa información (*context-based approach*). Aunque la libertad de expresión es aplicable también a las expresiones extremas (como el Tribunal afirma desde sus primeros casos en materia de libertad de expresión: véase *Handyside*), lo que el *ágora* europea no puede tolerar son los

---

tenced to imprisonment for at most two years or, if the offence is minor, to a fine. If the offence is gross, the person is guilty of gross agitation against a population group and is sentenced to imprisonment for at least six months and at most four years. When assessing whether the offence is gross, particular consideration is given to whether the communication had particularly threatening or offensive content and was disseminated to a large number of people in a way that was liable to attract considerable attention.» [texto en inglés disponible en https://www.government.se/government-policy/judicial-system/the-swedish-criminal-code/; último acceso el 30 de noviembre de 2023].

370 Sobre el *test* que aplica el Tribunal EDH para interpretar el artículo 10 del Convenio EDH, véase más a detalle *infra* el apartado 3 del Capítulo 4. Sea también permitido reenviar a Spigno 2016.

ataques verbales violentos y ofensivos, que tienden a ridiculizar o difamar contra un determinado grupo de personas.

Aunque no se trate de formas verbales que inciten directamente a la violencia, este tipo de discursos son en sí mismos suficientes para garantizar que las autoridades estatales intervengan imponiendo una sanción. En el caso específico, distribuir folletos donde la homosexualidad es definida como "una desviada inclinación sexual" que tiene un "efecto moralmente destructivo para la sociedad", aunque no constituya una invitación directa a la violencia o a la comisión de otros actos, este tipo de ataques verbales son "acusaciones graves y perjudiciales" (*Vejdeland*, cit., párr. 54). La incitación al odio, continúa el Tribunal, no implica por sí misma una incitación a la violencia o a otros actos delictivos. Para que haya una sanción penal es suficiente que los ataques verbales ofendan, ridiculicen y difamen a una parte de la población (*Vejdeland*, cit., párr. 55), en este caso, por su orientación sexual.

El Tribunal deja muy en claro que la discriminación por orientación sexual es tan grave como la discriminación por cuestiones raciales, de origen o por el color de la piel, aplicando así los argumentos ya desarrollados en *Féret v. Bélgica*[371]. Este tipo de ofensas representa un ejercicio irresponsable de la libertad de expresión, ya que se utiliza un derecho reconocido en el Convenio para ofender a alguien más y se excluyen los discursos homófobos del área de tolerancia del *ágora* europea. Sin embargo, en ningún punto del fallo se habla de "discurso de odio homófobo", sino más bien de "acusaciones graves y perjudiciales" (*Vejdeland*, cit., párr. 54).

Esta ausencia se puede interpretar como una resistencia a equiparar los discursos homófobos y tránsfobos con los discursos de odio racista. Probablemente, esta resistencia tenga un fuerte arraigo cultural y social, ya que el tema de la homosexualidad y de todas las otras formas de sexualidad no convencional, incluso

---

371 Tribunal EDH, *Féret v. Bélgica*, 16 de julio de 2009.

donde ya no se consideran delitos, sigue todavía rodeado de prejuicios y discriminación muy arraigados en el tejido social.

El derecho ha sido el principal responsable de la homofobia y solo frente a las presiones y movimientos de los grupos directamente afectados y del impulso internacional de protección de los derechos humanos se produjo un cambio de dirección hacia la garantía de los derechos ya reconocidos a las personas heterosexuales también para las personas homosexuales. La extensión de los derechos no es suficiente. La igualdad formal no basta. Lo que se necesita es la implementación seria de medidas específicas (inclusive de carácter cultural) para combatir las formas de homofobia y transfobia aún presentes, incluso en aquellos contextos donde las instituciones se han comprometido en la lucha contra tal forma de odio y prejuicio y donde se proclama la igualdad y la no discriminación como valores irrenunciables. Finalmente, el camino ya recorrido en la lucha contra el racismo, la xenofobia y otras formas de intolerancia es el mismo que se debe seguir en la lucha contra la intolerancia por orientación sexual e identidad de género.

Como mencionan Winkler y Strazio (2011, 113) «racismo y homofobia parecen correr sobre andenes paralelos».

Capítulo 4

Cortes, derechos humanos e (in) tolerancia constitucional del discurso de odio en la polis *contemporánea*

SUMARIO: 4.1. LA DISCIPLINA INTERNACIONAL DEL DISCURSO DE ODIO. 4.2. ALGUNAS HERRAMIENTAS SUPRANACIONALES Y REGIONALES CONTRA LA PROPAGANDA DEL ODIO. 4.3. LA PROTECCIÓN DE LA *POLIS* EUROPEA EN LA JURISPRUDENCIA DEL TRIBUNAL EUROPEO DE DERECHOS HUMANOS. 4.3.1. Discursos que van contra el espíritu y el texto de la Convención: la aplicación del artículo 17. 4.3.2. Discursos que es necesario limitar en una sociedad democrática: la aplicación del artículo 10, 2 párrafo. 4.3.3. Discursos que convencionalmente no está permitido limitar en una sociedad democrática: el triunfo de la libertad de expresión.

4.1. LA DISCIPLINA INTERNACIONAL DEL DISCURSO DE ODIO

Tras el fin de la Segunda Guerra Mundial, la comunidad internacional se percató de que el discurso de odio podía trascender la mera comunicación para convertirse en un instrumento eficaz de subyugación racial y étnica[372].

El inicio del movimiento para la protección internacional de los derechos humanos se sitúa en 1948, con la adopción de la Declaración Universal de Derechos Humanos por la recién creada Asamblea General de la Organización de las Naciones Unidas[373]. Este documento, si bien no es jurídicamente vinculante desde un

---

372 Como se ha destacado, «*the road to genocide in Rwanda was paved with hate speech*»: Schabas 2000, 144.

373 La Declaración Universal de Derechos Humanos fue adoptada por la Asamblea General de las Naciones Unidas el 10 de diciembre de 1948 [A/RES/217 A (III)].

punto de vista formal por no ser un tratado internacional, marcó un hito en la evolución del derecho internacional. Inicialmente, el derecho internacional fue concebido como una prerrogativa exclusiva de los Estados; posteriormente, gracias a la creciente importancia otorgada a la protección de los derechos fundamentales, también los individuos fueron reconocidos como titulares de derechos a nivel internacional.

La Declaración Universal reconoce la libertad de expresión, la cual no goza de protección absoluta, dado que existen restricciones legítimas que pueden serle impuestas. Por ende, aunque la propaganda de odio racial o religioso no esté expresamente prohibida, existen limitaciones de carácter general en los artículos 7[374] —que prohíbe la incitación a la discriminación— y 29, que actúa como una cláusula de limitación general aplicable a todos los derechos reconocidos en la Declaración[375].

La historia de estas disposiciones y los debates durante los trabajos preparatorios revelan que la mayoría de los participantes en la redacción del texto de la Declaración consideraron justificadas

---

374 Según el artículo 7 de la Declaración Universal de Derechos Humanos: «Todos son iguales ante la ley y tienen, sin distinción, derecho a igual protección de la ley. Todos tienen derecho a igual protección contra toda discriminación que infrinja esta Declaración y contra toda provocación a tal discriminación».

375 Según el artículo 29 de la Declaración Universal de Derechos Humanos: «1. Toda persona tiene deberes respecto a la comunidad, puesto que solo en ella puede desarrollar libre y plenamente su personalidad. 2. En el ejercicio de sus derechos y en el disfrute de sus libertades, toda persona estará solamente sujeta a las limitaciones establecidas por la ley con el único fin de asegurar el reconocimiento y el respeto de los derechos y libertades de los demás, y de satisfacer las justas exigencias de la moral, del orden público y del bienestar general en una sociedad democrática. 3. Estos derechos y libertades no podrán, en ningún caso, ser ejercidos en oposición a los propósitos y principios de las Naciones Unidas».

las restricciones a aquellas formas de expresión que constituyen una apología del odio[376].

El mismo año en que se aprobó la Declaración Universal, la Asamblea General de las Naciones Unidas adoptó también la Convención para la prevención y la sanción del delito de genocidio[377], cuyo artículo 3, inciso c), incluye entre los actos sancionados «la incitación directa y pública a cometer genocidio»[378].

Dado que la Declaración Universal no es un texto vinculante (aunque ya no hay debate acerca de su carácter vinculante por contener normas consideradas de *ius cogens*), el derecho a la libertad de expresión —así como muchos otros derechos reconocidos en este documento— ha sido detalladamente especificado en el artículo 19 del Pacto Internacional de Derechos Civiles y Políticos de 1966 (PIDCP)[379], cuyo tercer párrafo especifica los casos en

---

376 Para un análisis detallado de los trabajos preparatorios de los diversos instrumentos internacionales para la regulación del discurso de odio, véase Farrior 1996, 1 ss.

377 Se trata de la Convención para la Prevención y Sanción del Delito de Genocidio aprobada con Resolución de la Asamblea General de las Naciones Unidas núm. 260 A (III) de 9 de diciembre de 1948 y entrada en vigor el 12 de enero de 1951.

378 El texto del artículo 3 de la Convención para la Prevención y Sanción del Delito de Genocidio establece que «Serán castigados los actos siguientes: a) El genocidio; b) La asociación para cometer genocidio; c) La instigación directa y pública a cometer genocidio; d) La tentativa de genocidio; e) La complicidad en el genocidio».

379 El Pacto Internacional de Derechos Civiles y Políticos fue aprobado por la Asamblea General de las Naciones Unidas el 16 de diciembre de 1966. El artículo 19 establece que «1. Nadie podrá ser molestado a causa de sus opiniones. 2. Toda persona tiene derecho a la libertad de expresión; este derecho comprende la libertad de buscar, recibir y difundir informaciones e ideas de toda índole, sin consideración de fronteras, ya sea oralmente, por escrito o en forma impresa o artística, o por cualquier otro procedimiento de su elección. 3. El ejercicio del derecho previsto en el párrafo 2 de este artículo entraña deberes y responsabilidades especiales. Por consiguiente, puede estar sujeto a ciertas restricciones, que deberán, sin embargo, estar expresamente fijadas

que puede ser objeto de restricciones. Estas limitaciones deben estar expresamente establecidas por ley y ser necesarias para respetar los derechos o la reputación de otros, o para salvaguardar la seguridad nacional, el orden público, la salud o la moral públicas. Existe, por tanto, un consenso general en torno a la idea de la libertad de expresión como un derecho humano fundamental, que debe ser defendido contra los intentos de represión implementados por los gobiernos.

Pero es igualmente aceptada la idea según la que el reconocimiento de este derecho no implica que se lo considere absoluto: la comunidad internacional está de acuerdo en la necesidad de prever la exclusión de estas garantías para las formas más degradantes y amenazantes de expresión racista. El artículo 20 del PIDCP establece la prohibición de cualquier incitación al odio nacional, racial o religioso que incite a la discriminación, hostilidad y violencia[380].

---

por la ley y ser necesarias para: a) Asegurar el respeto a los derechos o a la reputación de los demás; b) La protección de la seguridad nacional, el orden público o la salud o la moral públicas».

380 El artículo 20 del Pacto Internacional de Derechos Civiles y Políticos establece que «1. Toda propaganda en favor de la guerra estará prohibida por la ley. 2. Toda apología del odio nacional, racial o religioso que constituya incitación a la discriminación, la hostilidad o la violencia estará prohibida por la ley». Se trata de una determinación que, aunque poco precisa, tiene considerable importancia, especialmente en lo que se refiere a aquellos países en los que se reconoce fuerza jurídica a las normas internacionales, por su idoneidad para legitimar excepciones a disposiciones constitucionales relativas a la libertad de manifestación del pensamiento. El procedimiento de redacción del artículo 20 del Pacto fue objeto de un amplio debate y su texto final también recibió numerosas críticas, hasta el punto de que fue aprobado en la tercera comisión de la Asamblea General con una mayoría de 52 votos a favor, 19 en contra y 12 abstenciones. Muchos Estados partes formularon reservas y declaraciones, en particular Australia, Bélgica, Luxemburgo, Nueva Zelanda, Estados Unidos de América y Reino Unido. Para más información sobre el debate en el momento de la redacción del PIDCP, véase Bossuyt 1987, 403 ss.

Pero el instrumento internacional que más se relaciona con el tema de este trabajo es la Convención sobre la Eliminación de Todas las Formas de Discriminación Racial (ICERD, por sus siglas en inglés, *International Convention on the Elimination of All Forms of Racial Discrimination*)[381].

El artículo 1 proporciona una definición de "raza" para la aplicación de la propia Convención, estableciendo que la expresión "discriminación racial" significa «cualquier distinción, exclusión, restricción o preferencia basada en la raza, el color, la ascendencia o el origen nacional o étnico que tenga por objeto o resultado anular o menoscabar el reconocimiento, goce o ejercicio, en condiciones de igualdad, de los derechos humanos y libertades fundamentales en los ámbitos político, económico, social, cultural o en cualquier otro ámbito de la vida pública».

Por tanto, esta definición abarca no solo criterios biológicos, sino también elementos sociales, culturales e históricos. La Convención distingue entre actos de discriminación menos graves (es decir, los contemplados en el artículo 2[382]), que incluyen prácticas

---

381 La Convención Internacional sobre la Eliminación de todas las Formas de Discriminación Racial fue aprobada por la Asamblea General de las Naciones Unidas el 21 de diciembre de 1965 y entró en vigor en 1969. La ICERD ha sido ratificada por más de 170 Estados. Para más información, véase Meron 1985.

382 El artículo 2 de la ICERD establece que «1. Los Estados partes condenan la discriminación racial y se comprometen a seguir, por todos los medios apropiados y sin dilaciones, una política encaminada a eliminar la discriminación racial en todas sus formas y a promover el entendimiento entre todas las razas, y con tal objeto: a) Cada Estado parte se compromete a no incurrir en ningún acto o práctica de discriminación racial contra personas, grupos de personas o instituciones y a velar por que todas las autoridades públicas e instituciones públicas, nacionales y locales, actúen en conformidad con esta obligación; b) Cada Estado parte se compromete a no fomentar, defender o apoyar la discriminación racial practicada por cualesquiera personas u organizaciones; c) Cada Estado parte tomará medidas efectivas para revisar las políticas gubernamentales nacionales y locales, y para enmendar, derogar o anu-

discriminatorias implementadas a nivel institucional o por personas y organizaciones privadas, y actos más graves (previstos en el artículo 4[383]), entre los que se incluye la difusión de ideas basadas

---

lar las leyes y las disposiciones reglamentarias que tengan como consecuencia crear la discriminación racial o perpetuarla donde ya exista; d) Cada Estado parte prohibirá y hará cesar por todos los medios apropiados, incluso, si lo exigieran las circunstancias, medidas legislativas, la discriminación racial practicada por personas, grupos u organizaciones; e) Cada Estado parte se compromete a estimular, cuando fuere el caso, organizaciones y movimientos multirraciales integracionistas y otros medios encaminados a eliminar las barreras entre las razas, y a desalentar todo lo que tienda a fortalecer la división racial. 2. Los Estados partes tomarán, cuando las circunstancias lo aconsejen, medidas especiales y concretas, en las esferas social, económica, cultural y en otras esferas, para asegurar el adecuado desenvolvimiento y protección de ciertos grupos raciales o de personas pertenecientes a estos grupos, con el fin de garantizar en condiciones de igualdad el pleno disfrute por dichas personas de los derechos humanos y de las libertades fundamentales. Esas medidas en ningún caso podrán tener como consecuencia el mantenimiento de derechos desiguales o separados para los diversos grupos raciales después de alcanzados los objetivos para los cuales se tomaron».

383 El artículo 4 de la ICERD contiene una indicación muy detallada para los Estados, en referencia a los requisitos que deben respetar las normas contra la difamación racial. En particular, esta disposición establece que: «Los Estados partes condenan toda la propaganda y todas las organizaciones que se inspiren en ideas o teorías basadas en la superioridad de una raza o de un grupo de personas de un determinado color u origen étnico, o que pretendan justificar o promover el odio racial y la discriminación racial, cualquiera que sea su forma, y se comprometen a tomar medidas inmediatas y positivas destinadas a eliminar toda incitación a tal discriminación o actos de tal discriminación, y, con ese fin, teniendo debidamente en cuenta los principios incorporados en la Declaración Universal de Derechos Humanos, así como los derechos expresamente enunciados en el artículo 5 de la presente Convención, tomarán, entre otras, las siguientes medidas: a) Declararán como acto punible conforme a la ley toda difusión de ideas basadas en la superioridad o en el odio racial, toda incitación a la discriminación racial, así como todo acto de violencia o toda incitación a cometer tales actos con-

en la superioridad o el odio racial, la incitación a la discriminación racial, así como cualquier acto de violencia o incitación a tales actos dirigidos contra cualquier "raza" o grupo de individuos de otro color u origen étnico, además de toda asistencia a actividades racistas, incluida su financiación. Se insta a los Estados partes a emplear el instrumento penal contra las conductas señaladas; de esta manera, se reafirma el principio, también consagrado en el artículo 20, párrafo 2 del Pacto Internacional de Derechos Civiles y Políticos, según el que «Toda apelación al odio nacional, racial o religioso que constituya incitación a la discriminación, la hostilidad o la violencia debe estar prohibida por la ley».

En ambos casos, se trata de normas que entran en conflicto —al menos aparentemente— con las garantías de libertad de expresión previstas tanto por las constituciones nacionales como por los propios tratados internacionales. En este sentido, no debería sorprender que Estados Unidos optase por no ratificar las disposiciones sobre discurso de odio, ya que no serían compatibles con la I Enmienda de la Constitución estadounidense[384].

El ámbito de aplicación del artículo 4 de la ICERD es más restrictivo que el previsto por el artículo 20 del PIDCP: de hecho, el primero se aplica únicamente al discurso de odio de origen racial, mientras que el segundo también se refiere al odio vinculado a la religión o la identidad nacional. Además, el artículo 4 de la ICERD estipula sanciones penales, en lugar de simples

---

tra cualquier raza o grupo de personas de otro color u origen étnico, y toda asistencia a las actividades racistas, incluida su financiación; b) Declararán ilegales y prohibirán las organizaciones, así como las actividades organizadas de propaganda y toda otra actividad de propaganda, que promuevan la discriminación racial e inciten a ella, y reconocerán que la participación en tales organizaciones o en tales actividades constituye un delito penado por la ley; c) No permitirán que las autoridades ni las instituciones públicas nacionales o locales promuevan la discriminación racial o inciten a ella».

384 Respecto a la relación entre Estados Unidos y el derecho internacional, ver Boyle 2001, 493 ss.

prohibiciones, que se extienden a la difusión de ideas basadas en la superioridad racial (así como la incitación al odio o la discriminación) y prescribe la prohibición de crear organizaciones cuyos objetivos incluyan la promoción o incitación al odio. No obstante, es el mismo Convenio el que, en el artículo 5(d)(VIII), establece la compatibilidad con la libertad de expresión, disponiendo que los Estados partes se comprometan a eliminar cualquier forma de discriminación racial en el ejercicio de ciertos derechos, incluidos el de la libertad de opinión y de expresión[385].

El Comité para la Eliminación de Todas las Formas de Discriminación Racial, creado en virtud del artículo 8 de la ICERD[386], ha instado en varias ocasiones a los Estados a adaptar su legislación a lo dispuesto en el artículo 4, criticando también a los gobiernos estadounidense, británico y australiano por las reservas formuladas a esta norma al ratificar la Convención. Por otra parte, su jurisprudencia con referencia al artículo 4 es bastante limitada[387].

---

385 Esta disposición normativa establece que «En conformidad con las obligaciones fundamentales estipuladas en el artículo 2 de la presente Convención, los Estados parte se comprometen a prohibir y eliminar la discriminación racial en todas sus formas y a garantizar el derecho de toda persona a la igualdad ante la ley, sin distinción de raza, color y origen nacional o étnico, particularmente en el goce de los derechos siguientes: (...) d) Otros derechos civiles, en particular: (...) viii. El derecho a la libertad de opinión y de expresión».

386 El Comité tiene la tarea de monitorear la implementación de la Convención. Los Estados presentan periódicamente informes y envían representantes que los discuten con los miembros del Comité. En particular, en lo que respecta al estado de aplicación del artículo 4, véase Partsch 1992.

387 En este sentido, se destaca una decisión en la que el Comité consideró la violación del artículo 4 en el caso de una persona que había sido "recibida" por un grupo de residentes en el lugar donde acababa de trasladarse con el grito de "No más extranjeros" y amenazas de encontrar su casa incendiada (*LK v. Netherlands,* CERD 4/91), pero en otros casos el Comité no se refirió expresamente al artículo 4. Para más información, véase Hare 2009, 72.

Sin embargo, cabe señalar que tanto los tribunales nacionales como los supranacionales a menudo hacen referencia a la ICERD. De hecho, en la decisión de la Corte Suprema de Canadá *Regina v. Keegstra*[388], se hace referencia tanto a la ICERD como al PIDCP para respaldar que las expresiones que incitan al odio racial no están garantizadas por la libertad de expresión. Asimismo, en el caso del Tribunal Europeo de Derechos Humanos *Jersild v. Denmark*[389], la Convención es invocada tanto por los jueces mayoritarios como por los disidentes.

---

388 En la decisión *Regina v. Keegstra* ([1990] 3 S.C.R. 697), la Corte Suprema de Canadá afirmó de hecho que «*It appears that the protection provided freedom of expression by CERD and ICCPR does not extend to cover communications advocating racial or religious hatred. In CERD, Article 5 guarantees several civil rights, including freedom of expression, but it is generally agreed that this guarantee does not prevent a State Party from prohibiting hate propaganda (Study on the Implementation of Article 4 of the International Convention on the Elimination of All Forms of Racial Discrimination, prepared by Special Rapporteur Mr. José D. Inglés, A/CONF. 119/10, May 18, 1983, para. 108)*», para luego continuar y afirmar que «*CERD and ICCPR demonstrate that the prohibition of hate-promoting expression is not only compatible with a signatory nation's guarantee of human rights but is as well an obligatory aspect of this guarantee. Decisions under the European Convention for the Protection of Human Rights and Fundamental Freedoms are also of aid in illustrating the tenor of the international community's approach to hate propaganda and free expression. This is not to deny that finding the correct balance between prohibiting hate propaganda and ensuring freedom of expression has been a source of debate internationally (see, e.g., N. Lerner, The U.N. Convention on the Elimination of All Forms of Racial Discrimination (1980), 43-54)*».

389 En la decisión del Tribunal EDH, *Jersild v. Dinamarca,* 23 de septiembre de 1994, la Corte se refiere a la Convención sobre la Eliminación de Todas las Formas de Discriminación Racial entre los instrumentos de las Naciones Unidas relevantes para la libertad de expresión, pero también se hace referencia a la Convención en opiniones disidentes. En particular, en la *joint dissenting* opinion de los jueces Ryssdal, Bernhardt, Spielmann e Loizou se puede leer lo siguiente: «*The International Convention on the Elimination of All Forms of Racial Discrimination probably does not require the punishment of journalists responsible for a television spot of this kind. On the other hand, it supports the opinion that the media too can be obliged to take a clear*

La voluntad de la comunidad internacional de comprometerse a eliminar la discriminación racial está presente también en otros instrumentos internacionales, como en los artículos 1(2) y 55 de la Carta de las Naciones Unidas[390], en el artículo 2 de la Declaración Universal de Derechos Humanos y de ambos pactos internacionales (el de derechos civiles y políticos y el de derechos económicos, sociales y culturales). Tal vez estas normas no eran consideradas suficientemente eficaces para alcanzar el objetivo perseguido, por lo que se estimó necesario adoptar una convención específicamente dirigida a la discriminación racial. Probablemente, esto fue un intento de fortalecer una respuesta conjunta ante la intensificación de la violencia antisemita[391], junto con la creciente preocupación internacional por el sistema de apartheid vigente entonces en Sudáfrica[392].

---

stand in the area of racial discrimination and hatred». Mientras que en el voto disidente conjunto de los jueces Gölcüklü, Russo y Valticos, la referencia al Convenio es en el sentido de considerarlo un instrumento cuyo análisis es esencial a la hora de interpretar el Convenio Europeo, especialmente respecto de un Estado, como Dinamarca, donde este Convenio sigue siendo vinculante. El texto de la sentencia puede encontrarse en Lawson y Schermers 1999, 576.

390 Adoptada por aclamación en San Francisco el 26 de junio de 1945, tras haber sido firmada por 51 miembros originales, la Carta de las Naciones Unidas entró en vigor con el depósito del vigésimo noveno instrumento de ratificación el 24 de octubre de 1945. Estas normas incluyen el compromiso de desarrollar relaciones amistosas entre las naciones basadas en el respeto al principio de igualdad de derechos y de autodeterminación de los pueblos y de tomar otras medidas encaminadas a fortalecer la paz universal (artículo 1.2). También prescriben la necesidad de que las Naciones Unidas, a fin de crear las condiciones de estabilidad y bienestar necesarias para tener relaciones pacíficas y amistosas entre las naciones, basadas en el respeto al principio de igualdad de derechos o de autodeterminación de los pueblos, promuevan el respeto universal y la observancia de los derechos humanos y las libertades fundamentales, sin distinción de "raza", sexo, idioma o religión.

391 En el mismo sentido véase Schwelb 1966, 997.

392 El artículo 3 de la ICERD establece de hecho que «Los Estados partes condenan especialmente la segregación racial y el apartheid y se

Pero no fue solo eso. Quizás también a nivel internacional se compartía el mismo temor presente a nivel nacional en distintos Estados, es decir que la difusión y la propaganda de ideologías racistas representaran un grave peligro[393]. Esta conciencia ha trascendido el ámbito del derecho internacional convencional para incorporarse también al derecho consuetudinario. Un ejemplo de ello es la decisión del Comité para la Eliminación de Todas las Formas de Discriminación Racial en el caso *Hagan v. Australia*[394].

El caso que llegó al conocimiento del Comité surge de un recurso presentado por un miembro de un pueblo aborigen, Stephen Hagan, quien solicitó la eliminación de la inscripción "*E.S. 'Nigger' Brown*" de una tribuna en el estadio de *Toowoomba*, Queensland (Australia), considerando la palabra "*nigger*" —literalmente "negro"— discriminatoria. La presencia de este cartel se justificaba por el hecho de que la tribuna llevaba el nombre de un famoso jugador de rugby de los años Veinte del siglo pasado, apodado irónicamente así por su piel clara y cabello rubio, y porque tenía la costumbre de usar betún cuya marca era "*Nigger Brown*". La comunidad aborigen de *Toowoomba* no apoyó la posición de Hagan y, al no considerar ofensivo el término "negro", no consideró apropiado retirar el cartel de las gradas del estadio. El Comité, que falló en abril de 2003, aceptó la petición del recurrente, afirmando que el término "*nigger*" debía considerarse ofensivo si se consideraba en relación con las "circunstancias de

comprometen a prevenir, prohibir y eliminar en los territorios bajo su jurisdicción todas las prácticas de esta naturaleza». Pero esta preocupación también llevó a la adopción de una convención específica: la Convención Internacional sobre la Eliminación y el Castigo del Crimen de Apartheid, adoptada por la Asamblea General de las Naciones Unidas el 30 de noviembre de 1973.

393 Sobre la correlación entre la preocupación por el discurso de odio y la emisión de normas que regulen este fenómeno, véase Defeis 1992.

394 *Hagan v. Australia*, U.N. GAOR, Comité para la Eliminación de la Discriminación Racial, 62 período de sesiones [U.N. Doc. CERD/C/62/D/26/2002 (2003)].

la sociedad contemporánea". Pero el hecho de que la comunidad a la que pertenecía Hagan no percibiera el escrito como ofensivo sugiere que el Comité se refirió a una realidad más amplia que la de la comunidad aborigen específica de *Toowoomba* y la comunidad australiana en general, recordando así valores generalmente compartidos por la comunidad internacional[395].

El derecho internacional consuetudinario en materia de discurso de odio adquiere, así, una importancia creciente; sin embargo, no podemos ignorar el hecho de que este ha sido influenciado por las decisiones de los Tribunales de Nuremberg y Tokio, así como por las de los Tribunales *ad hoc* para la ex Yugoslavia[396] y para Ruanda. En la decisión *Prosecutor v. Nahimana, Barayagwiza & Ngeze*[397], el *International Criminal Tribunal for Rwanda* (ICTR por su nombre en inglés) afirmó que la prohibición del discurso de odio se ha convertido ahora en una parte integral del derecho internacional consuetudinario. El Tribunal, en particular, tras subrayar los principios fundamentales compartidos tanto por el derecho internacional como por la legislación nacional, señaló que aquellas expresiones entendidas como discurso de odio «violan las normas del derecho internacional consuetudinario que prohíben la discriminación».

El papel desempeñado por la comunidad internacional en la definición de herramientas para combatir el racismo y la discriminación que de él se deriva es de fundamental importancia, ya que se trata de problemas que trascienden las fronteras nacionales. De hecho, incluso aquellos Estados que se consideran pacíficos y políticamente estables, y que por ello se abstienen de disponer

---

395 El Comité, al aceptar el recurso presentado por Hagan, recomendó a las autoridades competentes la retirada del escrito impugnado. La dirección del estadio se negó a cumplir con esta recomendación y el Gobierno australiano tampoco inició ningún procedimiento para cumplir con la decisión del Comité. Para un comentario sobre esta decisión, véanse Mello 2006, 366 y también Garapon 2002.

396 Con referencia al Tribunal para la ex Yugoslavia, véase Wilson 2005.

397 *Prosecutor v. Nahimana, Barayagwiza, & Ngeze,* Caso No. ICTR-99-52-T, Sentencia y Condena, 1076 (3 de diciembre de 2003).

de los instrumentos normativos adecuados para abordar el problema del discurso de odio, en realidad aún pueden contribuir a la incitación a la violencia racial dentro de las fronteras de otro Estado más vulnerable, mediante la producción y exportación de materiales con contenido racista.

El hecho de que muchos tratados internacionales exijan a los Estados adoptar normativas que persigan, también mediante la imposición de sanciones penales, la difusión de expresiones ofensivas bajo el concepto de discurso de odio tiene, entre otros, el objetivo de evitar el peligro antes descrito. Además, un compromiso común en la lucha contra la discriminación racial y los conflictos interétnicos también se justificaría por el hecho de que, aunque estos conflictos surjan dentro de un territorio bien identificado, rara vez los efectos producidos quedan confinados dentro de esas fronteras. Basta pensar en el alcance destructivo del Holocausto: planeado e iniciado en la Alemania nazi, el proyecto de exterminio extendió su fuerza violenta, involucrando también a víctimas y verdugos de otros Estados. Lo mismo ocurrió en el conflicto de la ex Yugoslavia. Estas son situaciones que el derecho internacional debería poder gestionar de forma más eficiente que los Estados individualmente[398].

Los organismos internacionales también han expresado sus opiniones sobre el negacionismo. Así, el artículo 19 del PIDCP de 1966 se aplicó en el caso *Faurisson*[399], destacando la reacción de la comunidad internacional ante este fenómeno. Robert Faurisson, historiador con doble ciudadanía francesa y británica, declaró en una entrevista al diario francés *Le Choc du Mois* que tenía excelentes razones para no creer en la política de exterminio de los judíos ni en lo que llamó la "mágica" cámara de gas. Tras la publicación de la entrevista, once asociaciones de combatien-

---

398 Para un análisis en profundidad de la función transnacional desempeñada por el derecho internacional, véase Kübler 1998-1999, 335.

399 Comité de Derechos Humanos de las Naciones Unidas, *Faurisson v. Francia*, cit.

tes de la resistencia francesa y de supervivientes de los campos de exterminio alemanes denunciaron tanto a Faurisson como a Patrice Boizeau, el editor de la revista: ambos fueron condenados por el delito de *contestation des crimes contre l'humanité*[400] en aplicación del delito previsto por el artículo 24 bis de la ley de prensa (*loi Gayssot*)[401].

El juez nacional de primera instancia señaló que decir que el proceso de Nuremberg fue una "burla" judicial se podía considerar una crítica legítima, mientras que afirmar que el Tribunal Internacional había admitido sin pruebas previas el exterminio de los judíos y la existencia de las cámaras de gas, y que las cámaras de gas en los campos de concentración nazis no eran más que un mito y una construcción deshonesta por parte de los propios judíos «*c'est une gredinerie*», constituiría una negación del Holocausto y, por lo tanto, prohibido por la *loi Gayssot.* Según el juez francés, se podía discutir el número de víctimas del Holocausto, pero reducirlo de manera escandalosa estaba prohibido y, si se hacía de mala fe, constituía un delito de negación de crímenes contra la humanidad.

La sentencia, también confirmada en apelación, fue impugnada ante la *Cour de Cassation* únicamente por el coacusado Boizeau, ya que Faurisson consideró inútil este recurso. La denegación del recurso de Boizeau permitió a Faurisson recurrir ante el Comité de Derechos Humanos, que a su vez desestimó su solicitud, afirmando que «las declaraciones [del acusado] son de tal naturaleza que suscitan o aumentan sentimientos antisemitas y, en consecuencia, la restricción de su derecho a la libertad de expresión es

---

400 *Tribunal de grande instance* de Paris, sentencia del 22 de octubre de 1996, en *Légipresse* n. 139, 1997, 26.

401 La *loi Gayssot* es la legislación que en 1990 modificó la ley de prensa de 1881 con la introducción del artículo 24 bis que establece como delito la puesta en discusión de los crímenes de lesa humanidad, tal como los definió el Tribunal Militar Internacional de Nuremberg en 1945. El caso *Faurisson* representa la primera aplicación de esta legislación.

legítima ya que tiende a hacer cumplir el derecho de la comunidad judía a no temer vivir en un clima de antisemitismo»[402].

El Comité no excluyó a priori la posibilidad de que la aplicación de la *loi Gayssot* pudiera interferir con las garantías previstas para la libertad de expresión en el artículo 19 del PIDCP. Además, en el presente caso no había ninguna razón válida para revocar la decisión de los tribunales franceses, ya que negar que el Holocausto tuvo lugar se tenía que considerar una forma de difamación racial. Por lo tanto, según las conclusiones del Comité, los gobiernos tenían el deber de tomar medidas apropiadas contra lo que se define como "el principal vehículo del antisemitismo"[403].

4.2 ALGUNAS HERRAMIENTAS SUPRANACIONALES Y REGIONALES CONTRA LA PROPAGANDA DEL ODIO

Incluso a nivel supranacional, existen numerosos instrumentos para combatir el fenómeno de la discriminación racial y la propaganda de odio. Entre los más importantes se encuentran, en primer lugar, los adoptados en el marco del Consejo de Europa y, en particular, el Convenio Europeo para la Protección de los Derechos Humanos y de las Libertades Fundamentales[404].

---

402 Comité de Derechos Humanos de las Naciones Unidas, *Faurisson v. Francia*, cit. Sea permitido reenviar a Spigno 2008.

403 Véase *Faurisson v. Francia*, cit. Para más detalle véanse Kübler 1998-1999, 335, 373 y Schmidt y Vojtovic 2000.

404 El Convenio Europeo para la Protección de los Derechos Humanos y de las Libertades Fundamentales es un tratado internacional redactado por el Consejo de Europa, firmado en Roma el 4 de noviembre de 1950 y entrado en vigor el 3 de septiembre de 1953. El 22 de junio de 2007 fue ratificado por todos los Estados miembros del Consejo de Europa. Inicialmente, se previeron tres órganos para monitorear el cumplimiento, por los Estados contratantes, de las disposiciones contenidas en el propio Convenio: la Comisión Europea de Derechos Humanos, el Tribunal Europeo y el Comité de Ministros. El primero, creado en 1954, tenía por misión realizar un examen preliminar de los recursos

Como ya se mencionó anteriormente, uno de los principales problemas que surgió no solo a nivel nacional, sino también internacional, supranacional y regional, ha sido la falta de una definición universalmente aceptada y compartida de discurso de odio. De hecho, a pesar de que muchos Estados adoptaran regulaciones prohibiendo aquellas expresiones consideradas discriminatorias, cuando es necesario identificar exactamente cual es la conducta prohibida, persiste cierto grado de confusión. Para superar este problema, el Comité de Ministros del Consejo de Europa adoptó la Recomendación No. R (97)20 sobre discurso de odio[405], según la cual se define este concepto como inclusivo de todas las formas expresivas que difundan, inciten, promuevan o justifiquen el odio racial, la xenofobia, el antisemitismo u otras manifestaciones de

---

presentados y pronunciarse sobre su admisibilidad o inadmisibilidad, poniéndose posteriormente a disposición de las partes para tratar de obtener una solución amistosa del litigio. En caso de resultado negativo, la Comisión elaboraba un informe en el que esclarecía los hechos y se pronunciaba sobre el fondo del caso. Este informe se enviaba al Comité de Ministros, tercer órgano encargado del seguimiento e integrado por los secretarios de Asuntos Exteriores de los Estados miembros o sus representantes. En caso de que el Estado demandado hubiera aceptado la competencia obligatoria de la Corte, la Comisión y cualquier Estado contratante interesado disponían de un plazo de tres meses, a partir de la transmisión del informe al Comité de Ministros, para llevar el caso ante la Corte, para su resolución con decisión definitiva y vinculante. Los particulares no tenían derecho a presentar un recurso ante el Tribunal EDH. Si un caso no se remitía al Tribunal, el Comité de Ministros decidía si había habido o no violación del Convenio y concedía a la víctima, si era necesario, una satisfacción justa. También era responsable de supervisar la ejecución de las sentencias del Tribunal. El 1 de noviembre de 1998 entró en vigor el Protocolo 11 que preveía un período transitorio de un año (hasta el 31 de octubre de 1999), durante el cual la Comisión continuaría ocupándose de los casos que había declarado admisibles antes de esa fecha, dejando así la función judicial enteramente en manos del Tribunal Europeo. Véase McGoldrick y O'Donnell 1998, 465 ss.

405 Recomendación No. R (97)20 del Comité de Ministros del Consejo de Europa sobre discurso de odio, cit.

odio basadas en la intolerancia, nacionalismo agresivo o etnocentrismo, discriminación y hostilidad contra las minorías y personas de origen inmigrante. Entendido en este sentido, por tanto, el discurso de odio se refiere a expresiones dirigidas a personas o a una comunidad concreta.

El Convenio Europeo reconoce, en el artículo 10, la libertad de expresión en términos muy amplios, incluyendo la libertad de opinión y la de recibir y comunicar informaciones o ideas sin injerencias de la autoridad pública[406], salvo las limitaciones establecidas en dos reglas. La primera es específica en referencia a la libertad de expresión y se encuentra en el párrafo segundo del artículo 10: según esta disposición, se permiten aquellas restricciones que sean necesarias en una sociedad democrática, para la seguridad nacional, la integridad territorial o el orden público, la prevención del delito, la protección de la salud y la moral, la protección de la reputación o los derechos de otros, para impedir la divulgación de información confidencial o para garantizar la autoridad e imparcialidad del poder judicial. La segunda limitación está prevista en el artículo 17 y tiene un carácter general, ya que se refiere a todos los derechos reconocidos en la Convención.

---

406 El artículo 10 del Convenio EDH, sobre "Libertad de expresión", establece que «1. Toda persona tiene derecho a la libertad de expresión. Este derecho comprende la libertad de opinión y la libertad de recibir o de comunicar informaciones o ideas sin que pueda haber injerencia de autoridades y sin consideración de fronteras. El presente artículo no impide que los Estados sometan a las empresas de radiodifusión, de cinematografía o de televisión a un régimen de autorización previa. 2. El ejercicio de estas libertades, que entrañan deberes y responsabilidades, podrá ser sometido a ciertas formalidades, condiciones, restricciones o sanciones, previstas por la ley, que constituyan medidas necesarias, en una sociedad democrática, para la seguridad nacional, la integridad territorial o la seguridad pública, la defensa del orden y la prevención del delito, la protección de la salud o de la moral, la protección de la reputación o de los derechos ajenos, para impedir la divulgación de informaciones confidenciales o para garantizar la autoridad y la imparcialidad del poder judicial».

El artículo 17 dispone que «Ninguna de las disposiciones de este Convenio podrá ser interpretada en el sentido de implicar para un Estado, grupo o individuo, un derecho cualquiera a dedicarse a una actividad o realizar un acto tendente a la destrucción de los derechos o libertades reconocidos en el presente Convenio o a limitaciones más amplias de estos derechos o libertades que las previstas en el mismo».

Es indiscutible que el artículo 10 de la Convención representa el núcleo central de la protección de la libertad de expresión y el principal punto de referencia a la hora de discutir la legitimidad de las normas que la limitan, pero existen otros actos que, a pesar de no tener fuerza vinculante, siendo normas de *soft law*[407], merecen ser mencionados, ya que se adoptaron para proteger contra todas las formas de discriminación[408].

---

407 Con este concepto, ya establecido en la doctrina jurídica internacional, se quiere hacer referencia a un derecho debilitado o *jus in stadio nascendi*. Véase Regent 2003.

408 Para un análisis de los distintos instrumentos de protección adoptados en el seno del Consejo de Europa, véase Weber 2009, 7-17, que destaca por su relevancia el informe preliminar adoptado por la Comisión de Venecia durante la sesión plenaria en referencia a la discriminación racial de 16 y 17 de marzo de 2007 sobre la legislación nacional en Europa relativa a la blasfemia, los insultos religiosos y la incitación al odio religioso y el establecimiento en el Consejo de Europa de la Comisión Europea contra el racismo y la intolerancia (ECRI), cuya tarea es combatir el racismo y las desigualdades y discriminaciones raciales mediante la formulación de recomendaciones dirigidas a los Estados miembros para la determinación de lineamientos para el desarrollo de políticas y estrategias nacionales en diversas áreas. En particular, en la Recomendación de Política General núm. 7 sobre la legislación nacional sobre la lucha contra el racismo y la discriminación racial se exige que los Estados miembros introduzcan disposiciones penales contra diversas expresiones de carácter racista, que incluyen la incitación a la violencia, el odio y la discriminación, los insultos públicos, la difamación o las amenazas contra grupos de personas por motivos de su "raza", color, idioma, religión, nacionalidad u origen nacional o étnico.

Entre ellos, se señalan los siguientes: la Carta Social Europea, en referencia a los derechos sociales y económicos[409], y el Convenio Marco para la Protección de las Minorías Nacionales[410]. Ambos documentos contienen medidas dirigidas a dar protección contra cualquier forma de discriminación. En particular, el último documento mencionado prohíbe toda forma de discriminación por razón de pertenencia a una minoría nacional: los Estados partes en la Convención se comprometen, por tanto, a adoptar medidas adecuadas para promover la igualdad plena y efectiva entre quienes pertenecen a los diferentes grupos, fomentar el espíritu de tolerancia y diálogo intercultural, y adoptar medidas eficaces para promover el respeto mutuo, la comprensión y la cooperación entre todas las personas que viven en su territorio, independientemente de su etnia, cultura, lengua o religión[411].

Además, el Protocolo Adicional al Convenio sobre la Ciberdelincuencia[412], adoptado el 28 de enero de 2003 y que entró en

---

[409] La Carta Social Europea es un tratado adoptado en el marco del Consejo de Europa en 1961 y modificado en 1996. En particular, el artículo E, titulado "No discriminación", establece que «El disfrute de los derechos reconocidos en esta Carta debe garantizarse sin distinción alguna basada, en particular, en motivos de raza, color de piel, sexo, idioma, religión, opiniones políticas o cualquier otra opinión, ascendencia u origen social, salud, pertenencia a una minoría nacional, nacimiento o cualquier otra situación».

[410] El Convenio Marco para la Protección de las Minorías Nacionales es un tratado celebrado el 1 de febrero de 1995 en Estrasburgo en el marco del Consejo de Europa y entró en vigor el 1 de febrero de 1998.

[411] Véanse en particular los artículos 5 y ss.

[412] El Convenio sobre la Ciberdelincuencia es un tratado adoptado en el marco del Consejo de Europa; fue firmado en Budapest el 23 de noviembre de 2001 y entró en vigor el 1 de julio de 2004. Es el primer tratado internacional en referencia a los delitos cometidos a través de internet u otros sistemas informáticos y se ocupa principalmente de infracciones de derechos de autor, fraude electrónico, pornografía infantil y violaciones de seguridad informática. El Protocolo Adicional al Convenio sobre la ciberdelincuencia, relativo a la penalización de actos de carácter racista y xenófobo cometidos mediante sistemas de

vigor el 1 de marzo de 2006, representa un documento muy importante en lo que respecta a la difusión de mensajes de odio a través de internet, ya que prevé la persecución de actos de delitos racistas y xenófobos cometidos a través del sistema informático[413].

---

información, en el artículo 3 establece que «*1. Each Party shall adopt such legislative and other measures as may be necessary to establish as criminal offences under its domestic law, when committed intentionally and without right, the following conduct: distributing, or otherwise making available, racist and xenophobic material to the public through a computer system; 2. A Party may reserve the right not to attach criminal liability to conduct as defined by paragraph 1 of this article, where the material, as defined in Article 2, paragraph 1, advocates, promotes or incites discrimination that is not associated with hatred or violence, provided that other effective remedies are available; 3. Notwithstanding paragraph 2 of this article, a Party may reserve the right not to apply paragraph 1 to those cases of discrimination for which, due to established principles in its national legal system concerning freedom of expression, it cannot provide for effective remedies as referred to in the said paragraph 2*». Además, el artículo 4 contiene disposiciones con referencia a las amenazas motivadas por el racismo y la xenofobia «*Each Party shall adopt such legislative and other measures as may be necessary to establish as criminal offences under its domestic law, when committed intentionally and without right, the following conduct: threatening, through a computer system, with the commission of a serious criminal offence as defined under its domestic law, (i) persons for the reason that they belong to a group, distinguished by race, color, descent or national or ethnic origin, as well as religion, if used as a pretext for any of these factors, or (ii) a group of persons which is distinguished by any of these characteristics*». El artículo 5 está relacionado con los insultos racistas y establece que: «*Each Party shall adopt such legislative and other measures as may be necessary to establish as criminal offences under its domestic law, when committed intentionally and without right, the following conduct: insulting publicly, through a computer system, (i) persons for the reason that they belong to a group distinguished by race, color, descent or national or ethnic origin, as well as religion, if used as a pretext for any of these factors; or (ii) a group of persons which is distinguished by any of these characteristics. A Party may either: a. require that the offence referred to in paragraph 1 of this article has the effect that the person or group of persons referred to in paragraph 1 is exposed to hatred, contempt, or ridicule; or b. reserve the right not to apply, in whole or in part, paragraph 1 of this article*».

413 Para obtener una descripción general de los problemas relacionados con el discurso de odio en internet, consulte Vanacker 2009, 66 y ss.

De hecho, este Protocolo exige que los Estados miembros adopten todas las medidas necesarias, incluso mediante la tipificación de delitos penales, para combatir la distribución o difusión de material con contenido racista y xenófobo a través del sistema informático. La conducta prohibida consiste en amenazar o insultar a personas que pertenecen a un determinado grupo en virtud de su "raza", religión, color, ascendencia u origen nacional o étnico, o hacia el propio grupo. Asimismo, está prohibida la distribución o puesta en circulación de cualquier otro modo de material que niegue, minimice, apruebe o justifique actos que constituyan genocidio o crímenes de lesa humanidad, tal como los define el derecho internacional y las decisiones de la Corte de Nuremberg, o de cualquier otro tribunal internacional cuya competencia sea aceptada por las partes en el propio Convenio[414].

Por último, también dentro de la Unión Europea (UE), cabe mencionar algunas disposiciones de los Tratados y otros actos adoptados por organismos comunitarios para abordar el problema del discurso racista[415].

---

414 Se trata del artículo 6 sobre: "*Denial, gross minimisation, approval or justification of genocide or crimes against humanity*", según el que «*Each Party shall adopt such legislative measures as may be necessary to establish the following conduct as criminal offences under its domestic law, when committed intentionally and without right: distributing or otherwise making available, through a computer system to the public, material which denies, grossly minimizes, approves or justifies acts constituting genocide or crimes against humanity, as defined by international law and recognized as such by final and binding decisions of the International Military Tribunal, established by the London Agreement of 8 August 1945, or of any other international court established by relevant international instruments and whose jurisdiction is recognized by that Party. A Party may either: a. requires that the denial or the gross minimization referred to in paragraph 1 of this article is committed with the intent to incite hatred, discrimination or violence against any individual or group of individuals, based on race, color, descent or national or ethnic origin, as well as religion if used as a pretext for any of these factors, or otherwise; b. reserve the right not to apply, in whole or in part, paragraph 1 of this article*».

415 Véanse Curtin y Guerts 1996 y McGoldrick y O'Donnell 1998, 464.

En primer lugar, el artículo 19 del Tratado de Funcionamiento de la Unión Europea (anteriormente Tratado CE) establece que la UE puede adoptar medidas apropiadas para combatir la discriminación por motivos de sexo, origen racial o étnico, religión o creencias, discapacidad, edad o tendencias sexuales[416].

Esta regla es sustancialmente reproductiva[417] del artículo 13 del Tratado CE modificado por el Tratado de Niza en 2002: en

---

416 El párrafo 1 del artículo 19 de la versión consolidada del Tratado de Funcionamiento de la Unión Europea, introducido por el Tratado de Lisboa, que entró en vigor el 1 de diciembre de 2009, establece que «Sin perjuicio de las demás disposiciones de los Tratados y dentro de los límites de las competencias atribuidas a la Unión por los mismos, el Consejo, por unanimidad con arreglo a un procedimiento legislativo especial, y previa aprobación del Parlamento Europeo, podrá adoptar acciones adecuadas para luchar contra la discriminación por motivos de sexo, de origen racial o étnico, religión o convicciones, discapacidad, edad u orientación sexual».

417 La versión original del Tratado CE no contenía ninguna disposición relativa a la prohibición de la discriminación racial. Esta carencia probablemente estaba relacionada con el hecho de que, al menos inicialmente, los objetivos perseguidos por la Comunidad Europea eran predominantemente de naturaleza económica y dejaban en un segundo plano la protección de los derechos fundamentales. Sin embargo, el Tratado de Amsterdam de 1997 modificó, entre otras cosas, el Tratado CE, previendo la inserción del artículo 6 A, cuyo texto disponía que: «Sin perjuicio de las demás disposiciones del presente Tratado y dentro del ámbito de las competencias atribuidas por ella en la Comunidad, el Consejo, por unanimidad, a propuesta de la Comisión y previa consulta al Parlamento Europeo, podrá adoptar medidas adecuadas para luchar contra la discriminación por motivos de sexo, origen racial o étnico, religión o convicciones personales, discapacidad, edad o tendencia sexual». El Tratado de Niza, de 2002, intervino también sobre el Tratado constitutivo de la Comunidad Económica Europea, sustituyendo y modificando el artículo 6 A con el artículo 13, según el que: «Sin perjuicio de las demás disposiciones del presente Tratado y dentro del ámbito de las competencias que éste confiere a la Comunidad, el Consejo, por unanimidad, a propuesta de la Comisión y previa consulta al Parlamento Europeo, podrá tomar las medidas apropiadas medidas

aplicación de esta disposición, se emitió la Directiva 2000/43/CE del Consejo, de 29 de junio de 2000, relativa a la aplicación del principio de igualdad de trato de las personas independientemente de su origen racial o étnico[418]. El considerando número 6 de la directiva establece que la Unión Europea rechaza las teorías que intentan demostrar la existencia de razas humanas distintas, precisando que el uso del término "raza" en el texto de la directiva misma no implica la aceptación de tales teorías.

El 28 de noviembre de 2008, el Consejo de Ministros adoptó la Decisión marco 2008/913/GAI[419] relativa a la lucha contra determinadas formas y manifestaciones de racismo y xenofobia mediante el derecho penal[420].

Sobre la base de esta normativa, los Estados miembros están obligados a adoptar las medidas necesarias para garantizar que se castiguen los siguientes comportamientos: la incitación pública a la violencia o al odio hacia un grupo de personas o uno de sus miembros, definido en función de la "raza", el color, religión, ascendencia u origen nacional o étnico, incluso cuando tales actos se perpetren mediante la difusión y distribución pública de escritos, imágenes u otro material; la condonación, negación o minimización flagrante de los crímenes de genocidio, crímenes de lesa humanidad y crímenes de guerra, tal como se definen en los artículos 6, 7 y 8 del Estatuto de la Corte Penal Internacional y en el artículo 6 del Estatuto del Tribunal Militar Internacional de Nuremberg. La punibilidad de estas conductas está subordinada a la publicidad de la acción directa contra un grupo de personas

---

para combatir la discriminación por motivos de sexo, origen racial o étnico, religión o creencias, discapacidad, edad u orientación sexual».

418 Directiva 2000/43/CE de 29 de junio de 2000.

419 Decisión Marco 2008/913/GAI del Consejo de 28 de noviembre de 2008.

420 Esta decisión se adoptó en aplicación de la Acción común 96/443/GAI del Consejo, de 15 de julio de 1996, que contiene disposiciones sobre la lucha contra determinadas formas y expresiones de racismo y xenofobia mediante el derecho penal.

o un miembro de tal grupo, identificado según las características diferenciales ya señaladas anteriormente. Estos comportamientos deben castigarse si se llevan a cabo de manera que inciten a la violencia o al odio hacia el grupo o uno de sus miembros[421].

Para perseguir tales conductas, los Estados miembros podrán decidir castigar únicamente aquellas conductas que puedan alterar el orden público o que sean amenazantes, ofensivas o insultantes.

Finalmente, la Carta de Niza (Carta de Derechos Fundamentales de la Unión Europea), que ahora se ha convertido en derecho comunitario y como tal es vinculante para todos los Estados miembros, reconoce tanto la libertad de expresión[422] como el derecho a la no discriminación[423].

---

421 En particular, con referencia al delito de negacionismo, la normativa comunitaria reconoce la posibilidad de que los Estados miembros elijan penalizarlo (junto con la conducta de minimización flagrante de los delitos de genocidio), sólo cuando se trate de hechos que hayan sido objeto de verificación mediante una decisión definitiva de un tribunal nacional de ese Estado miembro y/o de un tribunal internacional, o exclusivamente mediante una decisión definitiva de un tribunal internacional.

422 El artículo 11 de la Carta de Derechos Fundamentales de la Unión Europea sobre "Libertad de expresión y de información" establece que «1. Toda persona tiene derecho a la libertad de expresión. Este derecho comprende la libertad de opinión y la libertad de recibir o de comunicar informaciones o ideas sin que pueda haber injerencia de autoridades públicas y sin consideración de fronteras; 2. Se respetan la libertad de los medios de comunicación y su pluralismo».

423 El artículo 21 de la Carta de Derechos Fundamentales de la Unión Europea sobre "No discriminación" establece que «1. Se prohíbe toda discriminación, y en particular la ejercida por razón de sexo, raza, color, orígenes étnicos o sociales, características genéticas, lengua, religión o convicciones, opiniones políticas o de cualquier otro tipo, pertenencia a una minoría nacional, patrimonio, nacimiento, discapacidad, edad u orientación sexual; 2. Se prohíbe toda discriminación por razón de nacionalidad en el ámbito de aplicación del Tratado constitutivo de la

Además de las herramientas adoptadas a nivel europeo, existen otros medios para proteger los derechos humanos con alcance regional relevantes para el discurso de odio. En este sentido, el artículo 13 de la Convención Americana sobre Derechos Humanos[424] prohíbe explícitamente cualquier forma de propaganda de guerra y apología del odio nacional, racial y religioso que constituya incitación a la violencia ilegal o acciones similares contra cualquier persona o grupo de personas en base a motivos raciales, color, religión, idioma o de origen nacional. Más detalladamente, la Convención Americana sobre Derechos Humanos califica el derecho a la libertad de pensamiento y de expresión mediante la prohibición de «cualquier apología del odio nacional, racial o religioso que constituya incitación a la violencia ilegal o a cualquier otra acción similar», con base en la etnia, color, religión, idioma, origen nacional o condiciones similares[425].

Comunidad Europea y del Tratado de la Unión Europea y sin perjuicio de las disposiciones particulares de dichos Tratados».

424 La Convención Americana sobre Derechos Humanos, también conocida como "Pacto de San José", fue adoptada el 22 de noviembre de 1969 y entró en vigor en 1978, ha sido ratificada por 25 Estados americanos, pero no por Estados Unidos ni Canadá. Esta Convención siguió el modelo de la Declaración Universal de Derechos Humanos de 1948: ambos son instrumentos cuya introducción fue impulsada por la Organización de Estados Americanos. El texto de la Convención Americana es muy similar al del Convenio Europeo de Derechos Humanos y establece una Comisión Interamericana y una Corte de Derechos Humanos. Actualmente cuenta con 24 Estados parte. En particular, debido a la historia política de la región, estos órganos se han ocupado predominantemente de violaciones masivas de derechos humanos en lugar de quejas individuales. Para un análisis en profundidad del sistema jurídico de protección de los derechos humanos establecido por la Convención Americana, véase Steiner, Alston y Goodman 2000, 1020-1062.

425 Más en detalle el artículo 13 de la Convención Americana sobre Derechos Humanos sobre "Libertad de Pensamiento y de Expresión", establece que «Toda persona tiene derecho a la libertad de pensamiento y de expresión. Este derecho comprende la libertad de buscar, recibir y difundir informaciones e ideas de toda índole, sin consideración de fronteras, ya

Además, el artículo 13(5) establece que «toda propaganda a favor de la guerra y todo llamamiento al odio nacional, racial o religioso que constituya incitación a la violencia ilícita o cualquier otra acción similar contra cualquier persona o grupo de personas por cualquier motivo, incluidos los de raza, color, religión, idioma u origen nacional o social, será considerado por la ley como delito»[426].

Con referencia al continente africano, uno de los instrumentos más importantes es la Carta Africana de Derechos Humanos y de

---

sea oralmente, por escrito o en forma impresa o artística, o por cualquier otro procedimiento de su elección; 2. El ejercicio del derecho previsto en el inciso precedente no puede estar sujeto a censura previa sino a responsabilidades ulteriores, las que deben estar expresamente fijadas por la ley y ser necesarias para asegurar: a) El respeto a los derechos o a la reputación de los demás, o b) La protección de la seguridad nacional, el orden público o la salud o la moral públicas; 3. No se puede restringir el derecho de expresión por vías o medios indirectos, tales como el abuso de controles oficiales o particulares de papel para periódicos, de frecuencias radioeléctricas, o de enseres y aparatos usados en la difusión de información o por cualesquiera otros medios encaminados a impedir la comunicación y la circulación de ideas y opiniones; 4. Los espectáculos públicos pueden ser sometidos por la ley a censura previa con el exclusivo objeto de regular el acceso a ellos para la protección moral de la infancia y la adolescencia, sin perjuicio de lo establecido en el inciso 2; 5. Estará prohibida por la ley toda propaganda en favor de la guerra y toda apología del odio nacional, racial o religioso que constituyan incitaciones a la violencia o cualquier otra acción ilegal similar contra cualquier persona o grupo de personas, por ningún motivo, inclusive los de raza, color, religión, idioma u origen nacional».

426 Es interesante subrayar como la versión original del apartado 5 del artículo 13 era idéntica a la del artículo 20 del PIDCP, pero luego una delegación de Estados Unidos, por considerar que esta norma habría sido incompatible con la I Enmienda de la Constitución americana, ya que según la jurisprudencia de la Corte Suprema sólo se puede prohibir la expresión cuando esta consiste en apología del uso de la fuerza, violencia y violación de la ley y siempre y cuando tiene como objetivo incitar o producir una acción inminente sin ningún fundamento legal o que parece incitar o producir dicha acción: véase Oyediran 1992, 33-34.

los Pueblos[427], que en el artículo 9 reconoce el derecho de las personas a recibir información y a expresar y difundir sus opiniones dentro de los límites establecidos por la ley[428].

---

427 La Carta Africana de Derechos Humanos y de los Pueblos fue adoptada en Nairobi el 28 de junio de 1981 por la Conferencia de Jefes de Estado y de Gobierno de la Organización de la Unidad Africana y entró en vigor el 21 de octubre de 1986. Forman parte de esta convención 53 Estados que corresponden a todos los Estados miembros de la Unión Africana. Es un documento que se destaca por la protección integral de los derechos económicos, sociales y culturales del individuo, así como del derecho de los grupos a desarrollarse y disponer de sus recursos naturales. La Carta también contiene un conjunto de responsabilidades dirigidas a los Estados y algunas de ellas son bastante detalladas. En realidad, la aplicación de las disposiciones de la Carta aún no ha alcanzado un nivel satisfactorio, ya que la Corte Africana prevista en la propia Carta empezó a funcionar solamente en 2006. Sus disposiciones establecen que tanto los Estados como los individuos pueden presentar quejas a la Comisión Africana, que, sin embargo, sólo puede hacer recomendaciones a los Estados. Además, los Estados partes están obligados a presentar informes periódicos que certifiquen la adecuación de sus sistemas a las disposiciones señaladas en la propia Convención. Para más información sobre el funcionamiento de la Carta, véanse Steiner, Alston y Goodman 2000, 1062-1083, Mutua 1993, 7 y Daly y Wiebusch 2018. En cuanto a una comparación con el sistema europeo de protección de derechos, véase Jesse 2008, 9, quien subraya que si bien la Corte ha intentado desempeñar un papel importante en la decisión sobre denuncias individuales relativas a violaciones de la Carta, sus decisiones, que tienen el valor de meras recomendaciones, no han tenido el impacto deseado en el conjunto de los Estados en materia de derechos humanos, en África. Finalmente, véanse también Heys 2001 y Gutto 2001.

428 El artículo 9 de la Carta Africana de Derechos Humanos y de los Pueblos establece que: «Todo individuo tendrá derecho a recibir información; 2. Todo individuo tendrá derecho a expresar y difundir sus opiniones, siempre que respete la ley». Para un análisis en profundidad del reconocimiento de la libertad de expresión en la Carta Africana de Derechos Humanos y de los Pueblos, véase Welch Jr. 1998. La Comisión Africana de Derechos Humanos y de los Pueblos ha tenido la oportunidad de comentar sobre la importancia de la libertad de expresión, en referencia a lo cual afirmó que «*Freedom of expression is a basic human right, vital to an*

Además, el artículo 28 establece la obligación de garantizar la protección contra cualquier forma de discriminación y la de mantener contactos encaminados a promover, proteger y fortalecer el respeto y la tolerancia mutuos[429].

Finalmente, la Carta Árabe de Derechos Humanos[430], si bien no contiene una norma específica que proteja la libertad de expresión, en el artículo 26 reconoce el derecho a la libertad de creencia, pensamiento y opinión. Es importante señalar que el artículo 2 de la Carta Árabe se refiere explícitamente a la necesidad de condenar y fortalecer las herramientas para eliminar todas las prácticas basadas en el racismo y el sionismo[431].

---

individual's personal development and political consciousness, and participation in the conduct of public affairs in his country. Under the African Charter this right comprises the right to receive information and express opinion»: *Constitutional Rights Project, Civil Liberties Organisations and Media Rights Agenda v. Nigeria*, Comisión Africana de Derechos Humanos y de los Pueblos, Comunicaciones Núm. 140/94, 141/94, 145/95, 1999, para. 36.

429 El artículo 28 de la Carta Africana de Derechos Humanos y de los Pueblos establece que: «Todo individuo tendrá el deber de respetar y considerar a sus semejantes sin discriminación, y de mantener relaciones encaminadas a promover, salvaguardar y fortalecer el respeto y la tolerancia mutuos».

430 La Carta Árabe de Derechos Humanos, adoptada por el Consejo de la Liga de los Estados Árabes el 22 de mayo de 2004, una organización política internacional de integrada por los Estados del norte de África fundada en 1945. La Carta se basa en la Declaración de las Naciones Unidas, el Pacto Internacional de Derechos Civiles y Políticos y el Pacto Internacional de Derechos Económicos, Sociales y Culturales. Se creó una primera versión de la Carta el 15 de septiembre de 1994, pero ningún Estado la ratificó. La versión actualizada (2004) de la Carta entró en vigor en 2008 después de que siete de los Estados miembros de la Liga de los Estados Árabes la ratificaron. Sobre la Carta del 1994 véase Hare 2009, 69.

431 Según el párrafo 3 del artículo 2 de la Carta Árabe de Derechos Humanos: «(...)3. Todas las formas de racismo, sionismo, ocupación y dominación extranjera desafían la dignidad humana y constituyen un obstáculo fundamental a la realización de los derechos básicos de los pueblos. Existe una necesidad de condenar y esforzarse por eliminar todas esas prácticas».

4.3. LA PROTECCIÓN DE LA *POLIS* EUROPEA EN LA JURISPRUDENCIA DEL TRIBUNAL EUROPEO DE DERECHOS HUMANOS

Los pilares sobre los que, al final de la Segunda Guerra Mundial, se construyó la "Gran Europa" son la democracia, el Estado de derecho y las libertades y derechos humanos fundamentales. Entre estos últimos, un papel ciertamente protagonista lo desempeña la libertad de expresión, consagrada en el artículo 10 de la Convención EDH[432] y desarrollada a través de la jurisprudencia del Tribunal EDH, desde sus primeras decisiones, como uno de los elementos esenciales de una sociedad democrática, ya que constituye una de las condiciones básicas para su progreso y para el desarrollo de cada persona[433].

Como afirmó el mismo Tribunal Europeo en el *leading case Handyside v. Reino Unido*[434], el derecho fundamental a la libertad de expresión también incluye el derecho a pronunciar (y la correspondiente obligación de tolerar) expresiones "extremas", como aquellas que puedan "ofender, escandalizar o molestar" a otros[435]. Sin embargo, entre los discursos que podemos considerar "extremos", existen algunos que el sistema europeo de protección de los derechos humanos ha decidido no tolerar, excluyéndolos del espacio público europeo[436]. De hecho, las necesidades de mantener la convivencia pacífica y la cohesión social dentro de la estructura diseñada por el Consejo de Europa[437] requieren que

---

432 Véase *supra*.

433 Tribunal EDH, *Handyside v. Reino Unido*, cit., par. 49.

434 Véase *supra*.

435 Véase Tribunal EDH, *Handyside v. Reino Unido*, cit., par. 49.

436 Para una distinción entre discurso de odio legalmente relevante e irrelevante, véase Nockleby 2000, 1277-1279. Véase también Hare y Weinstein 2009.

437 En este sentido, véase el artículo 1 del Tratado de Londres (1949), por el que se crea el Consejo de Europa, según el que: «El Consejo de Europa tiene como objetivo realizar una unión más estrecha entre sus

el sistema europeo de protección de los derechos humanos luche contra cualquier forma de intolerancia y discriminación, ya sea racial, étnica, religiosa o de otro tipo. En este contexto, se presta especial atención a una de las formas más sutiles de intolerancia y discriminación: el discurso de odio.

Como ya vimos, el discurso de odio es una categoría expresiva peligrosa ya que es potencialmente capaz de socavar los cimientos de la democracia pluralista y el Estado de derecho. En este punto, surge espontáneamente una cuestión que, a pesar de tener su origen en la democracia política, viene agitando desde hace años el debate constitucional sobre la idoneidad o legitimidad constitucional de medidas que, al limitar la libertad de expresión, pretenden proteger otros valores fundamentales constitucionalmente relevantes: ¿debería el espacio democrático europeo tolerar la difusión del discurso de odio?

La necesidad de reforzar la defensa de los derechos fundamentales, la democracia y el Estado de derecho, que surgió con fuerza especialmente después de la Segunda Guerra Mundial, impulsó a la comunidad internacional a crear un espacio jurídico y político en el que, gracias a diversos documentos de carácter internacional[438] y

---

miembros para proteger y promover los ideales y principios que les son comunes y promover su progreso económico y social». En el mismo sentido va también el preámbulo del Convenio Europeo, que señala «[...] Considerando que el objetivo del Consejo de Europa es lograr una unión más estrecha entre sus miembros, y que uno de los medios para lograrlo es la protección y desarrollo de los derechos humanos y las libertades fundamentales; [...]».

438 Fue gracias a la Carta de las Naciones Unidas, aprobada en San Francisco en 1945, que la cuestión de los derechos humanos encontró espacio en la agenda del derecho internacional. Numerosos documentos han sido aprobados en el marco de la Organización de las Naciones Unidas; entre estos se destacan la Declaración Universal de Derechos Humanos (1948); la Convención para la Prevención y la Sanción del Delito de Genocidio (1948); el Pacto Internacional de Derechos Civiles y Políticos y el Pacto Internacional de Derechos Económicos, Sociales y Culturales (ambos de 1966); la Convención sobre el Estatuto de los Refugiados (1951); la Con-

regional[439], se obliga a los Estados a garantizar un nivel mínimo de protección de los derechos.

---

vención sobre la Eliminación de Todas las Formas de Discriminación Racial (1965); la Convención sobre la Represión y el Castigo del Crimen de Apartheid (1973); la Convención sobre la Eliminación de Todas las Formas de Discriminación Contra la Mujer (1979); la Convención contra la Tortura y Otros Tratos o Penas Crueles, Inhumanos o Degradantes (1984); la Convención sobre los Derechos del Niño (1989); la Convención para la Protección de Todas las Personas Contra las Desapariciones Forzadas (2007); y la Convención sobre los Derechos de Todas las Personas con Discapacidad (2007). Véanse, *ex plurimis*, Citroni y Scovazzi 2013, 10 ss.

439 Además del sistema europeo de protección de los derechos humanos, también el sistema interamericano de protección de los derechos humanos tiene una gran relevancia, dentro del cual se aprobaron los siguientes documentos: la Declaración Americana de los Derechos y Deberes del Hombre (1948); la Convención Interamericana sobre Concesión de Derechos Civiles a la Mujer (1948); la Convención Interamericana sobre Concesión de Derechos Políticos a la Mujer (1948); la Convención Americana sobre Derechos Humanos o Pacto de San José (1969); la Convención Interamericana para Prevenir y Sancionar la Tortura (1984); el Protocolo Adicional a la Convención Americana sobre Derechos Humanos sobre Derechos Económicos, Sociales y Culturales o Protocolo de San Salvador (1988); el Protocolo de la Convención Americana sobre Derechos Humanos relativo a la Abolición de la Pena de Muerte (1990); la Convención Interamericana sobre Desaparición Forzada de Personas (1994); la Convención Interamericana para Prevenir, Sancionar y Eliminación de la Violencia contra la Mujer o Convención de Belem do Pará (1994); la Convención Interamericana para la Eliminación de Todas las Formas de Discriminación contra las Personas con Discapacidad (1999); la Convención Interamericana contra el Racismo, la Discriminación Racial y Formas Conexas de Intolerancia (2013); la Convención Interamericana Contra Toda Forma de Discriminación e Intolerancia (2013); y la Convención Interamericana para la Protección de los Derechos Humanos de las Personas Adultas (2015). En el sistema africano de protección de los derechos humanos, vale la pena mencionar los siguientes documentos relevantes: la Carta Africana de Derechos Humanos y de los Pueblos (1981); la Carta Africana sobre los Derechos y el Bienestar del Niño (1990); el Protocolo sobre los Derechos de la Mujer en África (2003); y la Carta Árabe de Derechos Humanos (2004).

En Europa, este espacio se ha construido y reforzado gracias al compromiso adquirido, por un lado, con la consolidación del sistema comunitario y, por otro, con el fortalecimiento de la protección de los derechos humanos, la democracia y el Estado de derecho en el marco de las actividades del Consejo de Europa, en particular mediante la aprobación en 1950 del Convenio Europeo[440].

La firma en Roma, el 4 de noviembre de 1950, del Convenio Europeo representa un verdadero punto de inflexión en el ámbito de la protección de los derechos humanos a nivel internacional, ya que no se limita, como lo habían hecho hasta entonces otros instrumentos internacionales como la Declaración Universal de Derechos Humanos de dos años antes, a reconocer los derechos protegidos. Se previó, desde un principio, un mecanismo de protección de los derechos en él reconocidos a través de un aparato jurisdiccional con un órgano, el Tribunal Europeo, con competencia para dictar decisiones obligatorias y vinculantes con el fin de garantizar el cumplimiento efectivo de los mismos por parte de los Estados miembros[441], al interior de la *polis* europea.

---

440 Incluso antes de que terminara la Segunda Guerra Mundial, surgió en Europa la necesidad de generar un sistema europeo para la protección de los derechos humanos. Esta necesidad llevó a la creación del Movimiento Federalista Europeo que se reunió en el Congreso de La Haya en mayo de 1948. Durante el Congreso surgieron las dos visiones que luego dieron vida al sistema comunitario de la "Pequeña Europa" y al sistema proeuropeo de "Gran Europa". La primera fue la federalista en la que participaron Francia, Bélgica e Italia (y a la que luego se sumó Alemania) y la unionista o cooperación gubernamental tradicional apoyada principalmente por el Reino Unido y los países escandinavos, que dio origen al Tratado de Londres, de 5 de mayo de 1949. En este sentido, véase Randazzo 2012, 1 y ss. Sobre las vicisitudes que llevaron a la firma de la Convención Europea, véase Russo y Quaini 2006, 3 y ss.

441 El sistema originalmente previsto por el Tribunal EDH para la protección de los derechos reconocidos en el Convenio se dividió en un doble órgano judicial: la Comisión Europea de Derechos Humanos y el Tribunal Europeo. El sistema fue modificado en 1998 con la entrada en vigor

Una *polis* sería, según la filósofa política Hannah Arendt, el espacio dentro del que las personas conviven y comparten ciertos objetivos comunes, unidas por un vínculo de libertad, independientemente de dónde se encuentren[442].

La *polis*, por lo tanto, no sería —o no sería solo— un lugar físico; no sería simplemente esa ciudad-estado que identifica físicamente un territorio. Más bien, sería un concepto que indica una organización de personas que surge de su acción y habla conjuntas. El auténtico espacio de la *polis* sería aquel que se desarrolla entre personas que conviven, compartiendo ideales comunes. Si entonces el concepto de *polis* corresponde a este espacio, es bastante fácil creer que, desde el principio, la idea de los padres fundadores del sistema europeo de protección de los derechos humanos fue la de crear un espacio de libertad, paz y seguridad; un espacio no solo físico, sino de valores comunes compartidos, en el que el objetivo de la convivencia de las personas es el fortalecimiento de la democracia, el Estado de derecho y los derechos humanos.

Uno de los valores fundamentales de la *polis* europea es la libertad de expresión: fundamental, pero no absoluta. Como en la Atenas democrática, el abuso de la *paressía*[443] —entendida no

---

del Protocolo XI y actualmente confía la garantía jurisdiccional de los derechos del Convenio únicamente al Tribunal EDH.

442 En este sentido véase Arendt 1988. A su vez, la concepción de Arendt se inspira en la idea de *polis* de Aristóteles en *Política* (1328 b 35).

443 La *polis* en la democracia ateniense se caracterizaba por la presencia de tres elementos: la *isonomía* (la participación igualitaria de todos los ciudadanos en el ejercicio del poder); la *isegorìa* (el igual derecho a hablar); y la *paressìa* (la libertad de expresar las propias opiniones en el *ágora*). Desde el siglo V a.C., los filósofos de la antigua Grecia, entre ellos Eurípides, Sócrates, Platón y Aristóteles, consideraban la *paressìa* una idea central de la democracia ateniense y al, mismo tiempo, una actitud ética propia del buen ciudadano. La práctica de la "*paressìa*" en la antigua Grecia en un determinado momento "se alteró", revelándose así peligrosa para la democracia: si cada ciudadano podía expresar

solo como un derecho, sino también como un deber moral de los ciudadanos para el bien común y la democracia— fue sancionado con medidas que implicaban la exclusión de la persona del *demos* y de la *polis*[444].

Asimismo, en el espacio democrático europeo, todas aquellas expresiones que puedan poner en peligro el sistema democrático y/o los derechos fundamentales implican la exclusión de ciertas expresiones. El efecto de autodefensa que se produce, por tanto, en referencia a la libertad de expresión, no es la exclusión de la persona de la comunidad, sino la exclusión de la expresión misma del *ágora*, del ámbito contemporáneo del debate público, lo que daría lugar a sanciones civiles o penales que pueden ser impuestas por los Estados miembros y que no implican una violación del Convenio.

Existen dos mecanismos de autodefensa judicial establecidos en este sentido por el sistema europeo de protección de los derechos humanos: en primer lugar, hay un mecanismo que podríamos llamar "fisiológico", que se activa en la convivencia normal de los derechos fundamentales. Es el mismo artículo 10 que en el segundo párrafo indica qué limitaciones a la libertad de expresión están permitidas, tanto desde el punto de vista formal (deben ser formalidades, condiciones, restricciones o sanciones previstas por la ley y deben respetar el principio de necesidad en una sociedad democrática), como desde un punto de vista sustancial (solo se permiten aquellas medidas restrictivas encaminadas a proteger

---

su opinión y todas las opiniones tenían igual dignidad, el acceso a la verdad se volvía problemático y, en ocasiones, se tenía que excluir de manera definitiva. Surgió entonces la necesidad de establecer quién estaba legitimado para expresar la verdad, por tener las capacidades cognitivas para discernir lo verdadero de lo falso, y quién tenía derecho a acceder a la verdad, un problema estrictamente ligado a la propiedad del poder (de quienes gobiernan) y a la obligación política (de quienes obedecen).

444 Sobre estas cuestiones, y en particular sobre las implicaciones contemporáneas de la llamada "muerte civil", véase Ríos Vega y Spigno 2021.

uno de los valores señalados en la misma disposición: seguridad nacional, integridad territorial o seguridad pública, defensa del orden y prevención de delitos, protección de la salud o la moral, protección de la reputación o los derechos de otros, protección de información confidencial o de la autoridad e imparcialidad del poder judicial).

Otro mecanismo judicial, sin embargo, se activa en momentos "patológicos" del sistema: se trata de la cláusula de abuso de libertad. El abuso de una de las libertades reconocidas en el Convenio EDH activa la válvula de protección contenida en el artículo 17[445].

El artículo 17 es el producto del momento político específico que reinaba en Europa al finalizar la Segunda Guerra Mundial y de la necesidad de luchar contra los enemigos de la democracia[446],

---

445 Véase *supra*.

446 La presencia de esta disposición en el Convenio EDH es el resultado de una "gestación" convulsa, impulsada principalmente por Grecia. En los proyectos presentados por el Movimiento Europeo en febrero y julio de 1949 no había rastro de tal disposición. Durante el debate en la Asamblea Parlamentaria algunas intervenciones estuvieron encaminadas a la inclusión de una cláusula de abuso. Se trataba de intervenciones que hacían referencia a experiencias contemporáneas y en particular al nazismo, el fascismo y el comunismo. Su inclusión en el texto definitivo de la Convención se debe a la insistencia de Grecia, inmersa desde hace años en una guerra civil que enfrentaba al Gobierno contra los comunistas, y de Turquía que, en plena Guerra Fría, invocó instancias de legítima defensa con el objetivo de impedir movimientos subversivos o, en cualquier caso, llevar a cabo actividades antidemocráticas idóneas a suprimir los derechos humanos. Durante los trabajos de la Asamblea Consultiva del Consejo de Europa, el representante griego, Sr. Maccas, afirmó que la libertad humana, siendo sagrada, no puede convertirse en un arsenal en el que los enemigos de la libertad puedan encontrar armas que puedan utilizar para destruir esa libertad. En consecuencia, la decisión en ese momento fue en el sentido de diseñar una democracia capaz de defenderse a sí misma. Véanse De Filippi, Bosi y Harvey 2006, 548 y ss. y los *Travaux Préparatoires*, 1949, I sesión, 1235, 1237 y 1239. Al final, la Asamblea acordó incluir la redacción actual del artícu-

tanto a nivel internacional como nacional[447]. Además de la letra de la norma y los hechos que dieron lugar a su origen, la *ratio* del artículo 17 resulta evidente en la interpretación y aplicación dada por los órganos judiciales europeos[448]. Se trata de una disposición de cierre del sistema, que permanece en un segundo plano, como lo demuestra, por un lado, su aplicación esporádica —que incluso ha suscitado dudas sobre su utilidad real— y, por otro, la falta de una solución completa y teorización sistemática[449].

El artículo 17 no es una norma autónoma, sino instrumental y siempre va acompañada de otra disposición cuyo abuso se denuncia. Su presencia permite al Tribunal Europeo y a los Estados comportarse de manera "militante" y represiva hacia individuos,

---

lo 17 del texto final de la Convención. Sobre esta disposición véanse Le Mire 1995 y Van Drooghenbroeck 2001.

447 A nivel internacional, véanse los artículos 30 de la Declaración Universal de Derechos Humanos, 5 del Pacto Internacional de Derechos Civiles y Políticos, 5 del Pacto Internacional de Derechos Económicos, Sociales y Culturales, 29 de la Convención Americana sobre Derechos Humanos y 54 de la Carta de Derechos Fundamentales de la Unión Europea. También el artículo 18 de la Constitución italiana puede interpretarse en este sentido y, *ex plurimis*, véanse los artículos 4 de la Constitución francesa de 1958 y 9, 18 y 21 de la Ley Fundamental de Bonn. Sobre los enemigos de la democracia, véase Dumont, Mandoux y Strowel 2000.

448 La primera aplicación del artículo 17 ocurrió en el caso *Partido Comunista Alemán v. República Federal de Alemania* (Comisión EDH, 20 de julio de 1957), con la que la Comisión Europea consideró conforme a la Convención la prohibición del partido comunista ordenada por Alemania, ya que entre sus objetivos declarados estaba el de proseguir la revolución y la dictadura del proletariado, objetivo que evidentemente violaba los valores de las instituciones democráticas. Esta sentencia representa el punto de partida para la aplicación del principio *de quo* en referencia a todos aquellos casos relativos a teorías inspiradas en doctrinas totalitarias o que expresen ideas que representen una amenaza para el orden democrático y que sean adecuadas para conducir a la restauración de un régimen totalitario.

449 Véase Spielmann 1998, 682-683.

asociaciones y/u organizaciones que tienen como objetivo la destrucción de los derechos y libertades contenidos en la Convención y que amenazan gravemente el futuro democrático del sistema, configurando así el sistema europeo de protección de los derechos humanos como una "democracia militante"[450].

Configurar el sistema europeo como una democracia militante implica la exclusión de expresiones y/o asociaciones en virtud del contenido y peligro potencial que implican, más que por el peligro real. La relación entre el mecanismo "fisiológico" y el "patológico" de protección de los derechos de la Convención EDH, y, por tanto, entre el artículo 10, párrafo segundo y el artículo 17, es explicitada por el propio Tribunal Europeo: solo se justifican convencionales aquellas limitaciones expresamente señaladas por el artículo 10, pero en el caso de que individuos o grupos con ideas totalitarias intenten abusar de los derechos y libertades de la Convención para lograr sus propios fines, entraría en juego el artículo 17. Esta disposición constituye, por tanto, una barrera a la posibilidad de recurrir al Convenio para justificar actos o actividades realizados con el objetivo de destruir los derechos y libertades en él reconocidos (sin implicar, sin embargo, la pérdida para la persona de los mismos derechos fundamentales y, en particular, los previstos en los artículos 5 y 6 de la Convención)[451].

Por lo tanto, cualquier observación o comentario dirigido contra los valores fundacionales del Convenio sería eliminado del ámbito de protección garantizado por el artículo 10 mediante la aplica-

---

450 El término "democracia militante" fue acuñado por Karl Lowenstein (1937, 417 ss.), para hacer referencia a una forma de democracia constitucional que puede proteger los derechos civiles y políticos de manera preventiva limitando su ejercicio en ciertos contextos. Las principales manifestaciones de la democracia militante incluyen la legislación sobre discursos de odio, la prohibición o disolución de partidos políticos, las limitaciones a las manifestaciones masivas y la criminalización de algunas organizaciones políticas.

451 Tribunal EDH, *Lawless v. Irlanda (n. 3)*, 1 de julio de 1961.

ción del artículo 17[452]. En este sentido, es posible clasificar la jurisprudencia del Tribunal Europeo sobre discursos extremos en tres categorías diferentes. La primera incluye aquellas expresiones que suponen un ataque a los valores de la Convención y que, por tanto, determinan la aplicación del artículo 17. La segunda se refiere a expresiones que, a pesar de ser "extremas", no representan una forma de abuso de derecho y, por tanto, determinan la intervención de las limitaciones previstas por el artículo 10, segundo párrafo. Finalmente, la tercera categoría abarca aquellas expresiones que, aun siendo "fuertes" o "desagradables", no llegan a ser consideradas como discurso de odio y, por tanto, su limitación determinaría la vulneración del artículo 10 de la Convención.

4.3.1. *Discursos que van contra el espíritu y el texto de la Convención: la aplicación del artículo 17*

En materia de libertad de expresión, el Tribunal Europeo ha aplicado el artículo 17 en los casos en los que ha encontrado una incompatibilidad *ratione materiae* entre los hechos que dieron lugar a la injerencia estatal que limitó la libertad de expresión del demandante en el caso específico y los valores fundacionales de la Convención[453], pero también en aquellos casos en que el recurrente pretendía "abusar" de la finalidad de la libertad prevista por el artículo 10, utilizándola para fines distintos a los que está destinada. El efecto jurídico que produce la aplicación del artículo 17 consiste en la declaración de inadmisibilidad del recurso o, en algunas de las sentencias más recientes, en la declaración de inaplicación del artículo 10.

---

452 Como en el caso Tribunal EDH, *Seurot v. Francia,* 18 de mayo de 2004.

453 Las amenazas al orden democrático también entrarían en este primer grupo: véanse, además de la decisión de la Comisión EDH ya citada *Partido Comunista Alemán v. República Federal de Alemania,* también las decisiones del Tribunal EDH, *B.H, M.W., H.P. y G.K. v. Austria,* 12 de octubre de 1989, *Nachtmann v. Austria,* 9 de septiembre de 1998 (ambas sobre la difusión de las ideas neonazi), y *H., W., P., e K. C. Austria,* 12 de octubre de 1989.

El Tribunal Europeo aplicó el artículo 17 en casos de odio étnico, racial y religioso, considerados por el Tribunal como ataques vehementes y generales contra los valores subyacentes de la Convención y, en particular, de la paz social, la tolerancia y la no discriminación. Estos casos, por tanto, entrarían dentro de las circunstancias previstas por el artículo 17, al no ser posible reclamar la protección prevista por el artículo 10.

Ya en 1979, con la decisión *Glimmerveen y Hagenbeek v. Países Bajos*[454], el Tribunal Europeo consideró que los recurrentes, responsables de haber distribuido folletos pidiendo la expulsión del territorio holandés de todas aquellas personas que no pertenecían a la "población blanca holandesa", habían intentado utilizar el artículo 10 para legitimar una actividad discriminatoria en claro contraste con el texto y el espíritu de la Convención, idónea a contribuir a la destrucción de los derechos y libertades allí reconocidos. Los demandantes, miembros de un partido político que promovía una sociedad étnicamente homogénea, habían sido condenados por las autoridades holandesas por posesión —con el fin de difundir— de los folletos antes mencionados, y al mismo tiempo se les había prohibido participar en las elecciones municipales en Ámsterdam y La Haya, declarando la invalidez de las listas en las que figuraba el partido. Según las autoridades nacionales, la política apoyada por los demandantes perseguía el objetivo de expulsar a todos los "no blancos" del territorio holandés, sin tener en cuenta su nacionalidad, duración de residencia, vínculos familiares u otros vínculos sociales, económicos, humanitarios o de otro tipo. Se trataba, por tanto, de una política que claramente contenía elementos de discriminación racial, actividad evidentemente prohibida conforme al artículo 17 de la Convención y que, de ser tolerados, podrían contribuir a la destrucción de los derechos y libertades reconocidos en la propia Convención.

Incluso la publicación de una serie de artículos que retrataba a los judíos como la fuente de todos los males (en este caso, en Ru-

---

454 Tribunal EDH, *Glimmerveen e Hagenbeek v. Paises Bajos*, 11 de octubre de 1979.

sia) y pedían su exclusión de la vida social, los acusaban de tramar una conspiración contra el pueblo ruso y de ser los verdaderos partidarios de ideología fascista ha provocado la aplicación por parte del Tribunal Europeo del artículo 17, dado que se trataba de artículos con un tono marcadamente antisemita en los que se negaba a las personas judías el derecho a la dignidad nacional y se incitaba al odio hacia ellas. El Tribunal afirmó que un ataque tan generalizado y vehemente contra un grupo étnico está en contradicción con los valores que subyacen en la Convención, en particular la tolerancia, la paz social y la no discriminación[455]. Además, el artículo 17 también se aplicó para evitar la circulación de expresiones como la negación del genocidio cometido contra el pueblo judío durante la Segunda Guerra Mundial, mediante la publicación de artículos o libros[456] o representaciones teatrales[457].

En la decisión de inadmisibilidad pronunciada en el caso *Garaudy*, el juez de Estrasburgo señaló que «afirmar que el exterminio de los judíos nunca se produjo o se produjo en una escala decididamente menor implica un intento de difamar al pueblo judío»[458]. En este caso, el Tribunal, al tomar en consideración las acusaciones que Garaudy, autor del libro negacionista *Los mitos fundacionales de la política israelí*, había dirigido en sus obras a las víctimas del exterminio planeado y ejecutado en contra del pueblo judío de haber falsificado la historia, declaró inadmisible el recurso presentado contra la sentencia impuesta en Francia, excluyendo la posibilidad de ejercer la libertad de opinión sobre

---

455 Véase Tribunal EDH, *Pavel Ivanov v. Rusia*, 20 de febrero de 2007. El Tribunal EDH aplica un principio similar en el caso *W.P. y otros v. Polonia*, 2 de septiembre de 2004, en relación con la negativa de las autoridades polacas a permitir la creación de una asociación con normas que incluían declaraciones antisemitas. En este caso, el Tribunal afirmó que los demandantes no podían beneficiarse de la protección prevista en el artículo 11 sobre libertad de asociación.

456 Tribunal EDH, *Garaudy v. Francia*, 24 de junio de 2003.

457 Tribunal EDH, *M'Bala M'Bala v. Francia*, cit.

458 Traducción propia.

«hechos históricos objetivamente establecidos, como el Holocausto»[459].

De hecho, en opinión del Tribunal, los escritos de *Garaudy* no podían considerarse en modo alguno un trabajo de investigación histórica, ya que pretendían rehabilitar el régimen nacionalsocialista acusando a las víctimas del Holocausto de falsificación histórica. Este propósito la hacía incompatible «con la democracia y los derechos humanos y contraria a los valores fundamentales de la Convención»[460]. Por tanto, el Tribunal concluyó afirmando que «las sentencias ya impuestas anteriormente a *Garaudy* por los jueces franceses no imponen una censura ilegítima de la libertad de expresión del pensamiento, sino que protegen la paz del pueblo francés»[461].

En particular, según el juez de Estrasburgo, negar el Holocausto representa una de las formas más graves de difamación racial contra el pueblo judío y una de las formas más peligrosas de incitación al odio hacia el. De hecho, cuestionar acontencimientos históricos "claramente establecidos" —contra los que ya no sería necesario realizar ningún tipo de averiguación— no significa hacer investigación histórica o científica. Más bien, el verdadero objetivo de tales actividades sería rehabilitar el régimen nacionalsocialista y acusar a las propias víctimas de falsificar la historia. Estos actos son manifiestamente incompatibles con los valores de la Convención[462].

---

459 Tribunal EDH, *Garaudy v. Francia*, cit., pág. 28 [traducción propia]. El Tribunal había afirmado el mismo principio en el caso *Lehideux e Isorni v. Francia*, 23 septiembre 1998

460 Tribunal EDH, *Garaudy v. Francia*, cit., pág. 29 [traducción propia].

461 Tribunal EDH, *Garaudy v. Francia*, cit., pág. 30 [traducción propia].

462 El fallo del Tribunal en el caso *Garaudy* fue precedido por el fallo de la Comisión EDH en el caso *Marais v. Francia*, 24 de junio de 1996. El caso *Marais* se refería a un artículo publicado en una revista cuyo objetivo era demostrar la verosimilitud científica de los "presuntos gaseamientos". En este caso, la Comisión Europea afirmó que las autoridades nacionales habían demostrado satisfactoriamente que el verdadero ob-

Más recientemente, en 2015, el Tribunal EDH rechazó el recurso interpuesto por Dieudonné M'Bala M'Bala, comediante francés con actividades políticas, condenado por insultar públicamente a una persona o a un grupo de personas por su origen étnico o su pertenencia a una determinada etnia, comunidad, nación, "raza" o religión. En particular, al final de un espectáculo teatral que tuvo lugar en diciembre de 2008 en París, el recurrente había invitado a Roberto Faurisson a acompañarlo al escenario para recibir un premio. Faurisson, como ya se mencionó *supra*, es un académico francés que ha recibido varias condenas en su país por sus opiniones negacionistas y revisionistas y, sobre todo, por negar la existencia de las cámaras de gas en los campos de concentración nazi durante la Segunda Guerra Mundial. El premio, un candelabro de tres brazos con una manzana en cada rama, fue entregado a Faurisson por un actor vestido con un pijama de rayas donde estaba cosida una estrella de seis puntas y aparecía la palabra "judío". El actor que entregó el premio a Faurisson estaba interpretando el papel de un judío deportado a un campo de concentración.

---

jetivo del demandante con su publicación, aunque "disfrazada" de trabajo científico, era negar la existencia de las cámaras de gas o que éstas habían sido utilizadas para cometer actos de genocidio. Este intento iba en contra de las ideas fundamentales que subyacen a la Convención, tal como se expresan en el preámbulo, y en particular la justicia y la paz. En realidad, fue un intento de distraer el artículo 10 con un propósito diferente y con una finalidad contraria al texto y al espíritu de la Convención, una finalidad capaz de contribuir a la destrucción de los derechos y libertades garantizados por la Convención. Además, ya en la decisión del caso *Marais*, se destaca la necesidad de distinguir entre aquellos hechos históricos de dominio público (como el Holocausto, tal como se determinó en los juicios de Nuremberg y Tokio), con referencia a los cuales no es necesario demostrar la veracidad o falsedad de los resultados de la investigación científica del demandante, y hechos sobre los que todavía es necesario realizar una investigación histórica (como en el caso del genocidio armenio). Sin embargo, el Tribunal ha consolidado esta orientación, también confirmada en el caso *Perinçek v. Suiza*, cit.

El Tribunal declaró inadmisible el recurso de M'Bala M'Bala por incompatibilidad *ratione materiae*, considerando que la dinámica de la entrega del premio a Faurisson ya no podía considerarse un entretenimiento teatral, sino que adquiría las características de una hecho con tintes políticos. Con el pretexto de la comedia, el demandante había promovido la negación del Holocausto, a través de la posición central otorgada a la presencia de Faurisson y la representación degradante de las víctimas judías de la deportación nazi, frente a un hombre que negaba su exterminio.

Según el Tribunal, el espectáculo *de quo*, más que un acto satírico muy provocador, debía considerarse como una manifestación clara de odio y antisemitismo, disfrazada de producción artística y tan peligrosa como un posible ataque directo y explícito. Representaba, en cualquier caso, una plataforma ideológica que iba en contra de los valores de la Convención Europea. También en este caso, por tanto, el recurrente hizo uso de su libertad prevista por el artículo 10, con fines incompatibles con la letra y el espíritu de la Convención que podían contribuir a la destrucción de los derechos y libertades reconocidos en la Convención[463].

Finalmente, en referencia a la incitación al odio religioso, el Tribunal Europeo aplicó el artículo 17 en la decisión *Norwood v. Reino Unido*[464]. En este caso, el recurrente, representante regional del Partido Nacionalista Británico (BNP, por sus siglas en inglés, *British National Party*), había colocado en la ventana de su apartamento (ubicado en el primer piso de un edificio) un cartel regalado por el partido, mostrando una fotografía de las Torres Gemelas en llamas con las palabras: "Islam fuera de Gran Bretaña: protejamos al pueblo británico". El cartel también llevaba un símbolo de la media luna y la estrella islámicas con un cartel de prohibición. Tras la denuncia de un ciudadano, la policía retiró el cartel y Norwood fue condenado en aplicación del *Public Order Act* (1986) por "*displaying, with hostility towards a racial or religious*

---

463 Tribunal EDH, *M'Bala M'Bala v. Francia*, cit.

464 Tribunal EDH, *Norwood v. Reino Unido*, 16 de noviembre de 2004.

group, any writing, sign or other visible representation which is threatening, abusive or insulting, within the sight of a person likely to be caused harassment, alarm or distress by it".

El Tribunal, coincidiendo con la decisión adoptada por los jueces nacionales, afirmó que el cartel exhibido por el demandante equivalía a una expresión pública de ataque contra todos los musulmanes en el Reino Unido. Según el juez europeo: «Un ataque de este tipo, general y vehemente contra un grupo religioso, identificando al grupo en su totalidad a través de lo que constituye un grave acto de terrorismo, es incompatible con los valores proclamados y garantizados por la Convención y, en particular, la tolerancia, la paz social y la no discriminación. El acto realizado por el recurrente de exhibir ese cartel en el escaparate de su apartamento constituye un abuso conforme al artículo 17 [de la Convención], por lo que no puede considerarse protegido por el artículo 10»[465]. Por lo tanto el Tribunal, también en este caso, desestimó el recurso por ser incompatible *ratione materiae* con las disposiciones del Convenio.

4.3.2. Discursos que es necesario limitar en una sociedad democrática: la aplicación del artículo 10, 2 párrafo

Además de las expresiones cuyo acceso al *ágora* europea está bloqueado por el artículo 17, también hay algunas ideas cuya circulación está limitada por el artículo 10, segundo párrafo, de conformidad con aquellas medidas limitativas de derechos adoptadas por los Estados y que cumplan con el principio de proporcionalidad allí previsto, es decir que estén dirigidas a lograr un objetivo legítimo y sean necesarias en una sociedad democrática.

Entre las expresiones que han sido incluidas en esta segunda categoría, y que por tanto no pueden formar parte del debate público europeo, se encuentran la apología de la violencia y la

---

465 Tribunal EDH, *Norwood v. Reino Unido*, cit., pág. 4 [traducción propia].

incitación a las hostilidades, como afirmó el Tribunal Europeo en el caso *Surek (n° 1) v. Turquía*[466].

En este caso, el demandante, principal accionista de un semanario, había sido condenado por ser responsable de la publicación de unas cartas de lectores en las que se relataban las acciones militares turcas llevadas a cabo en el sudeste del país en el marco de la guerra de liberación del Kurdistán. Según las autoridades nacionales, estas cartas incitaban a la violencia contra una parte de la población (los turcos en este caso), por las brutalidades cometidas contra los kurdos, en un contexto de fuerte tensión política e inseguridad. Según el juez europeo, corresponde a las autoridades estatales, como garantes del orden público, adoptar todas aquellas medidas, incluso de carácter penal, idóneas para reaccionar de forma adecuada, pero sin excesos, ante los problemas de seguridad que puedan surgir en el seno del país.

En el caso de comentarios que incitan a la violencia contra un individuo, un funcionario público o un sector de la población, las autoridades tienen un margen de apreciación más amplio para evaluar la necesidad de injerencia en la libertad de expresión. En el presente caso, el Tribunal, al evaluar cuidadosamente las palabras utilizadas en las cartas *de quibus* y el contexto en el que fueron publicadas (la situación de seguridad en el sudeste de Turquía, donde aproximadamente desde 1985 se habían registrado graves tensiones entre las fuerzas de seguridad y miembros del PKK, que provocó grandes pérdidas de vidas y la imposición de un estado de emergencia en gran parte de la región), señaló la existencia de un claro intento de estigmatizar al pueblo turco, mediante el uso de epítetos como "el fascista ejército turco", "los sicarios del imperialismo", junto con referencias a "masacres", "brutalidad" y "matanza".

---

466 Tribunal EDH, *Surek (no. 1) v. Turquía,* 8 de julio de 1999.

En este contexto, las cartas se tenían que considerar ofensivas y, en cuanto tales, eran idóneas a generar más violencia en la región al inculcar un odio profundo e irracional contra las personas señaladas como responsables de las supuestas atrocidades, dado que el mensaje que querían transmitir a las personas que las leyeran era que el uso de la violencia podría considerarse una medida necesaria y justificada de legítima defensa frente a las agresiones. En consecuencia, el Tribunal Europeo consideró que la condena del demandante era necesaria en una sociedad democrática por no haber cumplido con los deberes y responsabilidades que deben de respetar tanto editores como periodistas, y más aún en una situación de conflicto y tensión[467].

Además, el Tribunal afirmó que, entre las expresiones que es necesario limitar en una sociedad democrática, se encuentran las siguientes hipótesis: la posesión y distribución en una escuela secundaria de folletos en los que se define la homosexualidad como una "propensión sexual desviada", capaz de producir "un efecto moralmente destructivo" en la sociedad y señalada como la principal causa responsable del VIH y el SIDA[468]; la publicación de una caricatura en un semanario dos días después del atentado del 11 de septiembre de 2001, que representaba el ataque al *World Trade Center*, acompañada de la inscripción "Todos lo soñamos [...] Hamás lo hizo", en cuanto apoyo y justificación por un acto terrorista de destrucción violenta que atentaba contra la dignidad de las víctimas[469];

---

467 En similar sentido se encuentra también la sentencia del Tribunal EDH, *Özgür Gündem v. Turquía*, 16 de marzo de 2000, en relación con la condena de los dirigentes de un periódico por la publicación de tres artículos que contenían pasajes que incitaban a la intensificación de la lucha armada, glorificaban la guerra y apoyaban la intención de luchar "hasta la última gota de sangre". Véase también la decisión del Tribunal EDH, *Medya FM Reha Radyo ve Iletişim Hizmetleri A. Ş. v. Turquía*, 14 de noviembre de 2006.

468 Tribunal EDH, *Vejdeland y otros v. Suecia*, cit.

469 Véase la decisión del Tribunal EDH, *Leroy v. Francia*, 2 de octubre de 2008, que también tiene en cuenta el impacto que la caricatura y la

la publicación de un calendario en Lituania que incitaba al odio étnico, con expresiones de nacionalismo agresivo y etnocentrismo hacia personas polacas y judías[470]; la publicación de un libro que analizaba las dificultades de integración en Francia de las personas de origen no europeo y, en particular, de los musulmanes que, según el autor, habrían iniciado en realidad un proceso de conquista de Europa, dando así una imagen negativa de la comunidad musulmana e incitando a los europeos a defenderse mediante la guerra étnica[471]; la distribución, por parte de un miembro del Parlamento belga y presidente del partido político Frente Nacional, durante la campaña electoral, de folletos con lemas como "oponerse a la islamización de Bélgica", "detengamos la farsa de la integración" y "enviemos de vuelta a sus hogares a los no europeos que buscan trabajo", porque, aunque no se trataba de una llamada directa a cometer ningún acto de violencia, sí era una forma de insulto, burla o difamación hacia una parte de la población o un grupo específico, siendo un discurso basado en prejuicios religiosos, étnicos o culturales que, como tal, representaba una amenaza a la paz social y la estabilidad política de los Estados democráticos[472]; y, finalmente, la publicación de un libro en el que se atacaba agresivamente al profeta Mahoma[473].

---

publicación podrían haber tenido en una región políticamente sensible como la vasca, a pesar de la limitada circulación del semanario. En cualquier caso, se destaca como la publicación *de qua* provocó una cierta reacción pública idónea a provocar violencia, generando así un fuerte impacto en la región.

470 Tribunal EDH, *Balsytė-Lideikienė v. Lituania*, 4 de noviembre de 2008.

471 Tribunal EDH, *Soulas y otros v. Francia*, 10 de julio de 2008.

472 Véase la decisión del Tribunal EDH, *Féret v. Bélgica*, 16 de julio de 2009, en la que el juez europeo identificó los discursos racistas y xenófobos como límite a los discursos políticos durante las campañas electorales. En un sentido similar, véase también la sentencia del Tribunal EDH, *Le Pen v. Francia*, 7 de mayo de 2010.

473 Tribunal EDH, *İ.A. v. Turquía*, 13 de septiembre de 2005.

4.3.3. Discursos que convencionalmente no está permitido limitar en una sociedad democrática: el triunfo de la libertad de expresión

La tercera y última categoría incluye todos aquellos discursos que, a pesar de ser polémicos, críticos y en algunos casos incluso agresivos, pueden —y de hecho deben— seguir circulando en el *ágora* europea, ya que su limitación no es necesaria ni proporcional en una sociedad democrática.

Así, el Tribunal consideró admisibles en el debate público europeo las duras críticas a la democracia y el apoyo a la introducción de la sharía en un sistema laico expresadas durante un debate televisivo[474], así como las declaraciones en contra de determinadas políticas gubernamentales por parte de un miembro de un partido político turco[475] y la expresión de opiniones de ciu-

---

474 Tribunal EDH, *Gündüz v. Turquía*, 4 de diciembre de 2003: esta sentencia fue dictada por el juez europeo en relación con la condena del líder de una secta islámica por incitar al odio religioso por declaraciones realizadas y publicadas en la prensa. Pese a la dureza de las expresiones sustentadas, el Tribunal afirmó que se trataba de cuestiones relativas a un amplio debate público de interés general, que tuvo lugar en los medios de comunicación. Además, en el presente caso, sostuvo el Tribunal, no hubo ninguna forma de incitación a la violencia o al odio.

475 Tribunal EDH, *Faruk Temel v. Turquía*, 1 de febrero de 2011. El presente caso trataba de las declaraciones realizadas a la prensa por el presidente de un partido político turco durante una reunión en la que denunció la intervención de los Estados Unidos en Irak, el confinamiento de un líder de una terrorista y la desaparición de algunas personas que se encontraban detenidas. Según el Tribunal Europeo, se trataba de declaraciones realizadas por el demandante como actor político en representación de la oposición, informando de la posición de su partido sobre una cuestión de interés general. En general, se trataba de expresiones que no incitaban al uso de la violencia ni a la resistencia armada y no constituían discurso de odio. En un sentido similar se encuentran también las sentencias del Tribunal EDH, *Erbakan v. Turquía*, 6 de julio de 2006 y *Otegi Mondragon v. España*, 15 de marzo de 2011. Esta última se refiere a declaraciones en las que se define al soberano español como «el jefe supremo de las Fuerzas Armadas españolas, y por tan-

dadanos turcos de origen armenio profundamente críticas con la "identidad" turca[476].

Asimismo, se ha considerado convencionalmente admisible: la publicación de un artículo en el que se exaltaba la figura de un mariscal francés que desempeñó un papel de colaboración con el régimen nazi[477]; la transmisión por un periodista de un documental que contenía extractos de una entrevista televisiva durante la cual tres jóvenes expresaron comentarios ofensivos hacia inmigrantes y

---

to, el responsable de la tortura, que la defiende e impone su régimen monárquico sobre el pueblo mediante la tortura y la violencia», pronunciadas por el portavoz de un grupo parlamentario de la izquierda separatista vasca durante una rueda de prensa con motivo del cierre de un periódico vasco. Su condena, según el Tribunal, supone una violación del artículo 10 del Convenio EDH ya que, a pesar de la hostilidad de las expresiones pronunciadas, no existió ningún tipo de incitación a la violencia ni ninguna forma de expresión que pudiera considerarse discurso de odio.

476 Tribunal EDH, *Dink v. Turquía,* 14 de septiembre de 2010. El caso ante la Corte se refería a la publicación de varios artículos en un semanario bilingüe turco-armenio, en los que se expresaban las opiniones predominantes entre los ciudadanos turcos de origen armenio. El director del semanario fue condenado por denigrar la identidad turca, mientras que el Tribunal reconoce que en ningún momento estas ideas fueron ofensivas o capaces de incitar a la violencia, sino que se trataba de ideas relativas a un problema de importancia pública, dado que en Turquía el debate en torno a hechos históricos especialmente relevantes debería gozar de espacio libre.

477 Tribunal EDH, *Lehideux e Isorni v. Francia,* 23 de septiembre de 1998. La sentencia del Tribunal se refiere a la publicación de un artículo en el que se revaloriza positivamente la figura del mariscal Pétain, a pesar de su papel de colaboración con el régimen nazi. El Tribunal subraya como, aunque se trataba de un artículo polémico, no podía considerarse un artículo negacionista ya que el recurrente lo había escrito en nombre de dos asociaciones y además se refería a hechos ocurridos más de cuarenta años antes de su publicación: el lapso de El paso El paso del tiempo había hecho que ya no fuera apropiado ocuparse de tales reclamaciones.

miembros de diferentes grupos étnicos en Dinamarca[478]; la exhibición de la bandera vinculada al régimen totalitario húngaro[479]; así como la negación del genocidio armenio[480]. Se trata de discursos que, por el contenido o el contexto en el que se desarrollan, en opinión del Tribunal EDH, no constituyen una forma de incitación a la violencia o al odio, no vulneran los derechos fundamentales de otras personas y no superan los límites establecidos por el margen

---

478 Tribunal EDH, *Jersild v. Dinamarca*, cit.: en esta sentencia, el Tribunal Europeo subrayó la distinción entre los miembros del grupo *Greenjackets*, responsables de comentarios manifiestamente racistas, y el recurrente que había intentado exponer, analizar y explicar el contexto del propio grupo, abordando cuestiones específicas y distintos aspectos de un tema de relevancia pública. En consecuencia, se reconoció que el programa de televisión en sí no tenía como objetivo difundir propaganda racista ni sus ideas, sino informar sobre un tema de gran importancia social.

479 Véase la decisión del Tribunal EDH, *Fáber v. Hungría*, 24 de julio de 2012, en relación con la exhibición de una bandera vinculada al régimen totalitario húngaro (la llamada bandera rayada "Arpad"), a menos de 100 metros de una manifestación contra el racismo y el odio. Según el Tribunal, si bien este acto era potencialmente capaz de causar malestar entre las víctimas de ese régimen, no era un malestar suficiente para limitar la libertad de expresión del demandante, dado que su conducta en ningún momento había sido ofensiva o violenta o idónea para poner en peligro la seguridad pública.

480 Tribunal EDH, *Perinçek v. Suiza*, cit. Durante unas conferencias celebradas entre mayo y septiembre de 2005 en Suiza, el señor *Perinçek,* un ciudadano turco, historiador y presidente del Partido de los Trabajadores de Turquía (partido de extrema izquierda), cuestionó la calificación jurídica de las deportaciones masivas y masacres sufridas por los armenios a partir de 1915 por parte del Imperio Otomano como un genocidio. A pesar de la enorme importancia que tiene para la comunidad armenia la calificación de esos hechos como genocidio, el Tribunal consideró que las declaraciones del demandante no podían considerarse como una forma de incitación al odio o a la intolerancia, dado que ni siquiera se dieron en un contexto de especial tensión. El caso *Perinçek* ya se ha analizado más a detalle *supra*.

europeo de tolerancia y ni siquiera ponen en peligro la seguridad pública.

***

El sistema europeo de protección de los derechos humanos se ha concebido como un espacio de paz y justicia, fundamentado en una estrecha cohesión entre los pueblos europeos. Conscientes de los riesgos que puede enfrentar cualquier sistema democrático, los padres fundadores de la "Gran Europa" dotaron a la *polis* europea de algunos mecanismos judiciales de autodefensa, integrados en la Convención Europea y aplicados por el Tribunal Europeo. En este trabajo, analizamos el funcionamiento de estos mecanismos en referencia a la libertad de expresión, partiendo de la pregunta: ¿qué expresiones no pueden participar en el debate público? La respuesta del Tribunal Europeo a esta pregunta solo puede ser dinámica (casuística) y moverse dentro del marco regulatorio delineado por la Convención.

Desde las primeras sentencias sobre la materia, el juez de Estrasburgo ha afirmado que la libertad de expresión representa uno de los fundamentos esenciales de una sociedad democrática y una de las condiciones básicas para su progreso y el desarrollo de cada ser humano. Como tal, la protección de esta libertad debe extenderse no solo a aquellas informaciones o ideas que son gratamente aceptadas o consideradas inofensivas o, como mucho, capaces de suscitar indiferencia, sino también —y, sobre todo— a aquellas que ofenden, escandalizan o perturban tanto al Estado como a cualquier parte de la población. Admitir convencionalmente estas expresiones significa también aceptarlas como legítimas en el debate público, de acuerdo con las necesidades del pluralismo, la tolerancia, la apertura y el respeto de la diversidad, valores sin los que una sociedad ni siquiera podría definirse como democrática. Evidentemente, el Tribunal también subraya que no se trata de una libertad absoluta: dado que la misma ley (artículo 10, segundo párrafo) prevé limitaciones, cualquier tipo de formalidad, condición, restricción o sanción impuesta en este ámbito debe ser proporcionada a la finalidad legítimamente perseguida.

A lo largo de los años y con la evolución de su jurisprudencia, el Tribunal EDH ha perfeccionado los principios enunciados desde el caso *Handyside*, subrayando la relevancia fundamental, para la consolidación democrática de una sociedad, de la protección de otros principios, como la tolerancia y el respeto a la igual dignidad de todos los seres humanos. En consecuencia, debe considerarse necesario, especialmente en algunas sociedades democráticas, sancionar o incluso impedir todas las formas de expresión que difundan, inciten, promuevan o justifiquen el odio basado en la intolerancia, siempre que ello se haga mediante medidas proporcionales al fin legítimo que se pretende perseguir[481].

Sobre la base de estos principios, el Tribunal EDH cerró las puertas al debate público al identificar las expresiones prohibidas de dos maneras: por un lado, mediante la aplicación de los límites y el *test* de proporcionalidad previstos en el segundo párrafo del artículo 10; por otro, mediante la aplicación de la cláusula de abuso de derecho prevista por el artículo 17 que, mediante una declaración de inadmisibilidad del recurso presentado, impide al juez europeo entrar en el fondo del asunto. De esta forma, el Tribunal Europeo determina el margen de tolerancia de la *polis* europea.

---

481 Tribunal EDH, *Erbakan v. Turquía*, cit., par. 56.

Reflexiones finales

El discurso de odio ante los nuevos lenguajes y espacios del constitucionalismo global

La *ratio* del constitucionalismo, como corriente de pensamiento que se desarrolla con el Estado moderno[482], consiste en limitar a los poderes públicos[483], mediante la implementación de instituciones, principios e ideales basados en la separación de poderes, la protección de los derechos fundamentales, el Estado de derecho, mediante una Constitución –tendencialmente escrita– entendida como norma jurídica suprema en relación con otras fuentes del derecho[484]. La fuerza expansiva del constitucionalismo en los dos siglos posteriores a las revoluciones liberales de finales del siglo XVIII determinó la formación y consolidación de una tendencia general, cuyo núcleo principal reside en el hecho de compartir principios comunes.

En particular, desde la segunda mitad del siglo XX, el constitucionalismo experimentó una profunda evolución, distanciándose cada vez más del concepto tradicional de Constitución[485], para

---

482 Por Estado constitucional se entiende aquella «[...] *forma giuridica della democrazia pluralista: di quel tipo di democrazia che, nell'età contemporanea, si è andata affermando come espressione di una società aperta, caratterizzata dalla coesistenza di valori diversi, talvolta contrapposti, ma destinati a convivere nel rispetto di un principio di reciproca tolleranza, ispirato alla ragionevolezza delle regole che devono guidare le azioni umane*»: en este sentido, véase: Cheli 2005.

483 Véase Fioravanti 2009, 5 ss.

484 Véase Rinella 2003.

485 A pesar de su indiscutible relación, "constitucionalismo" y "constitución" son dos conceptos diferentes. Mientras el constitucionalismo re-

acercarse y vincularse progresivamente a un paradigma universalista de los derechos humanos, que se desarrolló a nivel internacional y condujo a aquella "edad de los derechos" descrita por Bobbio[486]. Ante la destrucción y las atrocidades cometidas por los totalitarismos del siglo XX y el Holocausto, la comunidad internacional se enfocó en alcanzar una nueva moral universal basada en los principios de libertad, dignidad, igualdad y paz. La necesidad de garantizar la supervivencia de la humanidad, por lo tanto, marcó el punto de partida para la elaboración de normativas que, tanto a nivel internacional como nacional, reconocieran principios y derechos fundamentales universalmente compartidos, acompañados de prohibiciones y límites cuya *ratio* se encuentra en el principio de no discriminación.

A pesar de que hayan transcurrido algunas décadas desde que esta sensibilidad hacia una protección efectiva de los derechos fundamentales se plasmó en términos legales y sancionatorios, los instrumentos adoptados hasta el momento se han mostrado no completamente adecuados para enfrentar los nuevos desafíos contemporáneos. Los cambios globales, la desnacionalización de los Estados (que se concentran cada vez más en los problemas globales, y que frecuentemente coinciden con las exigencias de los mercados), y la intensificación de los flujos, tanto económicos como humanos, han contribuido a establecer nuevas geografías del poder[487], que requieren nuevos instrumentos para una protección efectiva. De este modo, la tutela "global" de los derechos humanos se erige como el gran desafío del siglo XXI.

En este contexto, quizá disperso y en ocasiones confuso, lo que permanece inalterable es el "lenguaje" del constitucionalismo: en el siglo XXI, al igual que en los tiempos del constitucionalismo de

---

presenta el deber ser de la constitución, esta última expresa las teorías y las demandas de orden jurídico del primero, pero no se identifica exclusivamente con él, por su vínculo con el Estado: Rinella 2003.

486 En este sentido véase Bobbio 1990.

487 En este sentido véanse Sassen 2006, 223 y Slaughter 2004, 66 ss.

las revoluciones francesas y americanas, se sigue hablando de derechos fundamentales y de su garantía, de democracia y de Estado de derecho. Aunque se trata de tres elementos tendencialmente compartidos, aunque con diferentes grados de intensidad y matices, por la mayoría de los países democráticos, cada ordenamiento jurídico define cuáles son sus propios valores fundamentales, cuáles, aun no siendo fundamentales, pueden ser tolerados y, finalmente, los que son "intolerables" y que, como tales, quedan excluidos del ámbito de lo "constitucionalmente" admisible.

La búsqueda de una respuesta a la pregunta que guio las reflexiones desarrolladas en el presente volumen, es decir, ¿qué debe tolerar una sociedad tolerante?, nos enfrentó a la denominada "paradoja de la tolerancia", que puede ser resumida en el siguiente cuestionamiento: ¿debe una sociedad tolerante tolerar todo, incluso a los intolerantes[488], así como aquellas expresiones y/o actividades que potencialmente puedan poner en peligro el buen funcionamiento democrático o la supervivencia misma del sistema?

En realidad, ninguna sociedad, ni siquiera las consideradas más democráticas, concibe la tolerancia como un principio absoluto. De hecho, una tolerancia ilimitada llevaría a su propia desaparición. Extender la tolerancia también a los intolerantes, sin contemplar un mecanismo de defensa contra eventuales y posibles degeneraciones, implicaría la destrucción de la sociedad tolerante y de la tolerancia misma[489]. Al mismo tiempo, es cierto que una sociedad que se proclama justa debe tolerar también a los intolerantes, bajo riesgo de convertirse ella misma en intolerante. Sin embargo, incluso en este contexto, el grado de tolerancia no es absoluto, ya que las sociedades deben equiparse con instrumentos de autodefensa que tengan prioridad sobre el principio de tolerancia. La consecuencia, en este segundo escenario, sería

---

[488] Véase Walzer 1997, 80-81.

[489] Se trata de la "paradoja de la tolerancia" de la que hablaba Karl Popper: véase Popper 1945.

la posibilidad de limitar los derechos y libertades de los intolerantes cuando la seguridad y la libertad de las instituciones democráticas estén en riesgo[490].

La tolerancia, indispensable para el funcionamiento del principio de mayoría ya que compensa la posición de la minoría frente a las decisiones de la mayoría, permite a los disidentes mantener su punto de vista[491], contribuye a establecer el límite más allá del que ciertas expresiones o ideas no pueden ser aceptadas. Es evidente que la capacidad de tolerancia de un sistema se somete a prueba ante las reacciones a las diversas situaciones reales que puedan surgir: esta es más alta cuando la vida democrática transcurre con normalidad que en momentos de emergencia[492].

La necesidad de reforzar la defensa de los derechos fundamentales, la democracia y el Estado de derecho, que se hizo especialmente evidente después de la Segunda Guerra Mundial, ha llevado a la comunidad internacional a crear "espacios" jurídicos y políticos dentro de los que es posible convivir compartiendo

---

[490] En este sentido Rawls 1971, 220; habla en cambio de "fidelidad" Stradella 2008.

[491] Véase Pizzorusso 1993, 43.

[492] Según algunos autores de orientación liberal, la idea de tolerancia es consustancial a la de libertad: por tanto, ideologías autoritarias no entrarían en el área de lo constitucionalmente protegido en cuanto podrían poner en peligro la idea misma de libertad sin la que la tolerancia no se puede pensar en concreto. Véase Popper 1987, en Mendus y Edwards 1990, 27-28. De esto derivaría la así llamada "paradoja de la tolerancia": en virtud de la aplicación de la reciprocidad, la tolerancia debería extenderse a todas las personas, excepto a quienes la niegan. En consecuencia, todas las personas deben ser toleradas, excepto las intolerantes. De dicha posición, se ha observado que, si se considera que la difusión de opiniones iliberales pondría en peligro la integridad de la vida democrática, su represión provocaría una herida al principio de la igual dignidad de las diversas opiniones y a su libre competencia. Véanse Ainis 1995, 430 y también Bobbio 1986.

ciertos objetivos comunes. Esa *polis*[493] contemporánea, entendida no como un lugar físico, sino como un concepto que señala una organización de personas surgida de su acción colectiva y que comparte objetivos comunes, ha sido concebida gracias a varios documentos de carácter internacional[494] y regional[495], cuyo fin era obligar a los Estados a garantizar un nivel mínimo de protección de los derechos.

Los derechos humanos, por lo tanto, representan el medio a través del cual se comparten principios y valores comunes[496] y el constitucionalismo, también a través de la circulación de modelos e ideas constitucionales dominantes, se expande en nuevos espacios. A la "desnacionalización" del poder, de la que se habla desde 1922[497], le ha seguido su "internacionalización"[498]. Esta tendencia es particularmente evidente en lo que respecta al espacio europeo de protección de los derechos humanos, que fue construido y reforzado gracias al compromiso con la consolidación, por un lado, del sistema comunitario y, por el otro, de la protección de los derechos humanos, la democracia y el Estado de derecho en el marco de las actividades del Consejo de Europa, especialmente con la adopción en 1950 de la Convención EDH[499].

De hecho, la Convención EDH estableció, desde su origen, un mecanismo de protección de los derechos reconocidos en ella, a través de un sistema jurisdiccional con un órgano, el Tribunal

---

493 Como ya se mencionó arriba, según la metáfora usada por la filósofa política Hannah Arendt, el espacio dentro del que las personas viven juntas y comparten determinados objetivos comunes, unidos por un vínculo de libertad, con este fin, independientemente del lugar en que se encuentren, sería una *polis*: véase en este sentido Arendt 1958.

494 Véase *supra* y, *ex plurimis*, Citroni y Scovazzi 2013, 10 ss.

495 Véase *supra*.

496 Sobre este punto, véase Ceccherini 2002, 3.

497 Véase, en este sentido, Schmitt 1922.

498 En este sentido, véanse: Held 1995; Zolo 2004, 12 ss.; Bauman 1998; y Beck 1999.

499 Véase *supra*.

EDH, dotado del poder de emitir decisiones obligatorias y vinculantes, para asegurar el respeto efectivo de estos derechos por parte de los Estados miembros.

La intersección entre lo internacional y lo nacional, el cambio de paradigma constitucional con un enfoque renovado en los derechos fundamentales y una concepción de la soberanía tradicional modificada, han provocado un cambio profundo en los espacios y formas del constitucionalismo. El centro de decisión se ha desplazado hacia contextos en los que los tradicionales poderes normativos estatales son ahora casi irrelevantes. La emergencia de nuevos centros de poder, distintos de los estatales, ha resultado en el desarrollo de "nuevas" normas jurídicas que afectan tanto a la *forma juris* como a su contenido. Este proceso, denominado *governance*, busca la adaptación "global" de la democracia y de la tradicional geografía institucional, nacida del Estado moderno[500]. Por un lado, la *governance* incorpora elementos característicos de la dinámica democrática, como la participación, pero al mismo tiempo involucra a sujetos sin legitimidad democrática, como los operadores transnacionales que actúan en el sistema global y los jueces[501].

En los albores del siglo XXI, el constitucionalismo se inscribe en un mundo líquido y globalizado, donde la soberanía se dispersa entre múltiples centros de poder. En la *polis* contemporánea, el "constitucionalismo líquido" se enfoca en la creación de un espacio de libertad, paz y seguridad, un espacio no solo físico, sino también de valores compartidos, en el que el objetivo común de sus habitantes es el fortalecimiento de la democracia, el Estado de derecho y los derechos humanos.

En este escenario, los órganos democráticamente electos que ostentan el poder político han perdido progresivamente su posición central[502]: el poder legislativo, incapaz de responder a las

---

500 En este sentido, véase Ferrarese 2000.

501 Véase, en este sentido, Held 2002, 305-324 y 2003 160-186.

502 En realidad, la erosión de la posición central de la ley es parte de una tendencia progresiva que inició con la afirmación de las constituciones

demandas de una sociedad cada vez más compleja y articulada, ha cedido espacio a otras fuentes normativas[503]. La jurisprudencia, por consiguiente, ha adquirido una nueva posición en el sistema de fuentes, facilitando el desarrollo y la consolidación de toda una serie de derechos, valores, principios y normas que se fortalecen mediante una operación de interpretación judicial constructiva.

Los jueces, por ende, se convierten en los nuevos protagonistas de un derecho con potencialidades transnacionales. En particular, en lo que respecta a los derechos fundamentales, son los jueces, cada vez más inmersos en un profundo "cosmopolitismo", quienes se encuentran en una posición más adecuada que el legislador para la elaboración de soluciones compartidas[504].

Desde una perspectiva global, el "derecho jurisprudencial" parece ser más "ligero" en comparación con la producción legislativa: la gestión casuística de la actividad judicial implica una capacidad de decisión muy flexible, que oscila entre el activismo y la deferencia, entre la creación de derecho y la autolimitación, entre la rigidez y la flexibilidad. Esta capacidad se nutre no solo de instrumentos formales, como las sentencias, sino también de niveles de "comunicación informal"[505].

Gracias a estas dinámicas, la tendencia impulsada por una base común construida sobre principios constitucionales universales, tales como la dignidad, la igualdad y los derechos humanos, la paz y la justicia, se orienta hacia la convergencia en un patrimonio constitucional común. Este resultado surge de procesos de comunicación entre diversas experiencias constitucionales y de recep-

---

rígidas, las cuales impusieron límites a la omnipotencia del legislador: véase Fioravanti 2009. Sobre el papel del derecho jurisprudencial véanse: Lombardi Vallauri 1967; Zaccaria 2007; y Díez-Picazo 2003.

503 Sobre las transformaciones del poder político véase Zagrebelsky 2015.

504 En este sentido, véanse: Cassese 2010; Lollini 2011; y Weinrib 2002, 3.

505 Véanse Benvenisti 2005 y Allard y Garapon 2005, 59.

ción cruzada entre ordenamientos[506]. El estudio sobre como se forma la jurisprudencia resulta ser de importancia fundamental en cualquier debate actual sobre derechos humanos. Son los jueces constitucionales quienes realmente se han convertido en los nuevos protagonistas del derecho constitucional global[507]: gracias a su actividad reconstructiva de interpretación judicial[508], mediante la que llenan, cuando es necesario, los vacíos normativos y elaboran soluciones que eliminan las incoherencias internas en el sistema[509].

---

506 En este sentido, se ha señalado como la combinación "móvil" entre las dos distintas tradiciones constitucionales (la continental y la anglosajona), que son la base del Estado constitucional, favoreció un proceso de evolución hacia el modelo anglosajón, evidenciado, además de por la expansión del poder jurisdiccional y la reducción de espacios asignados al derecho codificado, por el reforzamiento de los derechos fundamentales: véase Cheli 2005, 6.

507 En particular, en lo que respecta a los derechos fundamentales, son los jueces quienes, cada vez más inmersos en un profundo "cosmopolitismo", se encuentran en una posición más adecuada que el legislador para la elaboración de soluciones compartidas. Para profundizar sobre el *new judicial comparativism* entre las numerosas contribuciones que existen, véanse: Groppi 2007; Weinrib 2002, 3; Lollini 2011; y Cassese 2010.

508 Frente a la incapacidad de responder a las exigencias de una sociedad cada vez más compleja y articulada (véase Piergigli 2012), la ley ha tenido que ceder su lugar a instrumentos jurídicos diversos (como, por ejemplo, acuerdos de tipo contractual, utilizados para la resolución de controversias a nivel transnacional).

509 La jurisprudencia se convierte así en el vehículo de procesos de comunicación entre experiencias constitucionales diferentes y de recepción cruzada entre ordenamientos y, en algunos sectores, en particular el de los derechos fundamentales, en instrumento para la elaboración de un patrimonio constitucional común. Véase Benvenisti 2005, quien señala que los vínculos tradicionales que la actividad judicial, en el marco de la separación de poderes, tenía impuestos por el "sistema ilustrado", se vuelven cada vez menos fuertes, propiciando un diálogo dirigido a elaborar respuestas jurídicas diferenciadas a las diversas interrogantes de las sociedades globalizadas y multiculturales. Desde la perspectiva global, el derecho jurisprudencial se presenta más "ligero" respecto al

Por lo tanto, corresponde precisamente a los jueces, y en primer lugar a los jueces constitucionales, determinar el nivel de tolerancia de cada ordenamiento.

---

legislativo: el enfoque casuístico de la actividad judicial implica una capacidad de decisión muy flexible que oscila entre activismo y deferencia, entre la creación de derecho y la autorestricción, entre rigidez y mutabilidad, y que se nutre no solo de instrumentos formales como las sentencias, sino también de un nivel de "comunicación informal" (véase Allard y Garapon 2005, quienes hablan de "comitología judicial"). Se trata de características que distancian a la jurisdicción moderna del clásico modelo de jurisdicción del Estado moderno europeo. La tendencia es hacia la convergencia entre jurisprudencias, motivada por una base común representada por aquellos principios constitucionales de alcance universal: la dignidad, la igualdad y los derechos humanos, la paz y la justicia. Sobre el desplazamiento de las fronteras de la función jurisdiccional, véanse: Guarnieri y Pederzoli 1996; Friedman 1994; Tate y Vallinder 1995; Garapon 1996; Olson 1991; Jacob, Blankenburg, Kritzer, Provine y Sander 1993; y Cappelletti 1984. Este pasaje es particularmente relevante en lo que respecta a los derechos fundamentales: véase Reitz (1998), quien sostiene que la protección de los derechos es una operación creativa en continua evolución, confiada a una interpretación que emplea el canon de la comparación y que es el producto, primero cultural y después jurídico, de una sociedad abierta de intérpretes de la constitución, entre los cuales las cortes constitucionales son un engranaje fundamental, pero siempre dentro de un circuito de comunicación más amplio.

Referencias bibliográficas

Abbagnano, N. (1983) *Dizionario di filosofia*, Torino, Utet.

Abrahamson, S.S. y Fischer, M.J. (1997) "All the World's a Courtroom: Judging in the New Millenium", en *Hofstra Law Review*, 26, 273-292.

Ackerman, B. (1997) "The Rise of World Constitutionalism", en *Virginia Law Review*, 83, 771-797.

Aime, M. (2016) "Si dice *cultura*, si pensa *razza*", en Aime, M. (ed.) *Contro il razzismo. Quattro ragionamenti*, Torino, Einaudi, 43-67.

Ainis, M. (1995) "Valore e disvalore della tolleranza (In margine a Lee Bollinger, *La società tollerante* [1986], Milano, Giuffrè, 1992)", en *Quaderni Costituzionali*, 3, 425-443.

Alexander, L. (2003) "Freedom of Expression as a Human Right", en Campbell, T. Goldsworthy, J. y Stone, A. (eds.) *Protecting Human Rights. Instruments and Institutions*, Oxford, Oxford University Press, 39-74.

Allard, J. y Garapon, A. (2005) *Les juges dans la mondialisation. La nouvelle revolution du droit*, París, Seuil.

Allen, R.H. (2006) *The Classical Origins of Modern Homophobia*, North Carolina, McFarland & Company, Inc. Publishers.

Alles, D. y Egger, C. (2016) "Los sistemas de protección de Derechos Humanos de los países del sur: una mirada a las interacciones entre multilateralismo global y regional", en *Foro Internacional*, LVI, 1, 40-81.

Ambrosetti, E. (2006) "Beni giuridici tutelati e struttura della fattispecie: aspetti problematici nella normativa contro la discriminazione razziale", en *Indice penale*, 9, 3, 1019-1035.

Anderson, A. (1980) "The Formative Period of First Amendment Theory: 1879-1915", en *American Journal of Legal History*, 24, 56.

Angiolini, V. (1995) "Manifestazioni del pensiero e «libertà altrui»", en *Giurisprudenza Costituzionale*, 4585-4616.

Arangio Ruiz, G. (1905) *Il diritto di stampa*, Modena, Archivio giuridico.

Arendt, H. (1958) *The Human Condition*, Chicago and London, University of Chicago Press.

Arendt, H. (1988) *Vita Activa. La condizione umana*, Milano, Bompiani.

Aristóteles, *Política* (1328 b 35).

Article 19 (2013) *Responding to Hate Speech against LGBTI people*, London.

Ayoub, P. y Stoeckl, K. (2024) "The Global Resistance to LGBTIQ Rights", en *Journal of Democracy*, 35, 1, 59-73.

Azzariti, G. (2005) "Libertà di manifestazione del pensiero e ordinamento democratico. Appunti", en Pizzorusso, A. (ed.) *Libertà di manifestazione del pensiero e giurisprudenza costituzionale*, Milano, Giuffré, 245-260.

Baker, E.C. (1978) "Scope of First Amendment Freedom of Speech", en *University of California Los Angeles Law Review*, 25, 964-1040.

Bakircioglu, O. (2008) "Freedom of Expression and Hate Speech", en *Tulsa Journal of Comparative and International Law*, 16, 1, 1-49.

Balibar, E. (1991) *Is There a "Neo-Racism"?*, en Balibar, E. y Wallerstein, I.M. (eds.) *Race, Nation, Classe: Ambiguous Identitites*, London, Verso, 17-28.

Barak Erez, D. (2008-2009) "The Institutional Aspects of Comparative Law", en *Colum. J. Eur. L.*, 15, 3, 477-494.

Barak, A. (2002) "Democrazia, terrorismo e Corti di giustizia", en *Giurisprudenza costituzionale*, 5, 3385 y ss.

Barbujani, G. (2016) "Invece della razza", en Aime, M. (ed.) *Contro il razzismo. Quattro ragionamenti*, Torino, Einaudi, 7-42.

Barendt, E. (2005) *Freedom of Speech*, Oxford, Oxford University Press.

Barendt, E. (2009) "Freedom of Expression in the United Kingdom Under the Human Rights Act 1998", en *Indiana Law Journal*, 84, 3, 851-866.

Barile, P. (1975) *La libertà di manifestazione del pensiero*, Milano, Giuffré.

Barile, P. (1984) *Diritti dell'uomo e libertà fondamentali*, Bologna, Il Mulino.

Barile, P. y Cheli, E. (1962) "Corrispondenza (Libertà di)", en *Enciclopedia del diritto. Vol. X*, Milano, Giuffré, 743 y ss.

Barron, J. (1967) "Access to the Press. A New First Amendment Rights", en *Harvard Law Review*, 80, 1641-1678.

Battaglia, F. (1944) *Le Carte dei diritti*, Firenze, Sansoni Editore.

Bauman, Z. (1998) *Globalization. The Human Consequences*, Cambridge and Oxford, Polity Press- Blackwell Publishers.

Beck, U. (1999) *Was ist Globalisierung?*, Berlín, Suhrkamp.

Beer, L.W. (1990) "The Influence of America Constitutionalism in Asia", en Billias, G.A. (ed.) *American Constitutionalism Abroad. Selected Essays in Comparative Constitutional History*, New York, Greenwood Press, 113-141.

Bentham, J. (1785) *Paederasty (Offences Against One's Self)*.

Benvenisti, E. (2005) "The Interplay between Actors as a Determinant of the Evolution of Administrative Law in International Institutions", en *Law and Contemporary* Problems, 68, 3/4, 319-340.

Berrigan, H.G. (2002) "'Speaking out' about Hate Speech", en *Loyola Law Review*, 48, 1-16.

Berti, G. (1994) *Manuale di interpretazione costituzionale*, Padova, Cedam.

Bevere, A. y Cerri, A. (2006) *Il diritto di informazione e diritti della persona*, Milano, Giuffrè.

Bianco, G. (1997) "Razzismo", en *Digesto delle Discipline Pubblicistiche. Vol. XII*, Torino, Utet, 477 y ss.

Bifulco, D. (2012) *Negare l'evidenza. Diritto e storia di fronte alla "menzogna di Auschwitz"*, Milano, FrancoAngeli.

Billias, G.A. (ed.) (1990) *American Constitutionalism Abroad. Selected Essays in Comparative Constitutional History*, New York, Greenwood Press.

Bin, R. (2004) *Lo Stato di diritto*, Bologna, Il Mulino.

Biscaretti di Ruffia, P. (1953) "Razzismo", en *Enciclopedia Cattolica. Vol. X*, Firenze, Sansoni, 590-592.

Blackstone, W. (1803) *Commentaries on the Laws of England*, 4 ed., Philadelphia, St. George Tucker ed. Young&Small.

Blasi, V. (1977) "The Checking Value in First Amendment Theory", en *American Bar Foundation Research Journal*, 2, 3, 521-649.

Blaustein, A. (1987) "The Influence of the United States Constitution Abroad", en *Oklahoma City University Law Review*, 12, 435-467.

Blee, K.M. (2007) "The Microdynamics of Hate Violence: Interpretive Analysis and Implications for Responses", en *American Behavioral Scientist*, 51, 2, 258-270.

Bleich, E. (2007) "Hate Crime Policy in Western Europe: Responding to Racist Violence in Britain, Germany, and France", en *American Behavioral Scientist*, 51, 2007, 149-165.

Bobbio, N. (1986) "Le ragioni della tolleranza", en Boni, C. (ed.) *L'intolleranza: uguali e diversi della storia*, Bolonia, Il Mulino, 243-257.

Bobbio, N. (1990) *L'età dei diritti*, Torino, Einaudi.

Bollinger, L. (1992) *La società tollerante*, Milano, Giuffrè.

Borgeson K. y Valeri, R.M. (2007) "The Enemy of My Enemy Is My Friend", en *American Behavioral Scientist*, 51, 2, 182-195.

Borrillo, D. (2009) *Omofobia. Storia e critica di un pregiudizio*, Bari, Edizioni Dedalo.

Bossuyt, M.J. (1987) *Guide to the "Travaux Préparatoires" of the International Convenant on Civili and Political Rights*, Dordrecht, Martinus Nijhoff Publishers.

Boyle, K. (2001) "Hate Speech - The United States Versus the Rest of the World?", en *Meine Law Review*, 53, 2, 487-502.

Brady, S. (2005) *Masculinity and Male Homosexuality*, New York, Palgrave Macmillian.

Brennan Jr., W.J. (1991) "The Worldwide Influence of the United States Constitution as a Charter of Human Rights", en *Nova Law Review*, 15, 1-9.

Brennan, G. (1999) "The Impact of a Bill of Rights on the Role of the Judiciary: An Australian Perspective", en Alston P. (ed.) *Promoting Human Rights Through Bills of Rigths. Comparative Perspectives*, Oxford, Oxford University Press, 454-464.

Brown Hanmano, S. (1999) "Incomplete Revolutions and not so Alien Transplants: The Japanese Constitution and Human Rights", en *Journal of Constitutional Law*, 1, 3, 415- 491.

Brown, A. (2016) "The "who?" question in the hate speech debate: Part 1: Consistency, practical, and formal approaches", en *Canadian Journal of Law & Jurisprudence*, 29, 2, 275-320.

Bryde, B.O. (1999) "North and South in Comparative Constitutional Law – From Colonial Imposition Towards a Transnational Constitutional Dialogue", en Benedek, W. (ed.) *Development and Developing International and European Law. Essays in Honour of Konrad Ginther on the Occasion of his 65th Birthday*, Frankfurt, Peter Lang Publishing, 1999, 697-705.

Bunar, N. (2007) "Hate Crimes Against Immigrants in Sweden and Community Responses", en *American Behavioral Scientist*, 51, 2, 166-181.

Burgio, A. (1998) *L'invenzione delle razze. Saggio su razzismo e revisionismo storico*, Roma, Manifestolibri.

Byrnes, A. (1999) "And Some Have Bills of Rights Thrust Upon Them: The Experience of Hong Kong's Bill of Rights", en Alston P. (ed.) *Promoting Human Rights Through Bills of Rigths. Comparative Perspectives*, Oxford, Oxford University Press, 318-391.

Calleros, C.R. (1995) "Paternalism, Counter-Speech, and Campus Hate Speech [Codes]", en *Arizona State Law Journal*, 27, 4, 1249-1280.

Cappelletti, M. (1984) *Giudici legislatori?*, Milano, Giuffrè.

Carcaterra, G. (1996) *Corso di filosofia del diritto*, Roma, Bulzoni.

Caretti, P. (2002) *I diritti fondamentali. Libertà e diritti sociali*, Torino, Giappichelli.

Carmona Cuenca, E. (2014) "La prohibición de discriminación. Nuevos contenidos (Art. 14 CEDH y Protocolo 12), en García Roca, J. Y Santolaya, P. (coords.), *La Europa de los Derechos. El Convenio Europeo de Derechos Humanos,* Madrid, Centro de Estudios Políticos y Constitucionales, 587-612.

Cassese, S. (2010) "Legal Comparison by the Courts", en *Revista Jurídica Piélagus,* 9, 21-25.

Castellaneta, M. (2009) "L'*hate speech*: da limite alla libertà di espressione a crimine contro l'umanità", en Venturini, G. y Bariatti, S. (eds.) *Diritti individuali e giustizia internazionale. Liber Fausto Pocar,* Milano, Giuffrè, 157-172.

Castorina, E. (2012) "Manifestazione del pensiero e messaggi di "odio sociale" nel cyberspazio. Una regolamentazione multilivello ancora incompiuta", en Villone, M., Ciancio, A., De Minico, G., Demuro, G. y Donati, F. (eds.) *Nuovi mezzi di comunicazione e identità. Omologazione o diversità?,* Roma, Aracne, 109-127.

Ceccherini, E. (2000) "La Carta dei diritti e delle libertà del 1982: un difficile equilibrio fra il riconoscimento di diritti universali e salvaguardia delle competenze provinciali", en Rolla, G. (ed.) *Lo sviluppo dei diritti fondamentali in Canada fra universalità e specificità culturali,* Milano, Giuffré, 41-62.

Ceccherini, E. (2002) *La codificazione dei diritti nelle recenti costituzioni,* Milano, Giuffrè.

Cerri, A. (1969) "Libertà di manifestazione del pensiero, propaganda, istigazione ad agire", en *Giurisprudenza Costituzionale,* 1176-1194.

Cerri, A. (1976) "Opera d'arte e buon costume", en *Giurisprudenza Costituzionale,* 2317-2330.

Chafee Jr., Z. (1949) "Book Review: Free Speech: And Its Relation to Self-Government", en *Harvard Law Review,* 62, 5, 891-900.

Chamberlain, S.H. (1899) *Die Grundlagen des neunzehnten Jahrhunderts* (*Los fundamentos del siglo XIX*).

Chan, J. (1998) "Hong Kong's Bill of Rights: Its Reception of and Contribution to International and Comparative Jurisprudence, en *International and Comparative Law Quarterly,* 47, 2, 306-336.

Chanock, M. (1999) "A Post-Calvinist Catechism or a Post-Communist Manifesto? Intersecting Narratives in the South African Bill of Rights Debate", en Alston P. (ed.) *Promoting Human Rights Through Bills of Rigths. Comparative Perspectives,* Oxford, Oxford University Press, 392-428.

Cheli, E. (2005) *I fondamenti dello "Stato costituzionale"*. Ponencia presentada en el Congreso sobre "Lo Stato costituzionale. I fondamenti e la tutela", organizado por el Istituto della Enciclopedia Italiana en Roma 27-28 de octubre de 2005. Disponible en https://www.astrid-online.it/static/upload/protected/CHEL/CHELI-Fondamenti-stato-cost_10_05.pdf [Consultado el 16 de noviembre de 2023].

Childress III, D.E. (2003) "Using Comparative Constitutional Law to Resolve Federal Questions", en *Duke Law Journal*, 53, 193-221.

Chiola, C. (1990) "Manifestazione del pensiero (libertà di)", en *Enciclopedia giuridica. Vol. XIX*, Roma, Treccani, 1-15.

Choudhry, S. (1998-1999) "Globalization in Search of Justification: Toward a Theory of Comparative Constitutional Interpretation", en *Indiana Law Journal*, 74, 819-892.

Choudhry, S. (2006) "Migration as a New Metaphor in Comparative Constitutional Law", en Choudhry, S. (ed.) *The Migration of Constitutional Ideas*, Cambridge, Cambridge University Press, 1-36.

Citroni, G. y Scovazzi, T. (2013) *Corso di Diritto Internazionale*, Milano, Giuffré.

Clapham, A. (1999) "The European Convention on Human Rights in the British Courts: Problems Associated with the Inorporation of International Human Rights", en Alston P. (ed.) *Promoting Human Rights Through Bills of Rigths. Comparative Perspectives*, Oxford, Oxford University Press, 95-157

Cohen-Almagor, R. (2006) *The Scope of Tolerance. Studies on the Costs of Free Expression and Freedom of the Press*, London, Routledge.

Coliver, S. (ed.) (1992) *Striking a Balance: Hate Speech, Freedom of Expression and Non-Discrimination*, University of Essex, Article 19, International Centre against Censorship, Human Rights Centre.

Contiades, X. (ed.) (2012) *Engineering Constitutional Change: A Comparative Perspective on Europe, Canada and the USA*, London and New York, Routledge.

Corlett, J.A. y Francescotti, R. (2002-2003) "Foundations of a Theory of Hate Speech", en *Wayne Law Review*, 48, 1071-1100.

Cotler, I. (2000) "The Principles of Freedom of Expression", en Bhatia, G.S. (ed.) *Peace, Justice and Freedom: Human Rights Challenges in the New Millenium*, Edmonton, University of Alberta Press, 335-349.

Crisafulli, V. (1965) "In tema di limiti alla cronaca giudiziaria", en *Giurisprudenza Costituzionale*, 10, 1, 244-253.

Curreri, S. (2021) "Il travagliato iter parlamentare del cd disegno di legge Zan", en *GenIUS*, 2, 1-25.

Curtin, D. y Guerts, M. (1996) "Race Discrimination and the European Union Anno 1996: From Rhetoric to Legal Remedy?", en *Netherlands Quarterly of Human Rights*, 14, 2, 147-171.

Daly, T.G. y Wiebusch, M. (2018) "The African Court on Human and Peoples' Rights: Mapping Resistance Against a Young Court", en *International Journal of Law in Context*, 14, 2, 294-313.

Dann, P. y Al-Alí, Z. (2006) "The Internationalized *Pouvair Constituant* – Constitution Making Under External Influence in Iraq, Sudan and East-Timor", en Von Bogdandy, A. y Wolfrum, R. (eds.) *Max Planck Yearbook of United Nations Law*, 10, 423-463.

Davis, D., Cheadle, H. y Hayson, N. (1997) *Fundamental Rights in the Constitution. Commentary and Cases*, Cape Town, Juta and Co. Ltd.

Davis, D.M. (2003) "Constitutional Borrowing: The Influence of Legal Culture and Local History in the Reconstitution of Comparative Influence: The South African Experience", en *International Journal of Constitutional Law*, 1, 2003, 181-195.

Davison, J. (1992-1993) "America's Impact on Constitutional Change in Eastern Europe", en *Albany Law Review*, 55, 793-814.

De Filippi, C., Bosi, D. y Harvey, R. (eds.) (2006) *La Convenzione europea dei Diritti dell'uomo e delle libertà fondamentali. Commentata ed annotata*, Napoli, Edizioni Scientifiche Italiane.

de Gobineau, A. (1855) *Essai sur l'inégalité des races humaines* (*Ensayo sobre la desigualdad de las razas humanas*).

De Tocqueville, A. (1835) *De la démocratie en Amérique. Vol.* I, Paris, Librairie de Charles Gosselin.

De Vergottini, G. (1998) *Le transizioni costituzionali: sviluppi e crisi del costituzionalismo alla fine del XX secolo*, Bologna, Il Mulino.

De Vergottini, G. (1999) *Diritto costituzionale comparato*, Padova, Cedam.

De Vergottini, G. (2010) *Oltre il dialogo tra le Corti. Giudici, diritto straniero, comparazione*, Bologna, Il Mulino.

Defeis, E.F. (1992) "Freedom of Speech and International Norms: A Response to Hate Speech", en *Stanford Journal of International Law*, 29, 57-74.

Delgado, R. (1982) "Words that Wound: A Tort Action for Racial Insults, Epithets, and Name-Calling", en *Harvard Civil Rights-Civil Liberties Law Review*, 17, 1, 133-181.

Delgado, R. y Stefancic, J. (1999) *Must we Defend Nazis? Hate Speech, Pornography, and the New First Amendment*, New York and London, New York University Press.

Demuro, G. (2009) *Costitutionalismo europeo e tutela multilivello dei diritti. Lezioni*, Torino, Giappichelli.

Devlin, P. (1965a) *Moral and Criminal Law*, Oxford, Oxford University Press.

Devlin, P. (1965b) *The Enforcement of Morals*, Oxford, Oxford University Press.

Di Giovine, A. (1988) *I confini della libertà di manifestazione del pensiero: linee di riflessione teorica e profili di diritto comparato come premesse a uno studio sui reati d'opinione*, Milano, Giuffré.

Di Giovine, A. (2006) "Il passato che non passa: "Eichmann di carta" e repressione penale", en *Diritto Pubblico Comparato ed Europeo*, 1, XIII- XXVIII.

Di Nolfo, E. (1997) "Gli alleati e la questione istituzionale in Italia: 1941-1946", en *Quaderni Costituzionali*, 2, 211-246.

Dicey, A.V. (1959) *Introduction to the Study of the Law of Constitution*, London, Macmillan.

Dick Howard, A.E. (ed.) (1993) *Constitution Making in Eastern Europe*, Washington, The Woodrow Wilson Center Press, 1993.

Díez-Picazo, L. M. (2003) "Le concept de loi", en *Annuaire internationale de justice constitutionnelle*, 19, 450-471.

Dodd, W.F. (ed.) (1909) *Modern Constitutions. Vol. II*, Clark, New Jersey, The Lawbook Exchange, Ltd.

Dodek, A.M. (2007) "Canada as Constitutional Exporter: The Rise of the 'Canadian Model" of Constitutionalism", en *Supreme Court Law Review*, 36, 309-336.

Dölle, H. (1960) "Der Beitrag der Rechtsvergleichung zum deutschen Recht", en Von Caemmerer, E. Friesenhahn, E. y Lange, R. (eds.) *Hundert Jahre Deutsches Rechtsleben. Festschrift zum hundertjährigen Bestehen des deutschen Juristentages 1860-1960*, II, Karlsruhe, Müller, 19-47.

Dugard, J. (1990) "Toward Racial Justice in South Africa", en Henkin, L. y Rosenthal, A.J. (eds.) *Constitutionalism and Rights: The Influence of the United States Constitution Abroad*, New York, Columbia University Press, 349-379.

Dumont, H., Mandoux, P. y Strowel, A. (eds.) (2000) *Pas de liberté pour les ennemis de la liberté? Groupements liberticides et droit*, Bruxelles, Bruylant.

Duniway, C.A. (1904) "French Influence on the Adoption of the Federal Constitution", en *The American Historical Review*, 9,2, 304-309.

Dworkin, R. (1977) *Taking Rights Seriously*, London, Duckworth.

Dworkin, R. (1990) *A Bill of Rights for Britain*, London, Chatto & Windus.

Einaudi, M. (1948) "The Constitution of the Italian Republic", en *The American Political Science Review*, XLII, 4, 661-676.

Elster, J. (1994) "Constitutional Bootstrapping in Philadelphia and Paris", en Rosenfeld, M. (ed.) *Constitutionalism, Identity, Difference, and Legitima-*

cy: Theoretical Perspectives, Durham and London, Duke University Press Books, 57-84.

Ely, J.H. (1975) "Flag Desecration: A Case Study in the Roles of Categorization and Balancing in First Amendment Analysis", en *Harvard Law Review*, 88, 7, 1482-1508.

Ely, J.H. (1980) *Democracy and Distrust. A Theory of Judicial Review*, Cambridge, Harvard University Press.

Emerson, T. (1963) "Toward a General Theory of the First Amendment", en *Yale Law Journal*, 72, 5, 877-956.

Emerson, T. (1970) *The System of Freedom of Expression*, New York, RandomHouse.

Epstein, L. y Knight, J. (2003) "Constitutional Borrowing and Nonborrowing", en *International Journal of Constitutional Law*, 1, 2, 196-223.

Errera, R. (1990) "The Freedom of the Press: The United States, France, and Other European Countries", en Henkin, L. y Rosenthal, A.J. (eds.) *Constitutionalism and Rights: The Influence of the United States Constitution Abroad*, New York, Columbia University Press, 1990, 63-93.

Errera, R. (2005) "Freedom of speech in Europe and in the USA", en Nolte, G. *Science and technique of democracy. European and U.S. Constitutionalism*, Strasbourg, Council of Europe Publishing, 2005, 23-40.

Errera, R. y Beardsley, J. (1985) *The Influence of U.S. Constitutional ideas on French Constitutional Thought and Pratice: 1776, 1787, 1789, and After* [paper presentado en un foro público patrocinado por el Bicentennial Committee of the Association of the Bar de Nueva York en conjunto con la Columbia University y el Aspen Institute for Humanistic Studies, el 9 de mayo de 1985].

Esposito, C. (1958) *La libertà di manifestazione del pensiero nell'ordinamento italiano*, Milano, Giuffrè.

Ewald, W. (1995) "Comparative Jurisprudence (II): The Logic of Legal Transplant", *en The American Journal of Comparative Law*, 43, 1995, 489-510.

Falcetta, S. (2013) "Omosessualità e diritto penale in Occidente: profili storici di decriminalizzazione e problematiche aperte", en *Sociologia del diritto*, 1, 11-40.

Farrior, S. (1996) "Molding the Matrix: The Historical and Theoretical Foundations of International Law Concerning Hate Speech", en *Berkeley Journal of International Law*, 14, 1, 1-98.

Feldman, N. (2005) "Imposed Constitutionalism", en *Connecticut Law Review*, 37, 857-889.

Ferrarese, M.R. (2000) *Le istituzioni della globalizzazione. Diritto e diritti nella società transnazionale*, Bologna, Il Mulino.

Ferrarese, M.R. (2006) *Diritto sconfinato. Inventiva giuridica e spazi nel mondo globale*, Bari, Editori Laterza.

Fiandaca, G. (1984) *Problematiche dell'osceno e tutela del buon costume*, Padova, Cedam.

Fioravanti, M. (2009) *Costituzionalismo. Percorsi della storia e tendenze attuali*, Roma-Bari, Editori Laterza.

Flores, M. (2007a) "Revisionismo Storico", en *Enciclopedia Italiana*, VII Apéndice, Roma, Treccani, 124-128.

Flores, M. (2007b) "Negazionismi, revisionismi e libertà di opinione", en *Il Mulino*, 3, 525-536.

Floridia, G.G. (1991) *La Costituzione dei moderni. Profili tecnici di storia costituzionale*, Torino, Giappichelli.

Fois, S. (1957) *Principi costituzionali e libera manifestazione del pensiero*, Milano, Giuffrè.

Fois, S. (1958) "Censura", en *Enciclopedia del diritto*, Milano, Giuffré, 721 y ss.

Foucault, M. (2001) *La volontà di sapere. Storia della sessualità. Vol.1.*, Milano, Feltrinelli.

Frenda, S. *et al.* (2019) "Online Hate Speech Against Women: Automatic Identification of Misogyny and Sexism on Twitter", en *Journal of Intelligent & Fuzzy Systems*, 36, 5, 4743-4752.

Fried, C. (1992) "A New First Amendment Jurisprudence: A Threat to Liberty", en *University of Chicago Law Review*, 59, 1, 225-253.

Friedman, L.M. (1994) *Total Justice*, Nueva York, Russel Sage.

Fronza, E. (1999) "Profili penalistici del negacionismo", en *Rivista Italiana Dir. Proc. Pen.*, 3, 1034-1074.

Fronza, E. (2008) "Il reato di negazionismo e la protezione penale della memoria", en *Ragion pratica*, 1, 27-54.

Gallissot, R., Kilani, M. y Rivera, A. (2001) *L'imbroglio etnico, in quattordici parole chiave*, Bari, Dedalo.

Garapon, A. (1996) *Le Gardien des promesses*, París, Odile Jacob.

Garapon, A. (2002) *Crimini che non si possono né punire né perdonare. L'emergere di una giustizia internazionale*, Bologna, Il Mulino.

Gatmaytan-Mango, D. (2007) "Changing Constitutions: Judicial Review and Redemption in the Philippines", en *UCLA Pac. Basin LJ*, 25, 1, 1-24.

Geiss, I. (1991) "Antisemitismo", en *Enciclopedia delle Scienze Sociali,* Milano, Treccani, 221-227.

Gelber, K. (2002) "Free Speech, Hate Speech and an Australian Bill of Rights", en *Australian Review of Public Affairs,* 2, 3, 107-118.

Gerotto, S., Mahon, P., y Sànchez Ferriz, R. (2020) *Il sistema costituzionale svizzero,* Milan, Wolters Kluwer Italia srl.

Geulen, C. (2010) *Breve historia del racismo,* Madrid, Alianza Editorial.

Girotto, D. (2005) "La libertà di manifestazione del pensiero", en Cendon P. (ed.) *I diritti della persona. Tutela civile, penale, amministrativa. Vol. 1,* Torino, Utet.

Glasser, I. (1996) en Lamarche, G. (ed.) *Speech and Equality. Do We Really Have to Choose?,* Nueva York y Londres, New York University Press, 55-63.

Golia, A.J. (2020) "L'antifascismo della Costituzione italiana alla prova degli spazi giuridici digitali. Considerazioni su partecipazione politica, libertà d'espressione online e democrazia (non) protetta in *CasaPound c. Facebook* e *Forza Nuova c. Facebook*", en *Federalismi. it,* 18, 134-181.

Gordon, P. (1992) "Racist Violence: The Expression of Hate in Europe", en Coliver, S. (ed.) *Striking a Balance: Hate Speech, Freedom of Expression and Non-Discrimination,* University of Essex, Article 19, International Centre against Censorship, Human Rights Centre, 9-17.

Goretti, G. (2002) "Il periodo fascista e gli omosessuali: il confino di polizia", en Circolo Pink (eds.) *Le ragioni di un silenzio. La persecuzione degli omosessuali durante il nazismo e il fascismo,* Verona, Ombre Corte.

Gozzi, G. (1999) *Democrazia e diritti. Germania: dallo Stato di diritto alla democrazia costituzionale,* Bari, Editori Laterza.

Graglia, M. (ed.) (2012) *Omofobia. Strumenti di analisi e di intervento,* Roma, Carocci editore.

Greenawalt, K. (1995) *Fighting Words. Individuals, Communities, and Liberties of Speech,* Princeton, Princeton University Press.

Grementieri, V. (1990) "La circolazione dei modelli normativi nel sistema giuridico europeo: il contributo delle Corti europee", en *Rivista di diritto civile,* 36, 547-554.

Groppi, T. (2006) *Canada,* Bologna, Il Mulino.

Groppi, T. (2007) *La circolazione della giurisprudenza canadese sulla Carta dei diritti e delle libertà,* ponencia en el Congreso "La Carta canadese dei diritti e delle libertà", Génova 28-29 de septiembre de 2007.

Groppi, T. y Ponthoreau, M.C. (eds.) (2013) *The Use of Foreign Precedents by Constitutional Judges,* Oxford and Portland, Hart Publishing.

Guarnieri, C. y Pederzoli, P. (1996) *La puissance de juger*, Paris, Michalon.

Guild, E. y Lesieur, G. (1998) *The European Court of Justice and the European Convention of Human Rights. Who said what, when?*, The Hague et al., Kluwer.

Gumplowicz, L. (1883) *Der Rassenkampf* (*El conflicto entre razas*).

Gunther, G. y Sullivan, K. (1997) *Constitutional Law*, Westbury, Foundation Press.

Gunther, R. y Mughan, A. (eds.) (2000) *Democracy and the Media: A Comparative Perspective*, Cambridge, Cambridge University Press.

Gutto, S. (2001) "The Reform and Renewal of the African Regional Human and Peoples' Rights System", en *African Human Rights Law* Journal, 1, 2, 175-184.

Häberle, P. (2000) *La* Verfassungsbechwerde *nel sistema della giustizia costituzionale tedesca*, Milano, Giuffré.

Häberle, P., (2003) *La giurisdizione costituzionale nell'attuale fase di sviluppo dello stato costituzionale*, ponencia presentada en el Congreso que tuvo lugar en la Corte Constitucional italiana el 30 de mayo de 2003, sobre "*Il ruolo delle Corti costituzionali nelle odierne democrazie*".

Habermas, J. (1996) *Between Facts and Norms*, Cambridge, Polity Press.

Haiman, F. S. (1993) *'Speech Acts" and the First Amendment*, Carbondale and Edwardsville, Southern Illinois University Press, 1993.

Hamilton, A. (1788) *Federalist Paper, no. 84*.

Handerson, D.F. (1968) *Introduction to the Constitution of Japan: Its First Twenty Years, 1947-67*, Seattle, University of Washington Press.

Hare, I. (1997) "Legislating Against Hate – The Legal Response to Bias Crimes", en *Oxford Journal of Legal Studies*, 17, 3, 415-439.

Hare, I. (2009) "Extreme Speech Under International and Regional Human Rights Standards", en Hare, I. y Weinstein, J. *Extreme Speech and Democracy*, Oxford, Oxford University Press, 62-80.

Hare, I. y Weinstein, J. (2009a) *Extreme Speech and Democracy*, Oxford, Oxford University Press.

Harrison, J. (2001) "The Lawfulness of the Reconstruction Amendments", en *The University of Chicago Law Review*, 68, 2, 375-462.

Hart, H.L.A. (1963) *Law, Liberty and Morality*, Oxford, Oxford University Press.

Hart, H.L.A. (1982) *Essays on Bentham. Jurisprudence and Political Theory*, Oxford, Clarendon Press.

Havelock, E. (1914) *Inversion sexuelle*, Paris, Mercure de France.

Hawgood, J. (1939) *Modern Constitutions Since 1787*, New York, Macmillan and co.

Held, D. (1995) *Democracy and the Global Order. From the Modern State to Cosmopolitan Governance*, Stanford, California, Stanford University Press.

Held, D. (2002) "Cosmopolitanism: Ideas, Realities and Deficits", en Held, D. y McGrew A. (eds.) *Governing Globalization: Power, Authority and Global Governance*, Cambridge, Polity Press, 305-324.

Held, D. (2003) "From Executive to Cosmopolitan Multilateralism", en Held, D. y Koenig-Archibugi, M. (eds.) *Taming Globalization: Frontiers of Governance*, Cambridge, Polity Press, 160-186.

Hellegers, D.M. (2002) *We the Japanese People. World War II and the Origins of the Japanese Constitution*, Stanford, Stanford University Press.

Henkin, L. (1990) "Introduction", en Henkin, L. y Rosenthal, A.J. (eds.) *Constitutionalism and Rights: The Influence of the United States Constitution Abroad*, New York, Columbia University Press, 63-93.

Heuman, M. y Church, T. W. (1997) *Hate Speech on Campus*, Boston, Northeastern University Press.

Heyman, S.J. (1996) "Introduction: Hate Speech and the Theory of Free Expression", en Heyman, S.J. (ed.) *Hate Speech and the Constitution*, New York, Garland Publishing, x-xvii.

Heyman, S.J. (2008) *Free Speech and Human Dignity*, New Haven, Connecticut, Yale University Press.

Heys, C. (2001) "The African Regional Human Rights System: In Need of Reform?", en *African Human Rights Law Journal*, 1, 2, 155-174.

Hickman, T.R. (2005) "Constitutional Dialogue, Constitutional Theories and the Human Rights Act 1998", en *Public Law Review*, 2005, 306-335.

Hirschl, R. (2004) "Globalization, Courts and Judicial Power: the Political Origins of the New Constitutionalism", en *Ind. J. Global Leg. Stud.* 11, 1, 71-108.

Hitler, A. (1925) *Mein Kampf* (*Mi lucha*).

Hogg, p. (1992) *Constitutional Law of Canada*, Toronto, Carswell.

Howard, A.E.D. (1995) "Costituzioni e diritti nell'Europa centro-orientale", en Bonazzi, T. y Dunne, M. (eds.) *Cittadinanza e diritti nelle società multiculturali*, Bologna, Il Mulino, 263.

Huntington, S.P. (1991) *The Third Wave: Democratization in the Late Twentieth Century*, Norman & London, University of Oklahoma Press.

Iganski, P. (2007) "Too Few Jews to Count? Police Monitoring of Hate Crime Against Jews in the United Kingdom", en *American Behavioral Scientist*, 51, 2, 232-245.

Ignatieff, M. (2000) *The Rights Revolution,* Toronto, Anansi.

Ingber, S. (1984) "The Marketplace of Ideas: A Legitimizing Myth", en *Duke Law Journal,* 1, 1-91.

Inoue, K. (1991) *MacArthur's Japanese Constitution: A Linguistic and Cultural Study of its Making,* Chicago and London, The University of Chicago Press.

Jacob, H., Blankenburg, E., Kritzer, H.M., Provine, M.D. y Sander, J. (1993) *Courts Law & Politics in Comparative Perspective,* New Heaven, Yale University Press.

Jacobs, J.B. y Potter, K. (1998) *Hate Crimes. Criminal Law & Identity Politics,* Oxford, Oxford University Press.

Janis, M.W. (2004-2005) "Human Rights and Imposed Constitutions", en *Connecticut Law Review,* 37, 4, 955-962.

Jesse, J.C. (2008) "International Comparative Analysis of Freedom of Expression: The European and The African Human Rights Systems, en *Journal of African and International Law,* 1, 3, 1-33.

Joseph P.A. (1999) "The New Zealand Bill of Rights Experience", en Alston P. (ed.) *Promoting Human Rights Through Bills of Rigths. Comparative Perspectives,* Oxford, Oxford University Press, 283-317.

Kanski, L. (1991) "Human Rights in Poland from a Historical and Comparative Perspective", en Thompson, K.W. y Ludwikowski, R.R. (eds.) *Constitutionalism and Human Rights: America, Poland and France,* Lanham, Maryland, University Press of America, 121-41.

Karst, K. L. (1990) "Boundaries and Reasons: Freedom of Expression and the Subordination of Froups", en *University of Illinois Law* Review, 1, 95-149.

Kelley, D. y Donway, R. (2003) "Liberalism and Free Speech", en Lichteneberg, J. (ed.) *Democracy and the Mass Media,* Cambridge, Cambridge University Press, 66-101.

Kennedy, R. (2008) *Nigger: The Strange Career of a Troublesome Word,* Nueva York, Vintage Books.

Kielinger, V. y Paterson, S. (2007) "Policing Hate Crime in London", en *American Behavioral Scientist,* 51, 2, 196-204.

Kinley, D. (1999) "Parliamentary Scrutiny of Human Rights: A Duty Neglected?", en Alston P. (ed.) *Promoting Human Rights Through Bills of Rigths. Comparative Perspectives,* Oxford, Oxford University Press, 158-184.

Klapeer, C.M. (2018) "Dangerous liaisons?: (Homo) developmentalism, sexual modernization and LGBTIQ rights in Europe", en Mason, C.L. (ed.)

Routledge Handbook of Queer Development Studies, London, Routledge, 102-118.

Klug, H. (2000) "Model and Anti-Model: The United States Constitution and the 'Rise of World Constitutionalism'", en *Wisconsin Law Review*, 3, 597-616.

Klug, H. (2003) "The Dignity Clause of the Montana Constitution: May Foreign Jurisprudence Lead the Way to an Expanded Interpretation?", en *Montana Law* Review, 64, 1, 133-155.

Klug, H. (2020) "Constituting the State in Postcolonial Africa: Fifty Years of Constitution-Making Toward an African Constitutionalism", en Smith, R.M. y Beeman, R.R. (eds.) *Modern Constitutions*, Philadelphia, University of Pennsylvania Press, 261-297.

Koenig, T.H. y Rustad, M.L. (2007) "'Hate Torts' to Fight Hate Crimes: Punishing the Organizational Roots of Evil", en *American Behavioral Scientist*, 51, 2, 302-318.

Kolesar, R.J. (1990) "North American Constitutionalism and Spanish America: "A Special Lock Ordered by catalogue, Which Arrived with the Wrong Instructions and No Keys"?", en Billias, G.A. (ed.) *American Constitutionalism Abroad. Selected Essays in Comparative Constitutional History*, New York, Greenwood Press, 41 y ss.

Kozyris, P.J. (1994) "Comparative Law for the Twenty-First Century: New Horizons and New Technologies", en *Tulane Law Review*, 69, 1, 165-180.

Kretzmer, D. (1999) "Basic Laws as a Surrogate Bill of Rights: The Case of Israel", en Alston P. (ed.) *Promoting Human Rights Through Bills of Rigths. Comparative Perspectives*, Oxford, Oxford University Press, 75-92.

Krotoszynski Jr., R.J. (2003-2004) "A Comparative Perspective on the First Amendment: Free Speech, Militant Democracy, and the Primacy of Dignity as a Preferred Constitutional Value in Germany", en *Tulane Law Review*, 78, 1549-1609.

Krotoszynski Jr., R.J. (2006) *The First Amendment in Cross-Cultural Perspective. A Comparative Analysis of the Freedom of Speech*, New York, New York University Press.

Kübler, F. (1998) "How Much Freedom for Racist Speech? Transnational Aspects of a Conflict of Human Rights", en *Hofstra Law Review*, 27, 2, 335-376.

L'Heureux-Dubé, C. (1998) "The Importance of Dialogue: Globalization and the International Impact of the Rehnquist Court", en *Tulsa Law Journal*, 34, 1, 15-40.

Laboulaye, E. (1868) *Histoire politique des États-Unis: depuis les premiers essais de colonisation jusqu'à l'adoption de la constitution fédérale, 1620-1789*, Paris, A. Durand.

Lanchester, F. (1983) "La 'patriaton' della Costituzione canadese: verso un nuovo federalismo?", en *Rivista trimestrale di diritto pubblico*, 1, 337-360.

Langbein, J.H. (1995) "The Influence of Comparative Procedure in the United States", en *The American Journal of Comparative* Law, 43, 545-554.

Lawrence III, C.R. (1990) "If The Hollers Let Him Go: Regulating Hate Speech on Campus", en *Duke Law Journal*, 39, 3, 431-483.

Lawson, R.A. y Schermers, H.G. (1999) *Leading Cases of the European Court of Human Rights*, Nijmegen, Ars Aequi Libri.

Le Bitoux, J. (2002) *Triangolo rosa*, Lecce, Manni.

Le Mire, P. (1995) "Article 17", en Pettiti, L.E., Decaux, E. y Imbert, P.H. (eds.) *La Convention européenne des droits de l'homme. Commentaire article par article*, Paris, Economica, 509-522.

Lee, Y.T., Vue, S., Seklecki, R. y Ma, Y. (2007) "How Did Asian Americans Respond to Negative Stereotypes and Hate Crimes?", en *American Behavioral Scientist*, 51, 2, 271-293.

Lefler, R. (2001) "A Comparison of Comparison: Use of Foreign Case Law as Persuasive Authority by the United States Supreme Court, The Supreme Court of Canada, and the High Court of Australia", en *Southern California Interdisciplinary Law Journal*, 11, 165 y ss.

Lester, A. (1988) "The Overseas Trade in the American Bill of Rights", en *Columbia Law Review*, 88, 3, 537-561.

Levin, B. y Amster, S.E. (2007) "Making Hate History: Hate Crime and Policing in America's Most Diverse City", en *American Behavioral Scientist*, 51, 2, 319-348.

Levin, J., Rabrenovic, G., Ferraro, V., Doran, T. y Methe D. (2007) "When a Crime Committed by a Teenager Becomes a Hate Crime: Results From Two Studies", en *American Behavioral Scientist*, 51, 2, 246-257.

Levy, L.L. (1960) *Legacy of Suppression: Freedom of Speech and Press in Early American History*, Cambridge, Mass., Harvard Univerity Press.

Lichtenberg, J. (ed.) (2003) *Democracy and the Mass Media*, Cambridge, Cambridge University Press.

Locke, J. [1690] (1988) *Two Treaties of Government*, Cambridge, Cambridge University Press.

Locke, J. [1706] (1996) "Of the Conduct of the Understanding", en *Some Thoughts Concerning Understanding and Of the Conduct of the Understanding*, Indianapolis, Hackett Publishing.

Loewy, A.H. (2008) "A Dialogue on Hate Speech", en *Florida State University Law Review*, 36, 67- 78.

Lollini, A. (2007) "La circolazione degli argomenti: metodo comparato e parametri interpretativi extra – sistemici nella giurisprudenza costituzionale sudafricana", en *Diritto pubblico comparato ed europeo*, 1, 479-523.

Lollini, A. (2011) "La Corte Suprema dello Stato di Israele", en Mezzetti, L. (ed.) *Sistemi e modelli di giustizia costituzionale*, Padova, Cedam, 383-418.

Lombardi Vallauri, L. (1967) *Saggio sul diritto giurisprudenziale*, Milano, Giuffrè.

López Guerra, L. (1998) "The Application of the Spanish Model in the Constitutional Transitions in Central and Eastern Europe", en *Cardozo Law Review*, 19, 1998, 1937-1951.

Losurdo, D. (1996) *Il revisionismo storico: problemi e miti*, Roma-Bari, Editori Laterza.

Lowenstein, K. (1937) "Militant Democracy and Fundamental Rights, I", en *The American Political Science Review*, 31, 3, 417-432.

Ludwikowski, R.R. (1989) "The Beginning of the Constitutional Era: A Bicentennial Comparative Study of the American and French Constitutions", en *Michigan Journal of International Law*, 11, 1, 167-211.

Ludwikowski, R.R. (1996) *Constitution-Making in the Region of Former Soviet Dominance*, Durham and London, Duke University Press.

Luther, J. (2008) "L'antinegazionismo nell'esperienza giuridica tedesca e comparata", en *Diritto Pubblico Comparato ed Europeo*, 3, 1193-1222.

MacKinnon, C.A. (1985) "Pornography, Civil Rights, and Speech", en *Harvard Civil Rights-Civil Liberties Law Review*, 20, 1-70.

Mahoney, K.E. (1996) "Hate Speech: Affirmation or Contradiction of Freedom of Expression", en *University of. Illinois Law* Review, 3, 789-808.

Malfatti, E., Panizza, S. y Romboli, R. (2004) *Giustizia costituzionale*, Torino, Giappichelli.

Manetti, M. (2005) "L'incitamento all'odio razziale tra realizzazione dell'eguaglianza e difesa dello Stato", en Di Giovine, A. (ed.) *Democrazie protette e protezione delle democrazie*, Torino, Giappichelli, 108 y ss.

Manetti, M. (2006) "La libertà di manifestazione del pensiero", en Nania, R. y Ridola, P. (eds.) *I diritti costituzionali*, Torino, Giappichelli, 767-823.

Mason, P. (1970) *Race Relations in Africa considered against the Background of History and World Opinion*, Londres, SCM Press.

Matas, D. (2000) *Bloody Words. Hate and Free Speech,* Winnipeg, Bain & Cox Publishers.

Matsuda, M. J., (1989) "Public Response to Racist Speech: Considering Victim's Story", en *Michigan Law Review,* 87, 2320-2381.

Matsuda, M. J., Lawrence III, C.R., Delgado, R. y Crenshaw, K.W. (1993) *Words That Wound. Critical Race Theory, Assaultive Speech, and the First Amendment,* Estados Unidos y Reino Unido, Westview Press.

Mazziotti Di Celso, M. (1985) "Appunti sulla libertà di manifestazione del pensiero nell'ordinamento italiano", en VV.AA., *Scritti in onore di Vezio Crisafulli.* Vol. II, Padova, Cedam, 537 y ss.

McCrudden, C. (2000) "A Common Law of Human Rights? Transnational Judicial Conversations on Constitutional Rights", en *Oxford Journal of Legal Studies,* 20, 4, 499-532.

McGoldrick, D. y O'Donnell, T. (1998) "Hate Speech Laws: Consistency with National and International Human Rights Law", en *Legal Studies,* 18, 4, 453-485.

McIlwain, C.H. (1990) *Costituzionalismo antico e moderno,* Bologna, Il Mulino.

Meiklejohn, A. (1948) *Free Speech and Its Relation to Self-Government,* New York, Harper & Brothers.

Meiklejohn, A. (1960) *Political Freedom,* New York, Harper & Brothers.

Meiklejohn, A. (1961) *The First Amendment is an Absolute,* en *The Supreme Court Review,* 245-266.

Mello, M. (2006) "*Hagan v. Australia*: A Sign of the Emerging Notion of Hate Speech in Customary International Law", en *Loyola of Los Angeles International and Comparative Law Review,* 28, 2, 365-378.

Meron, T. (1985) "The Meaning and Reach of the International Convention on the Elimination of All Forms of Racial Discrimination", en *The American Journal of International Law,* 79, 2, 283-318.

Mill, J.S. (1859) *On Liberty,* London, Parker.

Milton, J. [1644] *Areopagitica. A Speech for the Liberty of Unlincesed Printing*; (1933) *Aeropagitica – Discorso per la libertà della stampa,* traducción italiana y prologo de Breglia, S. Bari, Laterza).

Moderne, F. (1990) "Human Rights and Postcolonial Constitutions in Sub-Saharan Africa", en Henkin, L. y Rosenthal, A.J. (eds.) *Constitutionalism and Rights: The Influence of the United States Constitution Abroad,* New York, Columbia University Press, 314-347.

Moore, R.A. y Robinson, D.L. (2002) *Partners for democracy: Crafting the New Japanese State Under Mac Arthur,* Oxford, Oxford University Press.

Moran, M. (2006) "Inimical to Constitutional Values: Complex Migration of Constitutional Rights", en Choudhry S. (ed.) *The Migration of Constitutional Ideas*, Cambridge, Cambridge University Press, 233-255.

Moretón Toquero, A. (2012) "El «cyberodio», la nueva cara del mensaje de odio: entre la cibercriminalidad y la libertad de expresión, en *Revista jurídica de Castilla y León*, 27, 1-18.

Morlino, L. (1986) "Democrazie", en Pasquino, G. (ed.) *Manuale di scienza della politica*, Bologna, Il Mulino, 83-136.

Morra, G. (1993) "Razze e razzismo", en *Studi cattolici*, 394 y ss.

Morrison, S. y Commager, H. (1950) *The Growth of the American Republic*, Oxford, Oxford University Press.

Mutua, M. (1993) "The African Human Rights System in a Comparative Perspective", en *Rev. Afr. Comm. Hum. & Peoples'Rts*,.3, 5 y ss.

Nockleby, J.T. (2000) "Hate Speech", en Levy, L.W. y Karst, K.L. (eds.) *Encyclopedia of the American Constitution. Vol. 3*, Detroit, Macmillan, 1277-1279.

Nussbaum, M. (2011) *Disgusto e umanità. L'orientamento sessuale di fronte alla legge*, Milano, Il Saggiatore.

Nussbaum, M. (2012) *The New Religious Intolerance. Overcoming the Politics of Fear in an Anxious Age*, Cambridge, Harvard University Press.

O'Donnel, G. y Schmitter, P.C. (1986) *Transitions from authoritarian rule: Tentative conclusions about uncertain democracies*, Baltimora-Londra, Johns Hopkins University Press.

O'Meara, N. (2011) "'A more secure Europe of rights?' The European Court of Human Rights, the Court of Justice of the European Union and EU Accession to the ECHR", en *German Law* Journal, 12.10, 1813-1832.

of Barnes, W. (1993) "Freedom of Expression: An English Perspective", en *Commonwealth Law Bulletin*, 19, 1743 y ss.

Olivetti Rason, N. y Pegoraro L. (eds.) (1997) *L'ordinamento costituzionale del Canada*, Torino, Giappichelli.

Oliviero, M. (2003) *Il costituzionalismo dei paesi arabi. Le costituzioni del Maghreb (Vol. 1)* Milano, Giuffrè.

Olson, K.W. (1991) *The Litigation Explosion*, Nueva York, Dutton.

Osiatynski, W. (2003) "Paradoxes of Constitutional Borrowing", en *International Journal of Constitutional Law*, 1, 244-268.

Oyediran, J. (1992) "Article 13(5) of the American Convention on Human Rights", en Coliver, S. (ed.) *Striking a Balance: Hate Speech, Freedom of Expression and Non-Discrimination*, University of Essex, Article 19, International Centre against Censorship, Human Rights Centre.

Pace, A. (1983) *Stampa, giornalismo, radiotelevisione. Problemi costituzionali e indirizzi di giurisprudenza,* Padova, Cedam.

Pace, A. (1990) *Problematica delle libertà costituzionali. Parte generale,* Padova, Cedam.

Pace, A. (2003) *Problematica delle libertà costituzionali. Parte generale,* III ed., Padova, Cedam.

Pace, A. (2006a) "Il contenuto del diritto costituzionale di libera manifestazione. Ancora sulla ratio della proclamazione costituzionale. L'oggetto della tutela costituzionale. Il problema dei limiti logici. Inesistenza di materie «privilegiate»", en Pace, A. y Manetti, M., *Rapporti civili. Art. 21: la libertà di manifestazione del proprio pensiero,* Bologna, Zanichelli Editore, 47-56.

Pace, A. (2006b) "I limiti oggettivi. Introduzione al problema", en Pace, A. y Manetti, M., *Rapporti civili. Art. 21: la libertà di manifestazione del proprio pensiero,* Bologna, Zanichelli Editore, 97-100.

Pace, A. y Manetti, M., (2006) *Rapporti civili. Art. 21: la libertà di manifestazione del proprio pensiero,* Bologna, Zanichelli Editore.

Paladin, L. (1987) "Libertà di pensiero e libertà di informazione: le problematiche attuali", en *Quaderni Costituzionali,* 1, 5-27.

Palka, B.M. (2005) "La Costituzione Polacca del 3 maggio 1791: tra tradizione e modernità", en *Historia Constitucional (revista electrónica)* 6, 29, 285-329.

Pangle, T.L. (1993) *The Ennobling of Democracy: The Challenge of the Postmodern Age,* Baltimore, The Johns Hopkins University Press.

Parekh, B. (2006) "Hate Speech. Is there a case for banning?", en *Public Policy Research,* 12, 4, 213-223.

Parekh, B. (2012) "Is There a Case for Banning Hate Speech?", en Herz M. y Molnar P. (eds.) *The Content and Context of Hate Speech. Rethinking Regulation and Responses,* New York, Cambridge University Press, 37-56.

Partsch, K.J. (1992) "Racial Speech and Human Rights: Article 4 of the Convention on the Elimination of all Forms of Racial Discrimination", en Coliver, S. (ed.) *Striking a Balance: Hate Speech, Freedom of Expression and Non-Discrimination,* University of Essex, Article 19, International Centre against Censorship, Human Rights Centre, 21-28.

Perry, B. A. (1991-1992) "Constitutional Johnny Appleseeds: American Consultants and the Drafting of Foreign Constitutions", en *Albany Law Review,* 55, 767-791.

Piazza, A. (1995) "Come definire il razzismo?", en *Cassazione Penale,* 3, 473-477.

Picotti, L. (2006) "Istigazione e propaganda della discriminazione razziale fra offesa dei diritti fondamentali della persona e libertà di manifestazione del pensiero", en Riondato, S. (ed.) *Discriminazione razziale, xenofobia, odio religioso*, Padova, Cedam, 2006, 117-145.

Piergigli, V. (2012) *Le regole della produzione normativa*, Torino, G. Giappichelli Editore.

Pieroth, B. (1990) "An Essay on an Export from the United States: Constitutional Doctrine and Ideas", en *Saint Louis University Public Law Review*, 9, 311-322.

Pino, G. (2007) "Teoria critica della razza e libertà di espressione: alcuni punti problematici", en Casadei, T. y Re, L. (eds.) *Differenza razziale, discriminazione e razzismo nelle società multiculturali, Vol. I: Società multiculaturali e questioni razziali*, Reggio Emilia, Diabasis, 158-168.

Pino, G. (2008) "Discorso razzista e libertà di manifestazione del pensiero", en *Politica del Diritto*, 2, 287-306.

Pizzorusso, A. (1993) *Minoranze e maggioranze*, Torino, Einaudi.

Pizzorusso, A. (2003) "Limiti alla libertà di manifestazione del pensiero derivanti da incompatibilità del pensiero espresso con principi costituzionali", en AA.VV., *Diritti, nuove tecnologie, trasformazioni sociali, scritti in memoria di Paolo Barile*, Padova, Cedam, 651-670.

Pizzorusso, A. (2005) *Comparazione giuridica e sistema delle fonti del diritto*, Torino, Giappichelli.

Poggio, P.P. (1997) *Nazismo e revisionismo storico*, Roma, Manifestolibri.

Popelier, P. y Lemmens, K. (2015) *The Constitution of Belgium: A contextual analysis*, Oxford and Portland, Bloomsbury Publishing.

Popper, K.R. (1945) *The Open Society and Its Enemies*, London, Routledge.

Popper, K.R. [1987] (1990) "Tolleranza e responsabilità intellettuale", en Mendus, S. y Edwards, D., *Saggi sulla tolleranza*, trad. it. D. Gobetti, Milano, Il Saggiatore.

Post, R.C. (1991) "Racist Speech, Democracy, and the First Amendment", en *William&Mary Law Review*, 32, 2, 267-327.

Post, R.C. (1995) *Constitutional Domains. Democracy, Community, Management*, Cambridge, Harvard University Press.

Post, R.C. (1997) "Community and the First Amendment", en *Arizona State Law Journal*, 29, 473 y ss.

Presno Linera, M.A. y Teruel Lozano, G. M. (2017) *La libertad de expresión en América y Europa*, Lisbona, Jurua Editorial.

Pulitanó, D. (2007) "Sulla legittimità dei reati d'opinione nella proposta Mastella", en *Quaderni Costituzionali*, 2, 371-374.

Rabrenovic, G. (2007) "When Hate Comes to Town: Community Response to Violence Against Immigrants", en *American Behavioral Scientist*, 51, 2, 349-360.

Radford, J. y Russell, D. E. H. (eds.) (1992) *Femicide: The Politics of Woman Killing*, Twayne Publishers, Nueva York.

Randazzo, B. (2012) *Giustizia costituzionale sovranazionale*, Milano, Giuffré.

Rautenbach, C. (2013) "South Africa: Teaching an 'Old Dog' New Tricks? An Empirical Study of the Use of Foreign Precedents by the South African Constitutional Court (1995-2010)", en eGroppi, T. y Ponthoreau, M.C. (eds.) *The Use of Foreign Precedents by Constitutional Judges*, Oxford and Portland, Hart Publishing, 185-209.

Rawls, J. (1971) *A Theory of Justice*, Cambridge, Cambridge University Press.

Raz, J. (1991) "Free Expression and Personal Identification", en *Oxford Journal of Legal Studies*, 11, 3, 303-324.

Redish, M.H. (1982) "The Value of Free Speech", en *University of Pennsylvania Law* Review, 130, 591-645.

Rees, J. (1985) *John Stuart Mill's 'On Liberty'*, Oxford, Clarendon Press.

Regent, S. (2003) "The Open Method of Coordination: A New Supranational Form of Governance", en *European Law Journal*, 9, 2, 190-214.

Reimann, M. (1998) "Stepping Out of the European Shadow: Why Comparative Law in the United States Must Develop its Own Agenda", en *The American Journal of Comparative Law*, 46, 637-646.

Reitz, J.C. (1998) "How to do Comparative Law", en *The American Journal of Comparative Law*, 46, 4, 1998, 617-636.

Reposo, A. (2000) "Profili federali della nuova Costituzione svizzera", en *Le Regioni*, 28, 1, 13-34.

Rey Martínez, F. (2015) "Discurso del odio y racismo líquido", en Revenga Sánchez, M. (ed.) *Libertad de expresión y discursos del odio*, Madrid, Universidad de Alcalá de Henares, 51-88.

Ridola, P. (2006) "La giurisprudenza costituzionale e la comparazione", en Alpa, G. (ed.) *Il giudice e l'uso delle sentenze straniere. Modalità e tecniche della comparazione giuridica*, Milano, Giuffré, 15 y ss.

Riley, J. (1998) *Mill on Liberty*, London, Routledge.

Rimoli, F. (1992) *La libertà dell'arte nell'ordinamento italiano*, Padova, Cedam.

Rinella, A. (2003) "Costituzionalismo transnazionale e Costituzione europea", en Scarciglia, R. (ed.) *Atti del Convegno: "Unione europea e autonomie regionali. Prospettive per una Costituzione europea", Università di Trieste 24-25 ottobre 2002,* Torino, G. Giappichelli Editore, 11 y ss.

Ríos Vega, L.E. (2007) "Moralidad Sexual y Derecho: Moralismo, Individualismo y Garantismo", en *Universitas. Revista de Filosofía, Derecho y Política,* n. 6, 3-27.

Ríos Vega, L.E. y Spigno, I. (dirs.) Esquivel Alonso, Y. (coord.) (2021) *Estudios de casos líderes europeos. Vol. XXII. La muerte ciudadana en América y Europa. Un debate contemporáneo,* Tirant lo Blanch, México.

Rivera, A. (2003) *Estranei e nemici. Discriminazione e violenza razzista en Italia* (con un *Inventario dell'intolleranza* de P. Andrisani) Roma, DeriveApprodi.

Rivera, A. (2007) "Razzismo", en AA. VV., *Diritti umani. Cultura dei diritti e dignità della persona nell'epoca della globalizzazione,* Torino, Utet, 304 y ss.

Rivera, A. (2009) *Regole e roghi. Metamorfosi del razzismo,* Bari, Edizioni Dedalo.

Rolla, G. (1997) "Le prospettive dei diritti della persona alla luce delle recenti tendenze costituzionali", en *Quaderni Costituzionali,* 3, 417-460.

Rolla, G. y Spigno, I. (2024) *Elementos de derecho constitucional comparado de América Latina,* México, Tirant lo Blanch.

Rorive, I. (2009) "What can be done against cyber hate? Freedom of Speech versus Hate speech in the Council of Europe", en *Cardozo J. Int'l & Comp. L.,* 17, 3, 417-426.

Rosenberg, A. (1930) *Der Mythus des 20. Jahrhunderts* (*El mito del siglo XX*).

Rosenfeld, M. (1997-1998) "Constitution-Making, Identity Building, and Peaceful Transition to Democracy: Theoretical Reflections Inspired by the Spanish Example", en *Cardozo Law Review,* 19, 1891-1920.

Rosenfeld, M. (2003) "Hate Speech in Constitutional Jurisprudence: A Comparative Analysis", en *Cardozo L. Rev.,* 24, 4, 1523-1568.

Rosas, A. (2007) "The European Court of Justice in Context: Forms and Patterns of Judicial Dialogue", en *European Journal of Legal Studies,* 1, 121-136.

Rousso, H. (1987) *La síndrome de Vichy,* París, Seuil.

Ruggeri, A. y Spadaro, A. (2004) *Lineamenti di giustizia costituzionale,* Torino, Giappichelli.

Russo, C. y Quaini, P.M. (2006) *La Convenzione europea dei diritti dell'uomo e la giurisprudenza della Corte di Strasburgo,* Milano, Giuffrè.

Sacco, R. (1995) *Il diritto africano,* Torino, Utet.

Safran W. (1990) "The Influence of American Constitutionalism in Postwar Europe: The Bonn Republic Basic Law and the Constitution of the Fifth

French Republic", en Billias, G.A. (ed.) *American Constitutionalism Abroad. Selected Essays in Comparative Constitutional History*, New York, Greenwood Press, 91-111.

Sandel, M. (2005) *Public Philosophy: Essays on Morality in Politics,* Cambridge, Harvard University Press.

Sassen, S. (2006) *Territory, Authority, Rights. From Medieval to Global Assemblages,* Princeton y Oxford, Princeton University Press.

Saunders, C. (2006) "The Use and Misuse of Comparative Constitutional Law", en *Indiana Journal of Global Legal Studies,* 13, 37-76.

Saunders, C. (2007) "Comparative Constitutional Law in the Courts: Is There a Problem?", en Holder, J. y O'Cinneide, C. (eds.) *Current legal problems 2006,* Oxford, Oxford University Press, 91-127.

Scaffardi, L. (2009) *Oltre i confini della libertà di espressione. L'istigazione all'odio razziale,* Padova, Cedam.

Schabas, A. (2000) "Hate Speech in Rwanda: The Road to Genocide", en *McGil Law Journal,* 46, 2000, 141-171.

Schauer, F. (2000) "The Politics and Incentives of Legal Transplantation", en Nye Jr., J.S. y Donahue, J.D. (ed.) *Governance in a Globalizing World,* Washington, Brookings Institution Press, 253-269.

Schauer, F. (2004-2005) "On the Migration of Constitutional Ideas", en *Connecticut Law Review,* 37, 4, 907-920.

Schauer, F. (2004) "The Boundaries of the First Amendment: A Preliminary Exploration of Constitutional Salience", en *Harvard Law Review,* 117, 6, 1765-1809.

Scheppele, K.L. (2003) "Aspirational and Aversive Constitutionalism: The Case for Studying Cross-Constitutional Influence Through Negative Models", en *International Journal of Constitutional Law,* 1, 2, 296-324.

Schmidt, G. y Vojtovic, R.L- (2000) "Holocaust Denial and Freedom of Expression", en Orlin, T.S., Rosas, A. y Schinin, M. (eds.) *The Jurisprudence of Human Rights Law: A Comparative Interpretive Approach,* Siracusa, Syracuse University Press, 152-156.

Schmitt, C. (1922) *Politische Theologie. Vier Kapitel zur Lehre von der Souveränität,* Berlín, Duncker & Humblot.

Schmitt, C. (2002) *Terra e mare,* Milano, Adelphi.

Schwelb, E. (1966) "The International Convention on the Elimination of All Forms of Racial Discrimination", en *International & Comparative Law Quarterly,* 15, 4, 996-1068.

Segal, Z. (1995) "Israel Ushers in a Constitutional Revolution: the Israeli Experience", en *Forum Constitutionnel*, 6, 44 y ss.

Segal, Z. (1997) "The Israeli Constitutional Revolution: The Canadian Impact in the Midst of a Formative Period", en *Forum Constitutionnel*, 8, 53 y ss.

Shapiro, M. y Stone Sweet, A. (2002) *On Law, Politics and Judicialiazation*, New York, Oxford University Press.

Shermer, M. y Grobman, A. (2000) *Denying History. Who says the Holocaust never Happened and Why Do They Say It?*, Berkeley, University of California Press, 2000.

Shōici, K. (1997) *The Birth of Japan's Postwar Constitution*, Boulder, CO, Westview Press, 1997 (traducción. en inglés de Ray A. Moore).

Slaughter, A.M. (2003) "A Global Community of Courts", en *Harvard International Law Journal*, 44, 1, 191-219.

Slaughter, A.M. (2004) *A New World Order*, Princeton and Oxford, Princeton University Press.

Smolla, R. (1992) *Free Speech in an Open Society*, New York, Knopf.

Sorabjee, S.J. (1979) "Fundamental Rights in the Indian Constitution", en Noorani, A.G. (ed.) *Public Law in India: A Survey*, New Delhi, Vikas, 30 y ss.

Sorabjee, S.J. (1990) "Equality in the United States and India", en Henkin, L. y Rosenthal, A.J. (eds.) *Constitutionalism and Rights: The Influence of the United States Constitution Abroad*, New York, Columbia University Press, 94- 124.

Spadaro, A. (1998) "Gli effetti costituzionali della cd. *globalizzazione*", en *Politica del Diritto*, 3, 441-466.

Spector, H. (2008) "Constitutional Transplants and the Mutation Effect", en *Chicago-Kent Law Review*, 83, 1, 129-145.

Sperti, A. (2006) "Il dialogo tra le corti costituzionali ed il ricorso alla comparazione giuridica nella esperienza più recente", en *Rivista di diritto costituzionale*, 125-165.

Spielmann, A. (1998) "La Convention européenne des droits de l'homme et l'abus de droit", en Pettiti, L.E. (ed.) *Mélanges en hommage à Louis Edmond Pettiti*, Bruxelles, Bruylant, 673-686.

Spigno, I. (2008) Un dibattito ancora attuale: l'Olocausto e la sua negazione, en *Diritto Pubblico Comparato ed Europeo*, 4, 1921-1931.

Spigno, I. (2013) "Namibia: The Supreme Court as a Foreign Law Importer", en Groppi, T. y Ponthoreau, M.C. (eds.) *The Use of Foreign Precedents by Constitutional Judges*, Oxford and Portland, Hart Publishing, 155-183.

Spigno, I. (2016) "La libertad de expresión en la jurisprudencia del Tribunal Europeo de Derechos Humanos", en Ríos Vega, L.E. y Spigno I. (dirs.) *Estudios de casos líderes interamericanos y europeos. Vol. I. Libertad religiosa/ Libertad de expresión/Derechos económicos, sociales y culturales/Derechos de las personas desaparecidas*, México, Tirant lo Blanch, 109-123.

Spigno, I. (2017) "Homofobia y transfobia. Los discursos de odio contra las "Minorías sexuales" en el ágora europea", en Alonso, L. y Vázquez, V.J. (dirs.) *Sobre la Libertad de expresión y el discurso del odio*, Sevilla, Athenaica, 177-201.

Spigno, I. (2018a) "Giustizia costituzionale e difesa dell'ordine democratico: dialogo costituzionale tra Italia e Spagna nel XX secolo", en Antonielli, L. y Demarchi, G. (dirs.) *Le arterie e il sangue della Democrazia. Teoria, pratica e linguaggio costituzionale tra Italia e Spagna (1931–1948–1978)* Alessandria, Edizioni dell'Orso, 59-88.

Spigno, I. (2018b) *Discorsi d'odio. Modelli costituzionali a confronto*, Milano, Giuffré.

Spigno, I. (2020) "Textos y contextos de los sistemas regionales de protección de los derechos humanos", en Ríos Vega, Luis Efrén y Spigno, Irene (dirs.) *Estudios de casos líderes interamericanos y europeos. Vol. III. Problemas actuales de la justicia regional. Una visión comparada entre América y Europa*, México, Tirant lo Blanch, 63–81.

Spigno, I. (2022) "Nulidades electorales: violencia política de género (SUP-REC-1861/2021)", en Abreu Sacramento, J.P. (coord.) *Elecciones 2021, 25 años de evolución interpretativa*, México, Tribunal Electoral del Poder Judicial de la Federación.

Spigno, I. (2023) "Sexist Hate Speech against Women: Towards a Regulatory Model", en Pérez de la Fuente, O., Tsesis, A. y Skrzypczak, J. (eds.) *Minorities, Free Speech and the Internet*, United Kingdom, Routledge.

Steinberger, H. (1990) "America and German Constitutional Development", en Henkin, L. y Rosenthal, A.J. (eds.) *Constitutionalism and Rights: The Influence of the United States Constitution Abroad*, New York, Columbia University Press, 212-216.

Steiner, H. J., Alston, P. y Goodman, R. (2000) *International Human Rights in Context: Law, Politics, Morals*, Oxford, Oxford University Press.

Sternberg, R.J. (ed.) (2005) *The Psychology of Hate*, Washington D.C., American Psychological Association.

Stone Sweet, A. (2000) *Governing With Judges: Constitutional Politics in Europe*, Oxford, Oxford University Press.

Stone, G.R. (2009) "Free Speech and National Security", en *Indiana Law Journal*, 84, 3 939-962.

Stone, M. (2007-2008) *A Comparison of Free Speech in American and Jewish Law*, Chicago, Kent School of Law.

Stradella, E. (2007) "Note in tema di libertà di manifestazione del pensiero e «espressioni infedeli» tra democrazie protette, reati di opinione e garanzia della sicurezza", en R. Balduzzi, R., Cavino, M., Grosso, E. y Luther, J. (eds.) *I doveri costituzionali: la prospettiva del giudice delle leggi*, Torino, Giappichelli, 2007, 469-514.

Stradella, E. (2008) *La libertà di espressione politico-simbolica e i suoi limiti: tra teorie e «prassi»*, Torino, Giappichelli.

Strossen, N. (1990) "Regulating Racist Speech on Campus: A Modest Proposal?", en *Duke Law Journal*, 3, 484-573.

Sullivan, K.M. (1999) *First Amendment Law*, New York, Foundation Press.

Sunstein, C.R. (1992) "Free Speech Now", en *The University of Chicago Law Review*, 59, 1, 255-316.

Tabboni, S. (1986) "Xenofobia", en *Enciclopedia delle Scienze sociali*, Milano, Treccani, 799-808.

Tanzarella, P. (2020) *Discriminare parlando. Il pluralismo democratico messo alla prova dai discorsi d'odio razziale*, Torino, G. Giappichelli Editore.

Tardieu, A. [1896] (1995) *Etude medico-legale sur les attentats aux moeurs*, Grenoble, Jerome Million.

Tate, C.N. y Vallinder, T. (eds.) (1995) *The Global Expansion of Judicial Power*, Nueva York, New York University Press.

Tebbe, N. y Tsai, R.L. (2010) "Constitutional Borrowing", en *Michigan Law Review*, 108, 459-522.

Teitel, R. (2004) "Comparative Constitutional Law in a Global Age. Book Review", en *Harvard Law Review*, 117, 2570-2596.

Teruel Lozano, G. M. (2015) *La lucha del Derecho contra el negacionismo: una peligrosa frontera*, Madrid, Centro de Estudios Políticos y Constitucionales.

Tomassone, L. (2012) "Cristianesimo e omosessualita", en Graglia, M. (ed.) *Omofobia. Strumenti di analisi e di intervento*, Roma, Carocci editore.

Trenchard, J. y Gordon, T. (1995) *Cato's Letter. Or, Essays on Liberty, Civil and Religious, and Other Important Subjects*, Ronald Hamowy ed., Carmel, Liberty Fund.

Tripathi, P. K. (1957) "Foreign Precedents and Constitutional Law", en *Columbia Law Review*, 57, 3, 319-347.

Troper, M. (1999) "La loi Gayssot e la Constitution", en *Annales. Histoire, Sciences Sociales*, 54, 6, 1239-1255.

Tsesis, A. (2009) "Dignity and Speech: the Regulation of Hate Speech in a Democracy", en *Wake Forest Law Review*, 44, 497-532.

UNODC (2018) *Global Study on Homicide. Gender-related killing of women and girls*, Viena.

US Congress (1934) *The Debates and Proceedings in the Congress of the United States*. Vol. I.

Van Drooghenbroeck, S. (2001) "L'article 17 de la Convention européenne des droits de l'homme est-il indispensable?", en *Revue trimestrielle des droits de l'homme*, 46, 541-566.

Van Maarseveen, H. y Van Der Tang, G. (1978) *Written Constitutions: A Computerized Comparative Study*, New York, Oceana Publications, INC.

Vanacker, B. (2009) *Global Medium, Local Laws. Regulating Cross-Border Cyberhate*, El Paso, LFB Scholarly Publishing LLC.

Varela, N. (2012) "La nueva misoginia", en *Revista europea de derechos fundamentales*, 19, 25-48.

Venter, F. (2000) *Constitutional Comparison. Japan, Germany, Canada and South Africa as Constitutional States*, Cape Town, Kluwer Law International.

Vespaziani, A. (2008) "Comparison, Translation and the Making of a Common European Constitutional Culture", en *German Law Journal*, 9, 5, 2008, 547-574.

Vidal Naquet P. (1981) *Les Assassins de la mémoire*, París, Essai. 1981.

Voltaire [1764] *Dictionnaire philosophique*.

Volterra, S. (2001) "Libertà di espressione ed "espressioni odiose" nella società pluralista. I casi degli Usa e del Canada", en *Studi parlamentari e di politica costituzionale*, 134, 67-87.

Wade, W.C. (1998) *The Fiery Cross: The Ku Klux Klan in America*, Oxford, Oxford University Press.

Waldron, J. (2014) *The Harm in Hate Speech*, Cambridge, Harvard University Press.

Walker, S. (1994) *Hate Speech: The History of an American Controversy*, Lincoln and London, University of Nebraska Press.

Walker, S. (1999) *In Defense of American Liberties: A History of the ACLU*, Carbondale y Edwardsville, Southern Illinois University Press.

Walzer, M. (1997) *On Toleration*, New Haven, Yale University Press.

Wang, L. (1997-1998) "The Transforming Power of 'Hate': Social Cognition Theory and the Harms of Bias-Related Crime", en *Southern California Law Review*, 71, 1, 47-136.

Watson, A. (1993) *Legal Transplants. An Approach to Comparative Law,* The University of Georgia Press.

Weber, A. (2009) *Manual on Hate Speech,* Strasbourg, Council of Europe Publishing.

Weinberg, G. (1972) *Society and the Healthy Homosexual,* New York, St. Martin's Press.

Weinrib, L. (2002) "Constitutional Conceptions and Constitutional Comparativism", en Jackson, V. y Tushnet, M. (eds.) *Defining the Field of Comparative Constitutional Law,* Westport, Praeger, 3-34.

Weinrib, L.E. (1995) "Hate Speech Symposium: Protecting Rights, Protecting Hate? Comparative American, Canadian and Israeli Approaches", en *Touro Int'l L. Rev.*, 6, 1 y ss.

Weinrib, L.E. (2006) "The Postwar Paradigm and American Exceptionalism", en Choudhry S. (ed.) *The Migration of Constitutional Ideas,* Cambridge, Cambridge University Press, 84-112.

Weinstein, J. (1997) "A Brief Introduction to Free Speech Doctrine", en *Arizona State Law Journal,* 29, 2, 461-472.

Welch Jr., C.E. (1998) "The African Charter and Freedom of Expression in Africa", en *Buffalo Human Rights Law Review,* 4, 103-122.

Wellington, H.H. (1979) "On Freedom of Expression", en *Yale Law Journal,* 88, 6, 1105-1142.

Welzel, C. y Inglehart, R. (2001) *Human Development and the "Explosion" of Democracy: Variations of Regime Change across 60 Societies,* WZB Discussion Paper, No. FS III 01-202, Wissenschaftszentrum Berlin für Sozialforschung (WZB) Berlin.

Wiechers, M. (1991) "Namibia: The 1982 Constitutional Principles and Their Legal Significance", en Van Wyk, D., Wiechers, M. y Hill, R. (eds.) *Namibia: Constitutional and International Law Issues,* Pretoria, VerLoren van Themaat Centre for Public Law Studies, University of South Africa, 1-21.

Wieviorka, M. (1998) *Le racisme. Une introduction,* París, La Découveri.

Wilson, R.A. (2005) "Judging History: The Historical record of the International Criminal Tribunal for the Former Yugoslavia", en *Human Rights Quarterly,* 27, 3, 908-942.

Winkler, M.M. y Strazio G., (2011) *L'abominevole diritto. Gay e lesbiche, giudici e legislatori,* Milano, Il Saggiatore.

Zaccaria, G. (2007) *La giurisprudenza come fonte del diritto. Un'evoluzione storica e teorica,* Napoli, Editoriale Scientifica.

Zagrebelsky, G. (2015) *Moscacieca,* Roma-Bari, Editori Laterza.

Zeno Zencovich, V. (2004) *La libertà d'espressione. Media, mercato, potere nella società dell'informazione,* Bologna, Il Mulino.

Zoller, E. (2009) "Freedom of Expression: "Precious Right" in Europe, "Sacred Right" in the United States?", en *Indiana Law Journal,* 84, 3, 803-808.

Zolo, D. (2004) *Globalizzazione. Una mappa dei problemi,* Roma-Bari, Laterza.